我国农村生态文明优化治理研究

秦继伟◎著

中国经济出版社
CHINA ECONOMIC PUBLISHING HOUSE
·北京·

图书在版编目（CIP）数据

我国农村生态文明优化治理研究 / 秦继伟著 . 北京 ：中国经济出版社，2024. 9. -- ISBN 978-7-5136-7908-4

Ⅰ. X322. 2

中国国家版本馆 CIP 数据核字第 2024BG8532 号

责任编辑　夏军城
责任印制　马小宾
封面设计　任燕飞

出版发行　中国经济出版社
印 刷 者　天津嘉恒印务有限公司印刷
经 销 者　各地新华书店
开　　本　710mm×1000mm　1/16
印　　张　15. 75
字　　数　258 千字
版　　次　2024 年 9 月第 1 版
印　　次　2024 年 9 月第 1 次
定　　价　88. 00 元
广告经营许可证　京西工商广字第 8179 号

中国经济出版社 **网址** http://epc. sinopec. com/epc/ **社址** 北京市东城区安定门外大街 58 号 **邮编** 100011
本版图书如存在印装质量问题，请与本社销售中心联系调换（联系电话：010-57512564）

PREFACE ▶ 前　言

生态文明建设是关系中华民族永续发展的根本大计。农村生态文明建设，既是全面推进乡村振兴的重要内容，也是加强生态文明建设的题中应有之义，农村生态文明优化治理关乎国家生态安全、乡村振兴以及亿万农民的幸福生活。

农村地域广阔，自然资源丰富，但同时面临着诸多生态问题。为此，要坚持产业兴农、质量兴农、绿色兴农，打好农业农村污染治理攻坚战，推进化肥农药减量增效，加强农村生态文明建设。

本书全面分析了我国农村生态文明建设的现状，梳理了存在的问题及其成因。在此基础上，基于国内外生态文明建设的先进经验，深入探讨了我国农村生态文明优化治理的路径与方法，旨在探索适合我国国情的农村生态文明建设模式。

本书围绕提高农业生产质量、效益及竞争力，破解当前农业资源趋紧、环境问题突出、生态系统退化等问题，探讨基于完善政策法规，为农村生态文明建设提供有力保障；运用产业生态发展思维，解决农村环境污染和资源短缺问题；培育农村生态文化，提高农民的生态意识和环保素养。

希望本书能为关注农村生态文明建设的学者、决策者和广大农村工作者提供有益启示，为建设生态宜居、产业兴旺、乡风文明、治理有效、生活富裕的新农村贡献力量。让我们携手努力，共创农村生态文明的美好未来。

CONTENTS ▶ 目　录

第一章

农村生态文明建设概述

我们要加强生态文明建设，牢固树立绿水青山就是金山银山的理念，形成绿色发展方式和生活方式，把我们伟大祖国建设得更加美丽，让人民生活在天更蓝、山更绿、水更清的优美环境之中。

——2018 年 12 月 18 日，习近平总书记在庆祝改革开放 40 周年大会上的讲话

要坚定推进绿色发展，推动自然资本大量增值，让良好生态环境成为人民生活的增长点、成为展现我国良好形象的发力点，让老百姓呼吸上新鲜的空气、喝上干净的水、吃上放心的食物、生活在宜居的环境中、切实感受到经济发展带来的实实在在的环境效益，让中华大地天更蓝、山更绿、水更清、环境更优美，走向生态文明新时代。

——2016 年 1 月 18 日，习近平总书记在省部级主要领导干部学习贯彻党的十八届五中全会精神专题研讨班上的讲话

第一节　农村生态文明建设，遇见美丽乡村

农村生态文明建设是美丽中国不可或缺的基本单元，既是亿万农民对美好生活和建设美丽乡村的向往和追求，也是积极、主动、创造性地实施乡村振兴战略的力量源泉。良好的生态环境是农村发展的最大优势和宝贵财富，是深入践行“绿水青山就是金山银山”理念的重要抓手，是乡村振兴和脱贫攻坚的支撑点和发力点，更是实现产业兴旺、打造宜居环境的前提。要努力推进天蓝、地绿、水清的农村生态文明建设，让广大农民在良好生态环境中过上幸福生活。

一、浙江余村：农村生态文明建设的典范

农村生态文明建设是中国生态文明建设的重要组成部分，是实现乡村振

兴的重要途径。人不负青山，青山定不负人，浙江余村作为中国农村生态文明建设的典范，其成功经验值得借鉴。

余村位于浙江省湖州市安吉县天荒坪镇，是一个山清水秀、风景如画的小村庄。余村的生态文明建设始于2005年，习近平同志在考察余村时首次提出“绿水青山就是金山银山”的科学论断。这一论断深刻阐述了生态环境与经济发展之间的关系，为余村的生态文明建设指明了方向。

在“绿水青山就是金山银山”理念的指引下，余村开始了一场深刻的绿色变革。余村首先从环境整治入手，加强了对村庄环境的治理和保护。村里建立了垃圾分类制度，对生活垃圾进行分类处理；加强了对污水的治理，建设了污水处理设施；加强了对村庄的绿化和美化，种植了大量的树木和花卉。通过这些措施，余村的环境得到了显著改善，村庄变得更加整洁、美丽。

余村还积极发展生态农业，推动农业产业的转型升级。村里引进了新的农业技术和品种，发展了有机农业、生态农业和循环农业。通过这些措施，余村的农业生产效率得到了提高，农产品的质量和安全性得到了保障，同时减少了农业对环境的污染。

其次，余村充分利用自身的生态优势，发展生态旅游。村里建设了生态旅游景区，开发了生态旅游产品，吸引了大量游客前来旅游观光。通过发展生态旅游，余村不仅增加了村民的收入，还促进了当地经济的发展。

此外，余村的生态文明建设取得了显著成效。如今的余村，群山苍翠、竹海绵延，山更青、水更绿、天更蓝，生态环境得到了极大改善；余村已成为国家4A级景区、全国文明村、宜居示范村。余村人用实际行动护美“绿水青山”、做大“金山银山”，用山明水秀、鸟语花香描绘出生态文明的生动样本。2020年，经过15年的努力，这个小山村从当年的污染重灾区蜕变为“客路青山外，行舟绿水前”的国家4A级景区。绿水青山下，这个仅有280户农家的小山村，2019年全村经济总收入达2.796亿元，人均收入达49598元，村集体经济收入为521万元。余村的成功经验表明，农村生态文明建设不仅可以改善生态环境，还可以促进经济发展，提高农民的生活水平。

农村生态文明建设是一项长期而艰巨的任务，需要政府、企业和社会各方共同努力。政府应加大对农村生态文明建设的投入和支持，制定相关政策和法规，推动农村生态文明建设的发展。企业应积极履行社会责任，加强环境保护，发展生态产业，促进农村经济的可持续发展。社会各方应增强环保意识，积极参与农村生态文明建设，共同推动农村生态文明建设的发展。

总之，农村生态文明建设是中国生态文明建设的重要组成部分，是实现乡村振兴的重要途径。浙江余村作为中国农村生态文明建设的典范，其成功经验值得借鉴。我们应以余村为榜样，积极推进农村生态文明建设，让农村成为生态宜居、经济繁荣、社会和谐的美丽家园。

农村生态文明建设不仅可以推进工业生态型高质量转型，还可以推动农业农村经济发展和乡村振兴。

二、温县山药："生态文明+特色产业"融合发展新模式

温县位于河南省西北部，南滨黄河，北临沁水，古时因境内有温泉而得名，全县总面积481.3平方千米，辖2乡5镇4街道，270个行政村（社区），总人口45.9万人，城镇化率55.86%，地形以平原为主，耕地面积46.2万亩（1亩≈0.0667公顷）。温县是太极拳发源地、四大怀药原产地和优质小麦种子基地，被授予国家园林县城、国家卫生县城、省级文明县城提名县、国家现代农业产业园等荣誉称号。

近年来，温县以"绿水青山就是金山银山"理念为引领，将生态资源作为推动沿边开放、经济发展的重要支撑，渐渐走出一条城乡因生态更美丽、产业因生态更兴旺、百姓因生态更富裕的特色发展之路，夯实绿色产业发展基础，努力为中西部地区提供农村生态文明建设典范和标杆。

温县主要做法与成效如下。

1. "一产"巩固发展生态农业

一是主打山药种植生态产业。围绕山药，在全国率先破解了山药种植技术难题，实现了山药种植由野生向农田、由粗放式向标准化的转变。建设山药种植基地。采取"企业+合作社+农户"模式，"龙头"企业与合作社、农户签订合同，形成稳定购销关系，有效抵御市场风险。截至2024年5月，怀山堂、张宝山等企业已辐射带动合作社53个；温县山药采取"合作社+农户"模式，怀山药相关合作社868家，从事种植合作社266家，种植、初加工合作社482家，销售合作社120家，已经形成集生产、加工、销售于一体的山药产业链。

二是做大山药产业。为改变山药种类单一、依靠卖原料的被动局面，温

县延长产业链条，提高山药产品附加值，培育壮大骨干龙头企业，不断提高山药加工转化能力，逐步形成“以企业带基地，以加工促产业”的发展模式。已重点引进培育了以怀山堂、张宝山2家公司为龙头的企业集群，深入研发以山药为原料的高附加值产品。其中，怀山堂实现了山药从根到茎、叶、花、果的全株开发利用，研发生产的怀山米粉、清清乐等核心产品年销售额均超过千万元。目前，温县山药加工企业达126家，总加工能力过万吨，开发出山药医药、食品和保健品、化妆品三大领域，产品500余种，实现了根、茎、叶、花、果的整株开发利用。

2. “三产”做精做强旅游业

温县依托良好的生态环境和旅游资源，以旅游业为突破，探索实施了旅游经营管理体制改革，成立旅游发展集团，统一旅游资源，对域内景区进行统一规划、全域开发、系统发展，全力打造文化体验旅游区、生态休闲度假旅游区、红色记忆旅游区“一带三区”，形成了以生态体验为主的独特品牌，努力用“绿水青山”换取“金山银山”。目前，已建成国家旅游名村（镇）2个，开发乡村旅游景点25个，发展家庭旅馆、乡村民宿近千家，旅游直接从业人员1.2万人，带动5万余农民就业，真正让百姓在绿水青山间增强获得感、提升幸福感。

3. 生态产业延伸发展

在保护好绿水青山的前提下，以“生态+”为核心，积极发展资源节约、环境友好的新产业业态，探索生态经济化、经济绿色化的有效路径，实现“一二三”产业融合发展。目前，温县已建设了农田山药等一批生态农业基地，打造了集种植、加工、科技、流通、品牌于一体的人参全产业链条，走出了一条“全域旅游、全民致富”的农文旅融合发展之路。同时，将生态资源作为推动沿边开放、经济发展的重要支撑，发掘培育太极拳文化、山药文化、健康养生文化等，推动生态资源与产业相结合、与文化相结合，实现经济发展与生态保护共促多赢。

浙江余县和河南温县给我们留下了深刻印象，希望两地的经验能为我国农村生态文明提供有益的借鉴和参考。2021年1月，习近平总书记在中央农村工作会议上强调，“加强农村生态文明建设，保持战略定力，以钉钉子精神推进农业面源污染防治，加强土壤污染、地下水超采、水土流失等治理和修复”。这一重要指示，为加强农村生态文明建设、推进乡村振兴提供了根本遵循和行动指南。本书旨在为中国农村生态文明建设提供生动鲜活的案例，为中国农村生态文明建设提供新的思路。在这样的国家战略面前，我们期待农村生态文明建设卓越发展，为中国生态文明建设的发展奠定根基！

未来，我们可以有这样的期待：在新时代的农村，生态文明建设取得了显著成效。蓝天白云下，青山绿水间，一排排整洁的房屋错落有致。田野里，绿油油的庄稼随风摇曳，一片生机勃勃。村里的道路宽阔平坦，两旁绿树成荫，繁花似锦。清澈的小溪潺潺流淌，鱼儿在水中嬉戏。农民采用绿色种植和养殖方式，减少了对环境的污染。村庄里建立了垃圾分类和处理设施，保持了环境的整洁。闲暇时光，人们在公园里散步、聊天，享受着清新的空气和宁静的氛围。农村生态文明建设不仅让乡村变得更加美丽，而且为人们提供了更加舒适和健康的生活环境。这意味着在城镇化取得巨大成就后，发展滞后的乡村不仅改变了基础设施落后的面貌，而且通过产业发展、文化旅游创新，农村生态文明建设已经成为未来社会和经济发展的动力，实现人居环境、产业发展、旅游价值的飞升，点亮中国美丽乡村。

农村生态文明是美丽中国和乡村振兴的必然要求，研究农村生态文明建设经验及国内外生态文明建设成功案例，可为中国农村生态文明建设提供实践启示和参考，进而推动中国农村生态文明建设卓越发展。

第二节　农村生态文明建设的基本概念及解析

一、农村生态文明建设的基本概念

农村生态文明建设是推进乡村振兴战略和生态文明建设中的一个重要社会议题，是乡村建设的重要方面。“良好生态环境是农村最大优势和宝贵财富”，但是长期实行的粗放型经济发展模式，导致我国农村生态环境问题十分突出。

农村生态文明建设是一项涵盖农村经济、政治、文化、社会、环境、资源等的系统性综合工程，涉及农村经济社会发展的各个领域、各个方面，关系到农民群众的切身利益，应采取一系列措施和行动，实现经济发展与生态环境保护的协调统一。农村生态文明建设要有章可循、有法可依，沿着正确的方向前进，积极、稳妥、健康地开展。

农村生态文明建设包括以下几个方面。

（1）保护自然资源：合理利用和保护土地、水、森林等自然资源。

（2）改善生态环境：治理污染、减少废弃物排放、提升环境质量。

（3）推动可持续发展：促进农业生产的可持续性，实现经济效益和生态效益的双赢。

（4）提高农民生态意识：加强环保教育，培育农民的生态文明观念。

（5）加强生态制度建设：建立健全相关法律法规和政策体系。

农村生态文明建设的目的是构建一个生态良好、经济繁荣、社会和谐的农村，实现农村的可持续发展；农村生态文明建设对于保障粮食安全、促进乡村振兴、推动可持续发展具有重要意义。

农村生态文明建设关系到乡村振兴。全面推进乡村振兴的一个重要内容就是要让乡村宜居宜业。随着农村经济的发展和农民收入的逐步提高，广大农村居民对宜居环境的需求日益迫切。同时，广大农村地区承载着向城市居民提供优美生态环境产品的重任。乡村旅游的兴起，反映了人们对清新的空气、干净的水源以及自然生态的热切追求。

近年来，我国生态环境保护取得了显著成就，但仍存在城市与农村发展不平衡的问题。农村基础设施建设相对滞后，污水、生活垃圾、畜禽粪便处理不到位，造成水体污染；环境监管不到位，一些“散乱污”企业隐藏在乡村；化肥、农药过度使用，造成土壤污染。同时，农村居民的生态环境意识有待提高，生产生活方式需要改变，建设美丽乡村需要下更大气力。

农村生态环境治理的制度困境。我国农村生态环境治理机制不健全，存在治理主体各自为政，地方分割、条块分离，治理手段相对滞后等问题，对防控环境污染形成阻力。此外，治理主体的单一化，导致治理过程缺乏合作性；治理方式模版化、缺乏多样性，不利于农村生态环境的有效治理。

农村生态环境治理的利益困境。在经济考核、财政压力和地方竞争面前，相关部门在利益分配和再分配过程中缺少独立性和中立性，致使公众的环境利益诉求不能及时实现。农村生态环境治理涉及农业绿色发展、农村生活垃圾处理、农业面源污染治理等多方面复杂系统问题，相关群体对治理的认同和配合是推进农村生态环境治理的关键。

农村生态文明建设任务十分艰巨，需要全社会的共同努力。我们要统一思想，深化认识，贯彻落实好党中央的决策部署。要加快推进农业结构调整，做好农业面源污染防治，加强对土壤污染、地下水超采、水土流失等问题的治理和修复。要加大生态环境执法监管力度，严厉打击破坏生态、污染环境的违法行为。要因地制宜推进农村改厕、垃圾收集、污水处理等，继续提升农村人居环保质量。要加强宣传引导，弘扬生态文化，增强农民生态环保意识，推动形成绿色生产生活方式。

只有乡村生态环境变好了，才能保障乡村实现可持续发展；只有乡村宜居了，才能增强人民群众的获得感、幸福感、安全感；只有广大乡村变美了，美丽中国的建设目标才能真正实现。

二、我国农村生态文明建设的四个发展阶段

我国农村生态文明建设的探索与实践起始于改革开放以后。农村环境保护政策反映了农村生态文明建设在特定时期的关注点。按照农村环境保护政策在不同时期的侧重点和发展方向，可将改革开放以来我国农村生态文明建设的历程大致分为初步探索、持续发展、深度调整和全面推进四个阶段。

初步探索阶段（1979—1991 年）：1979 年，党的十一届四中全会通过的《中共中央关于加快农业发展若干问题的决定》首次明确提出，“要认真研究防治化肥、农药对作物、水面、环境造成污染的有效办法，并且积极推广生物防治”。同年，《中华人民共和国环境保护法（试行）》出台，农村环境列入法律保护的范围。

持续发展阶段（1992—2002 年）：1996 年，国务院颁布《国务院关于环境保护若干问题的决定》，提出“实施污染物排放总量控制，建立和完善环境保护责任制度”。这一阶段，农村环境保护政策得到了进一步完善和落实，农村生态文明建设取得了一定成效。

深度调整阶段（2003—2012 年）：2008 年，《中华人民共和国水污染防治法》修订实施，明确了农村水污染防治的责任和要求。这一阶段，农村生态文明建设面临一些新的挑战和问题，需要进行深度调整和优化。

全面推进阶段（2013 年至今）：2017 年，党的十九大明确提出实施乡村振兴战略，标志着农村生态环境保护进入全面推进的新阶段。这一阶段，农村生态文明建设成为乡村振兴的重要内容，得到了全面推进和深化。

三、农村生态文明建设的六个维度

农村生态文明建设是复杂的，也是精彩的，需要用庖丁解牛的思路进行深入分析，如此才能有利于厘清思路，透视全局。从农村生态文明建设的内涵出发，可以从六个维度透视特色小镇的发展水平，六个维度分别为生态经济维度、生态环境维度、生态文化维度、生态制度维度、生态生活维度、生态社会维度。

1. 生态经济维度

农村生态经济是农村生态文明建设的重要组成部分，它强调以生态环境保护为前提，实现经济发展与生态保护的良性互动。下面从三个方面来介绍农村生态经济。

（1）发展生态农业：通过推广绿色种植、养殖技术，减少农药、化肥的使用，提高农产品的品质和安全性。同时，发展有机农业、生态农业旅游等产业，增加农民收入。

（2）发展生态工业：在农村地区发展清洁能源、环保产业等，减少对环境的污染。同时，加强对农村工业企业的监管，推动其进行技术改造和升级，实现节能减排。

（3）发展生态服务业：利用农村的自然风光、人文景观等资源，发展生态旅游、休闲度假等产业，提高农村经济的附加值。同时，加强对农村生态服务业的规范管理，提高服务质量和水平。

总之，农村生态经济是实现农村经济可持续发展的重要途径，通过发展生态农业、生态工业和生态服务业，可以实现经济发展与生态保护的双赢。

2. 生态环境维度

农村生态文明建设中的生态环境主要包括以下几个方面。

（1）加强自然资源保护：严格保护耕地、森林、水体等自然资源，防止过度开发和滥用。

（2）治理环境污染：减少农业生产中化肥、农药的使用，治理农村生活污水和垃圾，改善土壤和水体质量。

（3）提升生态系统服务功能：加强森林、草原、湿地等生态系统的保护和修复，增强其生态调节、水源涵养等功能。

（4）改善农村居住环境：加强村庄规划和建设管理，提升道路、供水、供电等基础设施水平，营造整洁、美观的居住环境。

（5）推广清洁能源：提高农村能源利用效率，推广太阳能、风能等清洁能源，减少对传统能源的依赖。

（6）加强生态环境监管：建立健全农村生态环境监测体系，加大对生态环境违法行为的查处和惩罚力度。

通过以上措施，可以有效改善农村生态环境，提升农民生活质量，促进农村经济的可持续发展。

3. 生态文化维度

生态文化维度是指培育和弘扬生态文明理念，提高农民的环保意识和生态素养。农村生态文明建设中的生态文化主要包括以下内容。

（1）环保意识培养：提高农民对环境保护的认识，增强他们的责任感。

（2）传统生态知识传承：传承和弘扬与自然和谐相处的农村传统文化。

（3）生态教育普及：通过学校、社区等渠道，普及生态知识，培养环保习惯。

（4）生态文化活动开展：举办环保展览、讲座、竞赛等活动，提高农民参与度。

（5）特色生态文化挖掘：挖掘本地独特的生态文化资源，如生态民俗、传统技艺等。

（6）生态文明宣传：利用多种媒体宣传生态文明理念和实践经验。

（7）生态村建设：以村为单位，打造生态文明示范村，带动周边地区发展。

（8）绿色消费引导：倡导农民选择绿色、环保的生活方式和消费模式。

这些内容有助于农民生态保护意识和价值观的养成，使其在生产和生活中自觉保护生态环境，推动农村生态文明建设的深入开展。

4. 生态制度维度

生态制度维度是指建立健全相关法律法规和政策，保障生态文明建设的顺利进行。

农村生态文明建设中生态制度维度方面的内容主要包括以下几点。

（1）法律法规：制定和完善相关法律法规，明确农村生态保护的责任和义务。

（2）政策支持：提供政策扶持，鼓励发展生态农业、生态旅游等绿色产业。

（3）规划制度：科学规划农村发展，合理利用土地、水资源等自然资源。

（4）监管制度：加强对农村生态环境的监测和管理，严格执法，惩处违法行为。

（5）产权制度：明确自然资源的产权归属，保障资源的合理利用和保护。

（6）补偿制度：对于因生态保护而受到损失的农民，给予合理补偿。

（7）考核制度：建立生态文明建设的考核评价体系，激励各级政府和农民积极参与。

（8）公众参与制度：鼓励公众参与生态文明建设，提高农民的环保意识和参与度。

建立健全生态制度，为农村生态文明建设提供有力保障，促进农村经济、社会和环境的协调发展。

5. 生态生活维度

生态生活维度主要指倡导绿色、低碳的生活方式，改善农民的生活质量。农村生态文明建设中有关生态生活维度方面的内容主要包括以下几点。

（1）倡导绿色消费理念，鼓励农民购买环保产品，减少一次性用品的使用。

（2）推广节能减排技术，如使用节能灯具、太阳能热水器等，降低能源消耗。

（3）加强垃圾分类和处理，提高废物回收利用率，减少垃圾对环境的污染。

（4）发展绿色建筑，采用环保材料和节能设计，营造舒适、健康的居住环境。

（5）鼓励农民种植绿色蔬菜、水果，食用绿色食品，保障身体健康。

（6）组织生态文化活动，如环保知识讲座、生态旅游等，提高农民的生态保护意识。

通过实现生态生活，不仅能提升农民的生活质量，而且能促进农村生态系统的平衡和稳定，推动农村可持续发展。

6. 生态社会维度

生态社会维度是指要促进农村社会的和谐发展，增强农村社区的凝聚力和认同感。农村生态文明建设中生态社会维度方面主要涉及以下几点。

（1）社会组织的参与：鼓励农村成立环保组织，发动群众共同参与生态文明建设。

（2）社区共建共治：增强农村社区的凝聚力，推动生态保护工作。

（3）教育宣传：提升农民的生态环保意识，培养其可持续发展观念。

（4）文化传承：传承和弘扬与自然和谐相处的农村传统文化。

（5）公共服务：提供优质的基础设施和公共服务，改善农民生活质量。

（6）社会公平：确保资源分配公平，避免因生态问题导致社会不稳定。

通过生态社会维度建设，促进农村社会的可持续发展。它不仅能够改善农村生态环境，还可以提升农民的生活品质，增强农村社会的稳定与和谐。同时，有利于传承和弘扬农村传统文化，推动农村社会的现代化进程。

要充分发挥生态社会维度建设的作用，实现经济发展、生态保护和社会进步的有机统一。

农村生态文明建设的六个维度相互关联、相互促进，共同推动农村生态文明建设的深入开展。

第三节　国外生态文明发展解读

一、国外农村生态文明建设的基本情况

农村生态文明建设不仅是中国要面对的问题，也是世界各国的共同挑战，以下是部分国家或地区在农村生态文明建设方面的情况。

新西兰：20 世纪 80 年代，新西兰改变了重经济发展、轻环境保护的错误做法，对资源利用实行有效管制，逐步建立起一整套生态文明建设与绿色发展相结合的治理体系。

日本：日本从 1962 年开始制定并实施了五次“全国综合开发计划”，这些措施着重强调了区域经济社会的发展，并将农业与城市均衡发展的理念根植于区域振兴政策中。日本还重视利用农协推动农村经济发展，从 1961 年开始，日本政府大力推动工业过密地区的工业向农村地区转移，农民可以在附近的工厂就职，业余时间回家务农，从而增加了家庭收入。

韩国：韩国从 20 世纪 70 年代开始新村运动，新村运动的一个重要目标

就是缩小城乡差距。通过新村运动，韩国的农村和城市在基础设施上的差别逐渐缩小，农村空气质量变好，人们的生活质量得到了提高。

欧盟：欧洲60%的农场是市民经营，相较于传统农民，市民更重视食品安全，百分之百地做有机农业生产。现在欧盟的农业产品几乎全部生态化、有机化，至少是绿色的。

总之，这些国家或地区在农村生态文明建设方面采取了不少措施，取得了一定成效，值得其他国家学习和借鉴。

二、国外农村生态文明建设的发展背景

生态文明是一种具有新方向、新内容、新性质特征的文明形态，是人类文明发展的必然趋势。生态文明的提出，是人们对可持续发展问题认识加深的必然结果，是重要的生态革命。

国外农村生态文明建设的发展背景具体如下。

工业文明的兴起和发展。在经历原始文明、农业文明的洗礼后，人类逐步进入了社会经济高速发展、生活水平稳步提高的工业文明时代。但随着社会工业化程度的不断加深，经济发展与自然资源开发、生态环境保护的矛盾日益突出，迫使人们寻找新的文明，即生态文明。

环境污染和资源短缺等问题的加剧。在工业文明发展过程中，人类对自然资源的过度开发和利用，导致了环境污染和资源短缺等问题。这些问题不仅影响了人类的生存和发展，还对生态系统造成了严重的破坏。为解决这些问题，人们开始重视生态文明建设，寻求可持续发展的道路。

生态文明理念的提出和传播。20世纪60年代以来，生态文明理念开始兴起。美国生物学家卡逊在《寂静的春天》中第一次敲响了生态环境危机的警钟，掀开了全球生态文明建设的序幕。随后，罗马俱乐部的研究报告《增长的极限》和瑞典斯德哥尔摩全球人类环境会议，进一步提高了人们对人与自然关系的关注与认识，带动了生态研究运动热。

总之，国外农村生态文明建设的发展背景是多方面的，它是人类对工业文明反思的结果，也是人类寻求可持续发展的必然选择。

20世纪90年代以后，国内外学者为应对工业文明导致的日趋严重的环境污染问题，基于可持续发展、环境保护的理会，提出了生态文明的范畴，并对这一理论思想进行了讨论研究。同时，严酷的现实告诉人们，人与自然都

是生态系统中必不可少的重要组成部分。

三、国外生态文明的发展现状

农村生态文明建设是所有国家由传统社会向现代社会转型的必经阶段，发达国家已经完成了这个转型阶段，在这方面积累了一些经验和教训。尽管各国国情不同、社会制度不同，农业发展的资源禀赋和发展水平也大不相同，但是他山之石可以攻玉，北美、西欧、日韩等发达地区和国家的经验及教训仍值得我们深入研究和借鉴，为我国农村生态文明建设提供新思路。

国外农村生态文明建设的类型主要包括以下几种。

1. 可持续农业

日本的“里山模式”是可持续农业的代表案例。这种模式强调农业与自然环境和谐共生，通过土地的合理利用和农业技术，实现农业的可持续发展（见图 1-1）。

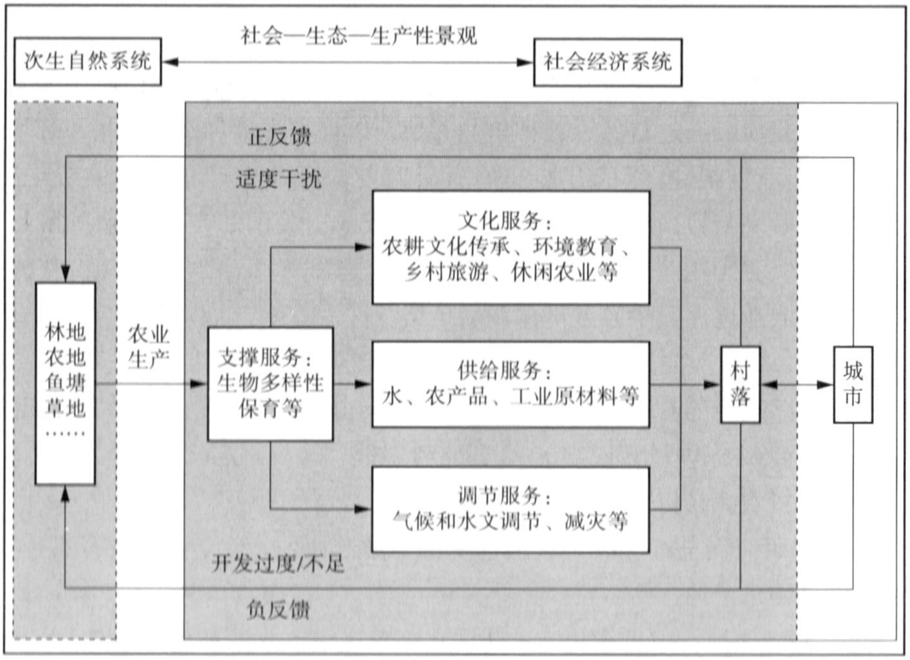

图 1-1　里山的“社会—生态—生产性景观”概念图

资料来源：姚忠，辛在军，吴永明，等．日本里山环境管理模式对我国新农村建设的启示［J］．生态与农村环境学报，2017（9）：3-8．

“里山模式”源自日本，着重强调人类活动对自然环境能产生积极作用，倡导通过对农村诸如“社会—生态—生产性景观”进行有效管控，来达成“人与自然和谐共生”的农村发展愿景。日本各地因地制宜地践行“里山倡议”，使得各地农村不仅实现了传统农业的复兴，还切实保护了农村的次生自然环境，达成了农业的多功能化，为全球各国的农村发展提供了优秀范例。

“里山模式”的成功之处在于，强调生态系统的完整性、生物的多样性、文化的代表性、经济的多元性以及市民的参与性，代表案例有：日本岐阜县白川村的合掌造建筑，既保留了传统的建筑风格和文化特色，又对生态环境的保护和可持续发展给予了高度重视；日本北海道的富良野市凭借发展农业旅游和生态旅游，有力推动了当地经济的发展，同时加强了对生态环境的保护。

综上所述，“里山模式”作为一种重视生态环境保护和可持续发展的农村发展模式，通过高效的管理与合理的规划，成功实现了农村经济、社会与生态的协调发展。

2. 生态农业

美国的“有机农业”是生态农业的代表案例。这种模式强调不使用化肥、农药等化学物质，通过自然方式种植和养殖，以保护土壤和水源的生态环境。

美国自20世纪40年代开始发展有机农业，已在生产销售、贸易互动、认证管理、补贴与科研等方面取得了一定的成效。美国的生态农业实际上属于有机农业，美国用“生态农业”概念设计经营2万多家农场。这些农场分布于各主要农业区，其中东北沿海和新英格兰区占60%。农场规模一般为5~1500英亩[①]，分专业农户、兼业农户和扩大家庭菜园的趣味农户。专业农户占地小于100英亩的有86%，占地100~500英亩的占12%，大于500英亩的占2%；非专业农户则分别占76%、22%和2%。

美国有机农业在以下方面取得了成功。

（1）健康与安全：提供无农药、无化肥的健康农产品，满足了消费者对食品安全的需求。

（2）环境保护：减少了化学农药和化肥对土壤、水源和生态系统的污染。

（3）可持续发展：注重资源的合理利用和生态系统的平衡，实现了农业

① 1英亩=0.004047平方千米=6.0720市亩。

的可持续发展。

（4）经济效益：尽管产量可能略低，但有机农产品通常能获得更高的价格，为农民带来可观的经济收入。

（5）品牌形象：树立了有机农业的良好品牌形象，提高了农产品的市场竞争力。

（6）技术创新：推动了农业技术的创新和发展，如有机肥料的研发和生物防治技术的应用。

（7）消费者认可：得到了消费者的广泛认可和支持，满足了人们对健康、环保的需求。

（8）就业机会：创造了相关的就业机会，促进了农村地区的经济发展。

（9）农业多样性：丰富了农业生产方式，促进了农业的多样性。

（10）生态系统服务：有助于维持和改善生态系统功能，提供诸如土壤保持、水源涵养等生态系统服务。

美国有机农业的经营者坚持轮作，通过这种方式解决作物营养和控制病虫害，并维持养分平衡。他们还采取农牧结合的方式，将畜粪和有机废物还田，并适当投入，包括施用一定量化肥、补充外源有机物、合理的机耕操作，以此实现对病虫害的综合防治。虽然这种耕作方式的产量略低于石油农业，但比较节能，不会污染环境，食品安全性更高。

3. 循环农业

德国的“循环农业”是代表案例。这种模式强调农业生产过程中的资源循环利用，通过废物回收和再利用，减少对环境的污染。

德国的循环农业在农村生态文明建设方面发挥了重要作用，具有以下特点。

（1）注重资源的循环利用。在农业生产中，德国将农作物秸秆等有机废物进行回收和处理，转化为有机肥料，减少了对化学肥料的依赖，同时降低了环境污染。

（2）推行生态农业模式。采用轮作、间作等种植方式，提高了土壤肥力，减少了病虫害的发生，实现了农业的可持续发展。

（3）高度重视农业科技的创新和应用。利用先进的技术手段，如精准农业技术，实现农业生产的智能化和高效化，提高了资源利用效率。

（4）在农村生态文明建设中，德国加强对农民的培训和教育，提高农民的环保意识和农业生产技能，促进农民积极参与循环农业的实践。

（5）建立了完善的政策法规体系。德国对循环农业的发展提供政策支持和法律保障，鼓励企业和农民积极参与农村生态文明建设。

（6）德国的循环农业不仅带来了经济效益，还产生了显著的生态效益和社会效益。循环农业改善了农村生态环境，提高了农产品的质量和安全性，促进了农村经济的可持续发展。

总之，德国的循环农业为其他国家和地区的农村生态文明建设提供了宝贵的经验和借鉴。通过合理利用资源、推广生态农业技术和加强政策支持等措施，循环农业可以实现农村经济、社会和生态的协调发展。

4. 绿色农业

英国的“绿色农业”是代表案例。这种模式强调使用环保的农业技术和方法，减少农业生产对环境的影响，同时提高农产品的质量和安全性。

在绿色农业方面，英国注重采用先进的农业技术，减少对化学农药和化肥的依赖，推动有机农业的发展。绿色农业不仅有助于保护土壤和水资源，还能提供更健康的农产品。

农村生态文明建设是英国的关注重点。政府积极推动农村地区的自然保护，保护野生动植物栖息地和生态系统。同时，鼓励农民采用环保的农耕方式，如轮作和间作，以改善土壤质量。

英国还在农村大力推广可再生能源的应用，减少对传统能源的依赖。例如，利用太阳能、风能等可再生能源为农村地区提供电力。

为促进农村生态文明建设，英国加强对农民的培训和教育，提高农民的环保意识和可持续农业经营能力。

此外，英国注重农村社区的发展，提升农村居民的生活质量。加强农村基础设施建设，提供更好的教育、医疗和公共服务。

总之，英国在绿色农业和农村生态文明建设方面的努力，为农村地区的可持续发展奠定了基础，同时为全球其他国家提供了借鉴和启示。

5. 生态村庄

丹麦的“生态村庄”是世界农村生态文明建设的代表案例。这种模式强调农村社区的生态化建设，通过合理的规划和设计，实现农村社区的可持续发展。

丹麦是全球最早开展生态村庄建设的国家之一。在丹麦的生态村庄中，居民被鼓励参与乡村规划、建设和管理，以实现乡村社区的自我管理和自我发展。同时，丹麦的生态村庄注重利用可再生能源、建设生态住房等，以实现能源的可持续利用和减少对环境的影响。

此外，丹麦政府推出了一系列政策措施支持生态村庄的建设和发展，如提供财政补贴、税收优惠、技术支持和教育培训等。这些政策措施不仅促进了生态村庄的建设和发展，还提高了居民的生活质量和幸福感。

丹麦的萨姆索岛是生态村庄建设一个成功的案例。岛上的居民通过利用可再生能源、实施有机农业和废物分类处理等措施，过上了自给自足的生活，保护了当地的生态环境。

岛上的居民主要使用风能和太阳能等可再生能源满足其能源需求。他们还发展有机农业，通过种植有机蔬菜和饲养有机家禽获得食物。此外，岛上的居民非常注重废物分类处理，将废物分为可回收物、有机废物和有害废物，并进行相应的处理和回收。

萨姆索岛的生态村庄建设不仅为当地居民提供了健康、环保的生活环境，还为其他地区的生态村庄建设提供了范例。

总体来说，丹麦的生态村庄模式取得了显著成效，为其他国家和地区提供了农村生态文明建设有益的借鉴和参考。

6. 生态旅游

澳大利亚的“生态旅游”是代表案例。这种模式强调农村地区的生态旅游开发，通过发展生态旅游，促进农村地区的经济发展和生态保护。澳大利亚以其独特的生态旅游模式，在农村生态文明建设方面取得了显著成效。

澳大利亚拥有丰富的自然资源和独特的生态环境，为生态旅游的发展提供了坚实基础。政府高度重视农村生态文明建设，通过制定相关政策和法规，保护和管理自然资源，促进生态旅游的可持续发展。

在发展生态旅游实践中，澳大利亚注重以下几个方面的工作。

（1）教育与宣传：提高游客和当地居民对生态环境的保护意识。

（2）生态保护：确保旅游活动不对生态系统造成破坏。

（3）社区参与：鼓励当地社区参与生态旅游的规划和管理，促进经济发展。

（4）文化传承：将当地的文化特色融入生态旅游，丰富旅游体验。

（5）质量认证：建立严格的质量标准，确保生态旅游的质量和可持续性。

通过发展生态旅游，澳大利亚农村地区获得了多方面的收益。

（1）经济增长：当地居民增加了就业机会和收入来源。

（2）生态保护：促进了自然资源的保护和生态系统的恢复。

（3）文化传承：传承和弘扬了当地的文化遗产。

（4）社区发展：增强了社区的凝聚力和发展活力。

然而，澳大利亚的生态旅游也面临一些挑战，如游客数量的增加对生态环境造成压力，需要不断加强管理和监测。总之，澳大利亚的生态旅游在农村生态文明建设中发挥了重要作用，为其他国家提供了有益的经验和启示。

四、国外农村生态文明建设的启示

国外农村生态文明建设为我们提供了以下启示。

（1）强化环保意识：普遍注重培养居民的环保意识，通过教育宣传等方式，使居民深刻认识到生态环境的重要性。例如，开展环保知识培训、组织生态环保活动等，促使居民珍惜自然资源、提高其环境保护意识。

（2）推动农业可持续发展：采用先进的农业技术，减少对化学农药和化肥的依赖，推行有机农业、生态农业等可持续发展模式。例如，利用轮作、间作等种植方式，提高土壤肥力，减少对环境的破坏。

（3）加强生态规划与管理：制定科学合理的生态规划，明确农村地区的生态功能分区，保护自然生态系统。同时，建立严格的生态管理制度，强化生态环境的监测与评估。

（4）促进资源循环利用：推进废物分类和回收利用，实现资源的最大化利用。例如，对农作物秸秆、畜禽粪便等进行资源化处理，转化为有机肥料或能源。

（5）注重生态修复与保护：对受损的生态系统进行修复，保护野生动植物栖息地，维护生态平衡。通过建立自然保护区、国家公园等方式，保护农村地区的生态多样性。

（6）鼓励社区参与和合作：发动农村社区居民积极参与生态文明建设，形成全民参与的良好氛围。通过社区组织、农民合作社等形式，促进居民之间的合作与交流，推动生态文明建设。

在推动农村生态文明建设过程中，国外的以下成功经验值得我们借鉴。

（1）加强环保教育，提高农民的环保意识和责任感。

（2）加大可持续农业技术的研发和推广力度，提供政策支持和资金保障。

（3）制定和完善生态规划和管理制度，确保生态文明建设有序进行。

（4）建立健全资源循环利用体系，推动废物的资源化利用。

（5）加强生态系统的保护和修复，恢复生态功能。

（6）鼓励社区参与和合作，发挥农民的主体作用。

总之，国外农村生态文明建设的经验为我们提供了有益的启示，我们应结合实际情况，不断探索和创新，推动农村生态文明建设取得更大的成效，实现农村经济发展与生态环境保护的良性互动。

我国在推进农村生态文明建设过程中，可以借鉴国外的经验，结合本国实际情况，制定符合我国国情的发展策略。通过全社会的共同努力，实现农村经济发展与生态环境保护的协调统一，建设美丽宜居的乡村。

五、国外农村生态文明建设的机制

随着全球气候变化和人口增加，农业和农村发展面临日益严重的水资源短缺、耕地减少和退化、粮食安全危机、生态环境恶化等威胁。在满足全人类对食物和其他农产品需求的同时，如何保护农业资源的生产潜力及功能多样性以促进农业和农村可持续发展是亟须研究的重要课题。国外农村生态文明建设的机制主要包括以下几个方面。

1. 科学规划与引导

科学规划是农村生态文明建设的基础。基于规划明确农村的发展方向和目标，合理配置资源，避免盲目建设和无序发展。例如，一些发达国家在农村规划中注重生态功能分区，划分生态保护区、农业生产区等不同区域，实现了生态与生产的协调发展。

科学引导推动农村生态文明建设的可持续发展，通过制定相关政策和措施，鼓励农民采用生态友好的生产方式和生活方式。例如，推广有机农业、节能减排技术等，提高资源利用效率，减少对环境的破坏。

在科学的规划与引导下，国外的农村生态文明建设取得以下成效。

（1）优化农村布局：合理规划农村的土地利用、产业布局等，提高整体效益。

（2）保护生态环境：减少农村污染，保护自然资源，维护生态平衡。

（3）促进产业发展：推动农村产业的转型升级，实现经济与生态的良性循环。

（4）提升生活质量：为农民创造更加舒适、宜居的生活环境。

为了进行科学规划与引导，我们可以采取以下措施。

（1）加强顶层设计：制定符合农村实际的生态文明建设规划。

（2）加大科技支撑：推广先进的生态技术和环保理念。

（3）培养人才队伍：提高农民和基层干部的生态文明意识和技能。

（4）强化政策支持：出台鼓励生态文明建设的优惠政策。

总之，科学的规划与引导是国外农村生态文明建设的重要经验，值得我们借鉴和学习。通过科学规划与引导，我们可以推动农村生态文明建设向更高水平发展，实现农村经济、社会和生态的协调共进。

2. 区域自治机制

在国外农村生态文明建设中，区域自治机制具有重要作用。这种自治机制赋予了农村地区更大的自主权和决策权，使其能够根据自身特点和需求，制定和实施符合当地实际的生态文明建设策略。

通过自治机制，农民能够更深入地参与到生态文明建设的各个环节中，可以更加清楚地了解当地的生态环境问题，并积极提出解决方案。

自治机制还促进了地方资源的合理利用和保护。农村地区可以根据自身的自然资源和特色，发展适合的生态产业，实现经济发展与生态保护的平衡。

国外农村生态文明建设的自治机制，有以下几点值得借鉴。

（1）加强农民组织建设，提高农民的自治能力。

（2）完善相关法律法规，为自治机制提供保障。

（3）加大对农村地区的支持和投入，提升其自治能力。

（4）建立有效的沟通与协调机制，促进不同地区之间的经验交流和合作。

总之，农村生态文明建设的区域自治机制有利于推动农村生态文明建设，值得我们深入研究和借鉴。

3. 公共服务设施的超前完善机制

国外农村生态文明建设中，公共服务设施超前完善机制给了我们重要启示，具体包括以下几个方面。

（1）基础设施建设：包括道路、供水、供电等，为农村居民提供便利的生活条件。

（2）环保设施配备：污水处理设施、垃圾处理设施等，减少环境污染。

（3）教育医疗资源供给：提升农村地区的教育水平和医疗水平，保障居民的基本权益。

（4）文化和休闲设施建设：丰富居民的精神生活，促进社区凝聚力的形成。

（5）通信网络覆盖：缩小城乡“数字鸿沟”，推动信息共享。

（6）提前规划：根据农村发展需求，科学规划公共服务设施的布局与建设。

（7）多元投入：政府、企业和社会共同参与，保障资金充足。

（8）高效管理：确保设施的正常运行和维护。

（9）以人为本：满足居民的实际需求，提高生活质量。

在学习借鉴国外完善农村公共服务设施方面的经验时，应注意以下几点。

（1）注重规划引领，避免盲目建设。

（2）加大投入，完善农村公共服务设施。

（3）提高管理水平，确保设施有效利用。

（4）关注居民需求，增强其获得感和幸福感。

通过学习国外经验，不断完善我国农村公共服务设施，推动农村生态文明建设。

4. 公众参与监督机制

国外农村生态文明建设中，公众参与监督机制发挥了重要作用，公众参与监督机制提高了农民对生态文明建设的认识和责任感。通过参与监督，农民更加关注农村生态环境问题，意识到自身行为对环境的影响，从而增强保护环境的自觉性。

该机制有利于促进信息公开透明。政府和相关部门向公众公开生态文明建设的信息，包括项目规划、进展情况等，让公众了解并参与决策过程，增强了决策的科学性和民主性。

公众参与监督还能够加强公众对政府和企业的监督，促使他们严格遵守环保法规，履行生态保护责任。

为了建立有效的公众参与监督机制，国外多数国家采取了以下措施。

（1）加强教育宣传，提高农民的环保意识和参与监督的能力。

（2）建立信息平台，方便公众获取生态文明建设的相关信息。

（3）成立农民组织，增强农民的话语权和监督权。

（4）完善法律法规，为公众参与监督提供法律保障。

建立公众参与监督机制，国外农村生态文明建设取得了显著成效，具体如下。

（1）有效保护了农村生态环境，减少了环境污染和生态破坏。

（2）增强了农民的满意度和幸福感，促进了社会和谐。

（3）推动了农村可持续发展，实现了经济发展与生态保护的良性循环。

我国在农村生态文明建设中可以借鉴国外经验，建立健全公众参与监督机制，充分发挥农民的主体作用，共同推动农村生态文明建设取得更大成效。

5. 农村生态文明建设的文化传承机制

国外农村生态文明建设中，文化传承的具体措施如下。

（1）保护历史建筑：历史建筑具有重要的经济价值，受保护的历史建筑通常会经历功能方面的转型，并成为受人青睐的对象。

（2）传承传统手艺：例如，日本岐阜县白川村的合掌造是日本传统乡村的一种建筑形式，其特点是屋顶呈人字形，如同双手合十，被联合国教科文组织列为世界文化遗产。当地政府通过保护和传承这种传统建筑手艺，吸引了大量游客，促进了当地的经济发展和文化传承。

（3）弘扬民俗文化：如韩国的江陵端午祭，吸引了大量游客，促进了当地的经济发展和文化传承。

（4）发展生态农业：例如，瑞士的生态农业注重农产品的质量和安全，通过减少农药和化肥的使用，保护了土壤和水资源，同时促进了当地的文化传承和可持续发展。

（5）开展生态旅游：例如，澳大利亚的生态旅游注重保护自然环境和生态系统，通过开展生态旅游活动，吸引了大量游客，促进了当地的经济发展和文化传承。

第四节　我国农村生态文明建设的发展现状

一、我国农村生态文明建设的市场时机

农村生态文明建设是我国全面推进乡村振兴战略的重要任务之一。随着我国城市化进程的加速，农村地区的生态环境问题日益突出，加强农村生态文明建设已成为当务之急。当前，我国农村生态文明建设面临以下市场时机。

政策支持：政府高度重视农村生态文明建设，出台了一系列政策措施，如《乡村建设行动实施方案》《“美丽乡村”创建目标体系》等，为农村生态文明建设提供了政策保障和资金支持。

市场需求：随着生活水平的提高，人们对生态环境的要求越来越高。农村生态文明建设可以提供优质的生态产品和服务，满足人们对美好生活的向往，具有广阔的市场前景。

技术进步：随着科技的不断发展，农村生态文明建设迎来了新的机遇。例如，新型环保技术、生态农业技术等的应用，可以有效提高农村生态文明建设的效率和质量。

社会关注：农村生态文明建设是社会关注的焦点问题之一，吸引了众多社会资本的关注和参与。社会资本的参与可以为农村生态文明建设提供资金和技术支持，推动农村生态文明建设的发展。

总之，中国农村生态文明建设市场前景广阔，具有巨大的发展潜力。在政策支持、市场需求、技术进步和社会关注等多重因素的推动下，农村生态文明建设将迎来新的发展机遇。

二、我国农村生态文明建设的市场环境

随着人们对生态环境的重视度不断提高，农村生态文明建设的市场需求日益扩大。其中，绿色农产品、生态旅游等具有广阔的发展前景。

优化农村生态文明建设的市场环境有利于促进农村经济的可持续发展。通过发展生态农业，可以提高农产品的质量和附加值，增加农民的收入。生态旅游则为农民带来更多的就业机会和经济收入，推动了农村产业结构的调整和升级。

同时，政府对农村生态文明建设的支持力度不断加大，出台了一系列政策措施，鼓励和引导社会资本投入农村生态文明建设，为相关产业的发展提供了政策保障。

然而，农村生态文明建设的市场环境也面临一些问题。一方面，部分农民对生态文明建设的认识不足，缺乏环保意识和生态农业技术，限制了相关产业的发展；另一方面，市场竞争日益激烈，需要相关市场主体不断提高产品和服务质量，加强品牌建设。

为更好地发展农村生态文明建设的市场环境，我们须采取以下措施。

（1）加强对农民的培训和教育，提高其环保意识和生态农业技术水平。

（2）培育和发展农村生态文明建设的龙头企业，带动相关产业的发展。

（3）加强农村基础设施建设，改善交通、通信等条件，为生态旅游等产业的发展提供有力支持。

（4）加强市场监管，规范市场秩序，保障消费者的合法权益。

总之，农村生态文明建设的市场环境既面临机遇，又存在挑战。我们要充分利用机遇，积极应对挑战，推动农村生态文明建设取得更大的成效。

三、我国农村生态文明建设的现状

政府在农村生态文明建设方面发挥着重要作用。

首先，政府可以通过多种渠道宣传农村生态文明建设典范，利用媒体平台，如电视、报纸、网络等，广泛报道在生态文明建设方面取得显著成绩的地区，介绍其成功经验和做法。

其次，举办相关研讨会和培训活动，组织农村干部和农民代表参加，学习生态文明建设典范地区的先进经验。

最后，政府可以建立示范基地，供其他地区参观学习。

为了确保农村生态文明建设典范的示范作用，政府还应采取以下措施。

（1）确保信息的真实性和可靠性，避免夸大或虚假宣传。

（2）根据不同地区的实际情况，有针对性地选择典范进行宣传，使其他地区能够更好地借鉴。

（3）鼓励农村地区之间的交流与合作，促进经验共享。

（4）对宣传效果进行跟踪和评估，及时总结经验教训，不断改进宣传方式和内容。

政府加强农村生态文明建设典范的宣传，可以发挥以下作用。

（1）激发广大农村地区的积极性和主动性，推动更多地区参与到生态文明建设中来。

（2）促进农村地区之间相互学习和借鉴，提高全国农村生态文明建设的整体水平。

（3）增强农民的环保意识和生态文明观念，培养其可持续发展意识。

总之，政府在农村生态文明建设典范宣传方面扮演着关键角色，有效宣传可以推动农村生态文明建设取得更好的成效。

企业在农村生态文明建设中发挥了重要作用，并取得了一系列成果。

企业可为农村地区提供经济支持，促进当地经济发展。通过投资农业产业、发展农村旅游等方式，增加农民收入，提高农民生活水平。

在技术和创新方面，企业可引入先进的环保技术和生产方式，减少农村的污染和资源浪费，如推广清洁能源、实施农业废弃物资源化利用等。

企业还能创造就业机会，吸收农村劳动力，减少农村人口外流。

企业在推进农村生态文明建设方面取得的主要成果如下。

（1）改善农村生态环境，提升空气质量、水质等。

（2）促进农业产业的可持续发展，推动农业现代化。

（3）提高农民生活质量，增加其收入、改善其居住条件。

（4）推动农村经济结构调整，促进产业升级。

（5）增强农村地区的吸引力，促进城乡一体化发展。

为更好地发挥企业在农村生态文明建设中的作用，企业应注意以下几点。

（1）强化社会责任意识，将环保理念融入企业发展战略。

（2）加强与当地政府和农民的合作，共同推进农村生态文明建设。

（3）加大对农村生态文明建设的投入，提高相关项目的实施效果。

（4）积极推广先进技术和经验，带动更多企业参与到农村生态文明建设中来。

总之，企业在农村生态文明建设中发挥了重要作用，为农村地区的经济发展和生态环境改善做出了积极贡献。

农民作为农村生态文明建设的主体，具有不可替代的作用。农民是农村生态资源的直接使用者和管理者，他们对当地的自然环境和生态系统有着深入的了解。通过农民的积极参与，可以更好地保护和利用这些资源。

在发展生态农业方面，农民采用绿色种植和养殖方式，可以减少农药、化肥的使用，提高农产品的质量和安全性。

农民的传统生态知识和经验是农村生态文明建设的宝贵财富。农民了解当地的气候、土壤等自然条件，能够传承和运用适合当地的生态农业技术。

农民在农村生态环境保护中可发挥重要作用，如积极参与森林保护、水源保护等。

农民在农村生态文明建设中的作用主要体现在以下几个方面。

（1）促进农业可持续发展，保障粮食安全和农产品质量。

（2）传承和弘扬农村生态文化，保护农村特色文化遗产。

（3）提高农村居民的生活质量，创造优美的居住环境。

（4）为农村经济发展提供新的增长点，推动乡村旅游等产业的发展。

为充分发挥农民在农村生态文明建设中的作用和价值，需要注意做好以下几个方面的工作。

（1）加强针对农民的环保教育和培训，提高他们的环保意识和生态文明素养。

（2）政府要加大对农村生态文明建设的支持力度，提供政策和资金支持。

（3）建立农民参与生态文明建设的激励机制，提高农民的积极性和主动性。

总之，农民在农村生态文明建设中扮演着关键角色，他们的积极参与和作用发挥对实现农村的可持续发展具有重要意义。

目前，我国农村生态文明建设中主要存在以下问题。

（1）环境污染较严重：农业生产中的化肥、农药过量使用，生活垃圾和污水处理不当等。

（2）生态系统破坏：过度开垦、砍伐森林等活动导致生态平衡被打破。

（3）基础设施建设滞后：缺乏完善的污水处理、垃圾处理等环保设施。

（4）农业生产方式落后：传统的农业生产方式对环境造成较大压力。

（5）环保意识淡薄：农民对生态环境保护的重要性认识不足。

（6）资源利用不合理：水资源、土地资源等存在浪费和低效利用的情况。

（7）生态规划缺乏：农村发展规划对生态文明建设重视不够。

（8）产业结构单一：过度依赖农业，缺乏多元化的产业支撑。

这些问题在一定程度上制约了农村生态文明建设的推进。环境污染不仅影响农产品质量和农民健康，还对农村生态系统造成损害。生态系统破坏导致生态功能减弱，影响可持续发展。基础设施滞后使环保工作难以有效开展。农业生产方式落后增加了环境压力。农民环保意识淡薄和资源利用不合理同样不利于生态文明建设。生态规划缺乏导致农村发展与生态保护难以协调。产业结构单一限制了农村经济的发展和农民收入的提高。

解决这些问题需要全社会共同努力，包括加大环保宣传教育力度、推广先进的农业生产技术和环保技术、加强基础设施建设、制定科学的生态规划、推动产业结构调整等。只有这样，才能实现农村生态文明建设的目标，促进农村经济、社会和环境的协调发展。

四、我国农村生态文明建设的商业机会

1. 我国农村生态文明建设带来的六大商业收益

（1）农产品附加值提升：通过生态农业实践，生产出的绿色、有机农产品具有更高的市场价值，能吸引追求健康的消费者，从而提高销售价格和利润。

（2）生态旅游兴起：美丽的乡村风光、传统文化和生态资源吸引游客，可带动餐饮、住宿、娱乐等相关产业发展，创造更多商业机会。

（3）农村电商发展：利用互联网平台，拓宽农产品销售渠道，可降低营销成本，提高市场覆盖面。

（4）生态产业发展：生态养殖、有机农业、可再生能源等具有较大的市场潜力和商业价值。

（5）品牌建设机会：以生态文明为特色，打造农村地区的独特品牌，可提升地域知名度和产品竞争力。

（6）促进相关服务业发展：如发展物流、配送、金融等服务业，为农村生态文明建设提供支持的同时，可获得商业收益。

具体来说，农产品附加值提升，生态农产品在市场上的认可度提高，消费者愿意为其支付更高的价格，可为农民带来更多收入。生态旅游的兴起使农村地区成为旅游目的地，带动了当地经济增长。农村电商的发展让农产品突破了地域限制，实现全国乃至全球销售。生态产业的发展符合可持续发展要求，市场前景广阔。品牌建设有助于提升农产品的市场竞争力，增加其附加值。相关服务业的发展则为农村生态文明建设提供了有力支撑，同时为农

民创造了就业机会和经济效益。

总之，农村生态文明建设不仅有利于环境保护和可持续发展，还为农村发展带来了诸多机遇和收益。

2. 农村生态文明建设六大收益实现的路径

（1）搭建可持续运行的投资、融资架构

在计划、筹措农村生态文明建设资金时，必须对投资、融资架构进行科学搭建，先投资基础设施、土地开发、公共设施开发等，同时落实PPP、长期开发相关金融支持贷款等。农村生态文明建设投资与融资的启动架构，直接影响项目最终能否成功。

（2）特色产业/持续建设是关键

需要指出的是，农村生态文明建设项目启动后，若不能有效形成“商气”和“人气”，不能快速落实产业或旅游项目、落实大规模聚集商气的产业架构，那么农村生态文明建设的持续性难以实现。因此，农村生态文明建设的第二个重点是产业项目或旅游项目投资，使产业和“人气”快速聚集。在聚集产业和“人气”的同时，必须聚集休闲业态，让游客留下来消费。只有这样，才能形成“商气”，具有项目价值，形成农村生态文明建设的商业价值。

基于以上逻辑，我们需要进一步投资生态旅游目的地的设施配套、人文配套、产业链配套等。在此基础上，才能够聚集生态产业，并通过生态项目可持续建设，提升宜居宜业的生态结构。

总之，运营能力极为关键。只有保持旅游、商业街区、消费产业、特色产业的良性运转，才能够保证产业的可持续发展，并产生就业机会。

3. 收益实现

农村生态文明建设收益的实现形式：一是生态建设工程收益的实现；二是土地升值下资产转让或资产融资的实现；三是生态旅游项目资金的快速回笼；四是产业现金流回报；五是通过股权的转让、上市等退出机制，最终实现资本收益。

当然，不同类型的农村生态文明建设，其盈利模式略有差异。比如生态产业升级和生态旅游项目的出发点并不相同：旅游的核心是消费，尽可能地吸引消费者来流动消费；产业升级项目的核心是生产，尽可能吸引高技术人才来创业就业。二者的发展路径也截然不同，赖以发展的区位条件、基础设施、配套服务、盈利模式差异巨大。生态旅游项目对交通要素和区位因素的要求较低，但对天然的特色旅游资源要求颇高，建设成本主要集中在景区的开发上，并通过旅游运营获取盈利，这和一般景区并无二致。生态产业升级项目对交通区位及产业配套要求较高，需要税收、政策补贴、管理收费等支持，以实现产业聚集并盈利。

综合上述内容，可以看出农村生态文明建设的商业价值巨大。

第二章

我国农村生态文明建设的产业定位

第一节　我国农村生态文明建设的价值细分

农村生态文明建设作为未来中国城镇化重要的发展方向，其复杂性是众所周知的。就农村生态文明建设产业定位而言，决策是多样的、复杂的。要想对农村生态文明建设的特色产业及附属产业做出准确定位，需要对农村生态文明建设的产业价值进行细分。

从特色小镇精准定位的需要考虑，传统三大产业的划分方法显然不足以完成农村生态文明建设产业的精细化定位。

农村生态文明建设产业定位需要对“三大产业”进一步细分，只有这样才能拨云见日。农村生态文明建设通常具有以下六大产业价值。

（1）农业产业价值（包括特色农业）；

（2）工业产业价值；

（3）生态环境价值；

（4）旅游产业价值；

（5）社会文化价值；

（6）资源利用价值。

农村生态文明建设的六大价值相互关联、相互促进。通过加强农村生态文明建设，可以实现经济、社会和环境的协调发展。在实践中，我们应充分挖掘和发挥这些价值，推动农村生态文明建设不断取得新成效。

一、农业产业价值

农业生态文明建设具有重要的农业产业价值，它不仅关乎农业的可持续发展，还对经济、社会和环境产生积极影响。

农业生态文明建设有助于提高农产品的质量和安全。通过推广生态农业技术，可以减少农药和化肥的使用，降低农产品中有害物质残留，保障消费者的健康。例如，一些地区采用绿色防控技术，利用生物多样性控制病虫害，提高了农产品的品质。

农业生态文明建设有利于促进农业的可持续发展。生态农业模式注重资源的循环利用和生态平衡的维护，减少对自然资源的过度依赖和破坏。例如，某地发展有机农业，通过施用有机肥料和采用轮作方式，提高了土壤肥力，实现了农业的可持续生产。

农业生态文明建设能推动农业的转型升级。鼓励农民发展特色农业、生态农业和休闲农业，提升农产品的附加值和市场竞争力。比如，一些农村地区打造生态农庄，将农业与旅游业相结合，吸引了众多游客，增加了农民的收入。

此外，农业生态文明建设可以增强农业的生态服务功能。农业生态系统除提供农产品之外，还具有调节气候、保持水土、净化空气等生态功能。例如，森林和湿地在生态系统中发挥着重要作用。

浙江省的“丽水模式”是一个成功的典范。丽水市通过推广生态农业技术，发展生态旅游，实现了农业与生态的良性互动。当地的农产品以高品质、绿色环保而闻名，吸引了众多消费者。

综上所述，农业生态文明建设的农业产业价值不容忽视。它不仅提高了农产品质量和安全、促进了农业的可持续发展，还推动了农业转型升级，增强了生态服务功能。我们应进一步加强农业生态文明建设，实现农业发展与生态保护的双赢。

二、工业产业价值

农村生态文明建设对工业产业具有重要价值，主要体现在以下几个方面。

农村生态文明建设为工业发展提供了优质原材料。在生态文明建设的推动下，农产品质量得到提升，为工业生产提供了更加安全、优质的原材料。例如，一些地区通过发展绿色农业，生产出的有机农产品成为食品加工企业的优质原料，提高了产品的附加值。

农村生态文明建设为工业发展创造了更好的发展环境。农村生态环境的改善吸引了更多的企业投资兴业，促进了工业的发展。例如，一些生态优美的农村地区吸引了高新技术企业入驻，带动了当地工业的转型升级。

农村生态文明建设有助于推动工业的绿色转型，促使企业采用环保技术和清洁生产方式，减少资源消耗和环境污染。例如，一些企业在农村地区建立生产基地，积极采用节能减排技术，实现了经济效益和生态效益的“双赢”。

农村生态文明建设促进了工业与农业的融合发展。农村丰富的资源为工业发展提供了新的机遇，推动了工农一体化发展。比如，农产品加工业的发展延长了农业产业链，提高了农产品的附加值。

在实践中，江西省婺源县注重农村生态文明建设，通过保护生态环境、发展生态农业，吸引了众多工业企业前来投资。其中，某茶叶加工企业依托当地优质的茶叶资源，采用先进的加工技术，生产出的高品质茶叶畅销国内外市场。

总之，农村生态文明建设的工业产业价值不可忽视。它为工业发展提供了优质原料、创造了良好发展环境、推动了工业绿色转型、促进了工农融合。我们要进一步加强农村生态文明建设，推动工业的可持续发展。

三、生态环境价值

农村生态文明建设具有重要的生态环境价值，不仅有助于改善农村生态环境，还能推动农村可持续发展。

农村生态文明建设可以提升空气质量。通过减少农业废弃物的排放和推广清洁能源，农村生态文明建设可改善农村地区的空气质量，为居民提供清新的生活环境。例如，一些农村地区采用生物质能等清洁能源，减少了对传统能源的依赖。

农村生态文明建设有利于保护水资源。农村生态文明建设中，通过加强水污染治理和水资源保护，确保了农村居民的用水安全。例如，某些村庄建设了污水处理设施，有效地防止了污水对河流和地下水的污染。

保护土壤资源。农村生态文明建设中，通过推广生态农业技术，减少化肥和农药的使用，防止土壤退化和污染。比如，一些地区采用有机种植方式，提高了土壤肥力和农产品质量。

促进生物多样性的保护。农村生态文明建设中通过保护农村的自然生态系统，为野生动植物提供了良好的生存环境。例如，建立自然保护区和生态公园，保护珍稀物种的栖息地。

在实践中，浙江安吉通过大力推进生态文明建设，实现了经济发展与生态保护的良性互动。该县的竹子资源得到了合理利用，同时生态环境得到了有效保护。

总之，农村生态文明建设的生态环境价值不可估量，对实现农村的可持续发展和建设美丽乡村具有重要意义。我们要继续加大农村生态文明建设的力度，创造更加美好的农村生态环境。

四、旅游产业价值

农村生态文明建设对旅游产业发展具有重要价值，农村的自然风光、田园景观、传统文化等是吸引游客的重要元素。比如，江西婺源的油菜花海、安徽宏村的古村落等，吸引了大量游客前来观赏。

可以促进旅游产业的可持续发展。农村生态文明建设中，通过保护生态环境，实现了旅游资源的可持续利用。例如，一些农村地区限制游客数量，保护自然景观和生态系统。

有助于打造特色旅游品牌。农村的地域文化、民俗风情等可以成为旅游的特色品牌，提高旅游的吸引力和竞争力。例如，云南丽江的纳西文化、贵州西江千户苗寨的苗族风情等。

带动相关产业的发展。农村生态文明建设促进了餐饮、住宿、交通等相关产业的发展，增加了农民的就业机会和经济收入。比如，一些农村地区通过发展旅游产业，带动了当地农民的增收致富。

在实践中，浙江莫干山通过加强生态保护，打造了一批特色民宿，吸引了众多游客前来休闲度假。

总之，农村生态文明建设赋予了旅游产业重要价值，我们要充分挖掘和利用农村的生态和文化资源，推动旅游产业的发展，实现经济效益和生态效益的双赢。

五、社会文化价值

农村生态文明建设具有多方面的社会文化价值。

有助于传承和弘扬农村优秀传统文化。农村地区拥有丰富的传统文化资源，如民俗、传统技艺等，通过生态文明建设可以保护和传承这些文化遗产。例如，一些古村落经过保护和修复，展现了悠久的历史和独特的文化魅力。

增强农村社会的凝聚力。农村生态文明建设能够改善农村环境，提高居民的生活质量，增进邻里之间的交流和团结。在一些生态文明示范村，村民共同参与环境保护和生态建设，形成了良好的社区氛围。

有利于提升农村居民的文化素质。农村生态文明建设中，通过开展环保教育和生态文明宣传，培养居民的环保意识和文明素养。例如，举办生态文明知识讲座和培训，增强农民的生态环保意识。

促进城乡文化交流。农村生态文明建设中，吸引城市居民到农村体验田园生活，可增进城乡之间的相互了解和文化交流。一些农村地区开展的农家乐和乡村旅游项目，为城乡文化交流提供了平台。

此外，农村生态文明建设对推动农村文化创新发展具有重要意义，可激发农民的创造力，培育新型文化产业。例如，利用农村生态资源开发文化创意产品。

以浙江省安吉县为例，该县注重生态文明建设与传统文化的融合，将竹文化融入生态旅游中，不仅促进了经济发展，还传承了当地的特色文化。

总之，农村生态文明建设的社会文化价值不容忽视，对传承文化、增强凝聚力、提升素质、促进交流和推动创新发展都具有重要意义。我们要积极推进农村生态文明建设，实现经济、社会和文化的协调发展。

六、资源利用价值

农村生态文明建设对资源利用具有重要价值。

有利于提高资源利用效率。农村生态文明建设中，通过推广先进的农业技术和生产方式，可以减少资源的浪费。例如，采用精准灌溉技术，根据农作物的实际需求进行灌溉，有效节约了水资源。

有助于实现资源的可持续利用。农村生态文明建设中，通过加强生态保护，合理开发和利用自然资源，可确保资源的长期供应。比如，合理规划森林资源的利用，实现森林的可持续经营。

促进资源的优化配置。农村生态文明建设中，可根据不同地区的资源特点，发展特色产业，提高资源的利用效益。例如，某农村地区利用丰富的太阳能资源，发展太阳能发电产业。

推动了资源的循环利用。农村生态文明建设中，通过推广农作物秸秆的综合利用，可减少废弃物的排放。例如，一些地区将秸秆用于生物质发电、饲料加工等，实现了资源的循环利用。

以江西省靖安县为例，该县通过实施生态农业项目，推广有机农业种植技术，提高了土地资源的利用效率；同时，加强水资源管理，推广节水灌溉技术，有效保护了水资源。

总之，农村生态文明建设对资源利用具有重要价值，提高了资源利用效率，实现了资源可持续利用，促进了资源优化配置和循环利用。我们要继续加强农村生态文明建设，合理利用资源，推动农村经济的可持续发展。

第二节 我国农村生态文明建设的定位原则

我国农村生态文明建设的定位基于以下原则。

一、生态平衡原则

农村生态文明建设遵循生态平衡原则，旨在实现农村地区经济发展与生态环境保护的协调统一。自然界中各种生物与环境之间存在相互依存、相互制约的关系。在农村生态文明建设中，生态平衡原则具有重要的指导意义。

生态平衡原则要求我们保护和改善农村的自然生态系统。例如，通过植树造林、退耕还林等措施，提高森林覆盖率，改善生态环境。以福建省武夷山为例，当地政府大力保护森林资源，促进了生态系统的平衡。

生态平衡原则要求我们合理利用农村的自然资源，避免过度开采和滥用资源，实现资源的可持续利用。在一些农村地区，推广使用沼气等可再生能源，减少了对传统能源的依赖。

生态平衡原则强调保持生物多样性。保护各种野生动植物，维护生态系统的稳定性。例如，四川九寨沟通过保护当地的珍稀动植物，实现了生态平衡。

生态平衡原则要求防治农村的环境污染，加强对农业废弃物和生活污水的处理，减少对环境的破坏。例如，一些农村地区建立了污水处理设施，改善了农村的水环境。

生态平衡原则鼓励发展生态农业。发展有机农业、循环农业等，减少了化肥和农药的使用，提高了农产品的质量和安全性。

总之，农村生态文明建设必须遵循生态平衡原则，通过保护和改善自然生态系统、合理利用资源、保持生物多样性等措施，实现农村经济的可持续发展和生态环境的保护。

农村生态系统是一个复杂的体系，包括自然资源、生态环境和人类活动等多个要素。农村生态文明建设的目标是实现这些要素之间的平衡，确保农村生态系统的稳定和可持续发展。

二、可持续发展原则

我国农村生态文明建设遵循可持续发展原则，以实现农村经济、社会和环境的协调发展。可持续发展原则强调在满足当代人需求的同时，不损害后代人的利益。在农村生态文明建设中，这一原则具有重要的指导意义。

可持续发展原则要求合理利用农村资源。例如，在农业生产中推广节水灌溉技术，减少水资源的浪费。山东寿光通过推广高效节水灌溉设施，实现了水资源的高效利用。

可持续发展原则鼓励发展生态农业。在农村生态文明建设中，要采用绿色种植和养殖方式，减少对环境的污染。例如，浙江安吉的生态农业模式，实现了经济效益和生态效益的双赢。

可持续发展原则强调农村产业的多元化发展，不能仅依赖农业，还要发展农村旅游、特色手工艺等产业。江西婺源依托美丽的乡村风光，带动了旅游产业的繁荣。

可持续发展原则要求重视农村生态环境的保护，加强对森林、湿地等自然资源的保护，防止生态破坏。黑龙江大兴安岭地区通过加强森林保护，维护了当地的生态平衡。

可持续发展原则鼓励农村居民参与生态文明建设和增强环保意识，促进可持续发展的理念在农村落地生根。

以安徽黟县为例，当地政府积极推动生态旅游，保护古村落和自然景观，实现了经济发展和生态保护的良性循环。

总之，遵循可持续发展原则是农村生态文明建设的必然选择，只有实现农村的可持续发展，才能推动整个社会的可持续发展。

可持续发展原则强调在满足当代人需求的同时，不损害后代人的利益。在农村生态文明建设中，要注重资源的合理利用和保护，推动经济发展与生态保护的协调统一。

三、以人为本原则

人是农村生态文明建设的主体，要关注农民的需求和利益，提高农民的生态意识和参与度，促进人与自然的和谐共生。以人为本，意味着将农村居民的需求和利益置于核心地位。农村生态文明建设的目的是提高农民的生活质量，促进其身心健康和全面发展。

以人为本强调满足农村居民的基本生活需求，提供清洁的饮用水、安全的住房和卫生的生活环境，是保障农民健康的基础；改善农村基础设施，如道路、电力和通信等，提升农民的生活便利性。

以人为本原则要求注重农民的参与和主体地位，鼓励农民积极参与生态文明建设的决策和实施过程，充分发挥他们的智慧和创造力。在农村生态文明建设中，可通过教育和培训提高农民的环保意识和生态文明素养，使其成为生态文明建设的主体力量。

以人为本原则要求关注农村的经济发展。在农村生态文明建设中，可通过发展生态农业、乡村旅游等产业，促进农民增收，提高其生活水平。同时，推动农村经济的可持续发展，实现经济效益和生态效益的双赢。

此外，以人为本原则还体现在尊重农村居民的文化传统和价值观，保护和传承农村特色文化，增强农民的文化认同感和归属感。

总之，以人为本原则对农村生态文明建设至关重要，只有坚持以农民为中心，关注他们的需求和利益，才能实现农村生态文明建设的可持续发展，构建美丽宜居的乡村。

四、因地制宜原则

不同地区具有不同的自然条件、经济发展水平和文化特色。农村生态文明建设应根据当地实际情况，制定合适的发展策略和措施。因地制宜原则强调根据不同地区的自然条件、经济发展水平和文化特色，制定适合当地的生态文明建设策略。

因地制宜原则要求充分考虑各地的自然资源禀赋。例如，在水资源丰富的地区，可以发展水产养殖；在山地地区，可以发展林业和特色农业。以云南元阳为例，当地农民根据地形地势，巧妙地利用水资源，创造了独特的梯田农业景观，实现了生态与经济的双赢。

因地制宜原则要求注重结合当地的经济发展水平。在经济较为发达的地区，可以加大对生态环境保护的投入；在经济欠发达地区，可以优先发展生态农业等特色产业。例如，江苏华西村在经济发展的基础上，大力推进生态文明建设，实现了经济与生态的协调发展。

因地制宜原则强调要尊重当地的文化特色，将传统文化与生态文明建设相结合，打造具有地方特色的生态文化。例如，贵州西江千户苗寨保留了浓郁的苗族文化特色，通过发展生态旅游促进了当地的经济发展和文化传承。

此外，因地制宜原则鼓励创新发展模式，根据当地实际情况，探索合适的生态文明建设路径。比如，一些地区通过发展生态农业合作社，实现了规模化、集约化经营。

总之，因地制宜原则是我国农村生态文明建设的重要定位依据，只有根据各地的实际情况，制定切实可行的发展策略，才能实现农村生态文明建设的目标。

五、系统整体性原则

农村生态文明建设是一个系统工程，涉及多个领域和方面，需综合考虑经济、社会、环境等因素，实现系统的整体优化。我国农村生态文明建设遵循系统整体性原则，将农村的各个要素视为相互联系、相互影响的整体。系统整体性原则强调农村生态文明建设不是单一领域的工作，而是一个涉及多个方面的综合性系统工程。

系统整体性原则要求全面考虑农村的自然环境、经济发展和社会文化等因素。这些因素相互关联，共同影响农村生态文明建设的成效。以浙江安吉为例，通过整合自然资源和生态优势，发展生态旅游，促进了经济发展和环境保护的良性互动。

系统整体性原则注重各部门之间的协同合作。农业、环保、水利等部门需要密切配合，共同推进农村生态文明建设。在一些地区，政府组织多个部门联合开展生态修复工程，取得了显著成效。

系统整体性原则强调农村与城市的协同发展。农村生态文明建设不仅要关注农村本身，还要与城市的发展相协调。例如，通过建设农产品产业链，实现城乡资源的有效对接。此外，系统整体性原则重视生态系统的整体功能，保护和修复农村的生态系统，确保其生态服务功能的正常发挥。一些地区通过建设生态湿地，改善了区域生态环境。

系统整体性原则鼓励全社会的参与，政府、企业、社会组织和农民等各方力量要共同参与农村生态文明建设。在某些农村地区，通过开展生态文明宣传教育活动，提高了农民的环保意识。

总之，遵循系统整体性原则是推进我国农村生态文明建设的关键，只有从系统的角度出发，全面考虑各方面因素，才能实现农村生态文明建设的目标。

六、科学规划原则

应通过科学规划合理布局农村的生产空间、生活空间和生态空间，引导农村生态文明建设有序发展。我国农村生态文明建设需遵循科学规划原则，以实现可持续发展。科学规划原则强调通过合理的规划和布局，促进农村生态文明建设。

科学规划应基于对农村资源和环境的深入调查与分析，了解当地的土地利用、水资源、生态环境等情况，为制定规划提供依据。例如，江西婺源在规划中充分考虑了当地的自然景观和文化特色，打造了独具魅力的乡村旅游。

科学规划要注重生态功能区的划分，保护生态敏感区域，合理安排生产空间、生活空间和生态空间。以江苏苏州的一些农村地区为例，其通过规划建设生态农业园区，实现了生态保护与经济发展的平衡。

科学规划强调产业布局的合理性，要避免产业过度集中带来的环境压力，促进产业的协同发展。山东寿光的蔬菜产业就是在科学规划的指导下，实现了规模化、集约化发展。此外，科学规划原则重视基础设施的完善，包括道路交通、供水供电、污水处理等设施，提高农村居民的生活质量。例如，浙江一些农村地区通过完善基础设施，改善了农村的生活环境。

科学规划原则鼓励公众参与，充分听取农民的意见和建议，确保规划符合当地实际情况。例如，四川成都的一些农村地区在规划过程中，积极引导农民参与，提高了规划的可操作性。

科学规划原则在我国农村生态文明建设中发挥着重要作用，只有通过科学合理的规划才能实现农村经济、社会和生态的协调发展。例如，一些地区通过推广生态农业，实现了农业生产与生态保护的良性互动；一些农村地区建设了生态村庄，改善了居民的生活环境；还有些地区发展生态旅游，实现了经济发展与生态保护的双赢。

我国农村生态文明建设的定位要基于对生态平衡、可持续发展、以人为本等原则的遵循和应用，通过科学规划和系统推进实现农村经济、社会和环境的协调发展。

第三节　我国农村生态文明建设战略定位的路径与案例分析

一、我国农村生态文明建设战略定位的路径

我国农村生态文明建设战略定位的八个步骤如下。

（1）全面调查评估：对农村地区的生态环境、资源状况进行详细调查和评估，了解现状和问题。

（2）制定目标规划：根据调查结果制定明确的目标和规划，确定农村生态文明建设的方向和重点。

（3）加强生态保护：加大对自然生态系统的保护力度，保护森林、湿地、草原等重要生态资源。

（4）推进节能减排：推广节能技术和清洁能源，减少农村能源消耗和污染物排放。

（5）发展生态农业：倡导绿色种植、养殖方式，减少化肥、农药的使用，提高农产品质量。

（6）加强环境治理：治理农村生活污水、垃圾等污染，改善农村环境质量。

（7）培育生态文化：加强生态文明宣传教育，培育农民的生态意识和环保习惯。

（8）建立长效机制：完善法律法规和政策体系，建立监督考核机制，确保农村生态文明建设的持续推进。

以浙江省安吉县为例，该县通过全面调查评估制定了生态文明建设规划，加强生态保护、推进节能减排、发展生态农业、实施“千万工程”、加强环境治理，培育了浓厚的生态文化氛围，建立了长效机制。安吉县在农村生态文明建设方面取得了显著成效，成为全国的典范。

在推进农村生态文明建设的过程中，需要政府、企业、社会组织和农民

共同努力，形成合力，才能实现农村经济发展与生态环境保护的良性互动，推动农村生态文明建设取得更大的成效。

二、我国农村生态文明建设战略定位的案例分析

以辽宁省凤城市大梨树村为例，该村紧紧围绕“以人为本、生态立村、农业稳村、旅游兴村、文化塑村”的战略定位，坚持走“绿水青山就是金山银山”的生态发展之路，唱响“开放曲”、打好“绿色牌”。

大梨树村通过持续加大生态环境保护和修复力度，重点实施治山治水、绿色农业、污染防治、基础设施、舒适宜居五项工程，抓基础、重投入，实现了生态环境景区化。

同时，大梨树村坚持传统文化保护与特色文化培育相结合，形成历史文化、中医药文化、养生文化、“干”字文化、红色旅游文化、民俗文化、乡土文化、田园文化八大特色生态文化品牌，抓活动、重影响，使生态文明常态化。

此外，大梨树村按照“生态立村、农业稳村、旅游兴村”的发展思路，大力发展绿色农业，构建“山上基地山下园”的农业产业新格局，打造生态经济型、生态景观型和生态园林型的乡村旅游新模式，抓规划、重协调，推进生态产业规模化。

最后，大梨树村制定村庄环境整治生态建设方案，把生态文明教育与村规民约教育、学生品德教育相结合，积极开展生态文明旅游劝导活动，抓教育、重联动，使生态教育平民化。

经过 30 多年的苦干、实干加巧干，全村生态环境整体持续改善、“两山”转化模式更具特色、生态文明体制机制不断完善、公众满意度稳步提升，实现了生态保护和经济发展的双赢，把“绿水青山”真正变成“金山银山”，为其他类似资源禀赋地区提供了借鉴和示范。

第三章

我国农村生态文明建设的市场定位

第一节　我国农村生态文明建设的目标市场

一、锚定我国农村生态文明建设的目标市场

农村生态文明建设是我国全面推进生态文明建设的重要组成部分，确定其目标市场定位具有重要意义。农村生态文明建设的目标市场主要包括以下内容。

（1）农产品市场：提供绿色、有机、安全的农产品，满足消费者对高品质农产品的需求。

（2）生态旅游市场：凭借农村自然风光、民俗文化等资源，吸引城市居民前来休闲、度假、体验农村生活。

（3）生态环境服务市场：如生态修复、污水处理、垃圾处理等，为改善农村生态环境提供技术和服务。

（4）绿色能源市场：开发利用农村可再生能源，如太阳能、风能等。

（5）生态产业市场：发展生态农业、生态工业等，促进农村产业结构调整和升级。

确定农村生态文明建设的目标市场定位应重点考虑以下因素。

（1）绿色、生态、可持续：强调产品和服务的绿色属性，满足消费者对健康、环保的需求。

（2）地域特色：挖掘本地的自然资源和文化特色，打造具有独特竞争力的产品和服务。

（3）高端品质：致力于提供高品质的农产品和旅游服务，提高产品附加值。

(4) 科技支撑：依靠科技进步，提高生态文明建设的效率和质量。

(5) 市场需求导向：根据市场需求调整产品和服务结构，满足不同层次消费者的需求。

为实现农村生态文明建设的目标，应采取以下措施。

(1) 加强宣传教育：提高农民和消费者的生态文明意识。

(2) 加大政策支持：鼓励和引导企业资本、社会资本参与农村生态文明建设。

(3) 推进科技创新：提升生态文明建设的科技水平。

(4) 加强人才培养：培养一批懂技术、会管理的农村生态文明建设人才。

(5) 强化监管执法：确保农村生态文明建设依法依规进行。

总之，农村生态文明建设应紧密结合农村实际，突出绿色、生态、可持续的特点，以市场需求为导向，通过政策支持、科技创新等措施，实现农村经济发展与生态环境保护的良性互动。

二、我国农村生态文明建设案例分析

1. 山东省寿光市是农业生态文明建设的典范

农村生态文明建设是全面推进生态文明建设的关键一环，山东省寿光市作为中国有名的“蔬菜之乡”，在农村生态文明建设方面成绩斐然。

山东省寿光市以蔬菜农业为特色的生态文明建设取得了显著成就，具体体现在以下几个方面。

(1) 废弃物处理方式彻底转变：改变了蔬菜废弃物传统处理方式，推动了乡村生态文明建设和农业绿色发展。

(2) 多主体经营：通过制定相关政策，集中打造生态农业走廊，引导企业、合作社和种植大户发展生态农业。目前，寿光市农业龙头企业达410家，农业合作社1200多家，具有一定规模的家庭农场约2700家，辐射带动80%的农户进入了产业化经营体系，推动了先进技术和生产理念在现代农业发展中的应用。

(3) 新技术引领：发展循环农业，指导农民开展沼液沼渣综合利用，建设完成2000个沼气池；推广测土配方施肥新技术，实施配方施肥达105万亩次；推广生物防治新技术，减少农药使用量，推进环保节能；开发利用太阳能等可再生能源，推进节能增效。

（4）跨领域拓展：发展生态农业的外延，打造农业田园风光旅游精品。中国（寿光）蔬菜博览会已成功举办14届，推动了当地农民致富和生态旅游业的发展。

2. 山东省寿光市农村生态文明建设的目标市场定位

（1）农产品市场：寿光市素有“蔬菜之乡”的美誉，具备丰富的蔬菜资源。寿光市重点发展生态农业，为市场提供绿色、有机且安全的农产品，满足消费者对高品质农产品的需求。

（2）生态旅游市场：寿光市拥有丰富的自然景观及人文景观，如寿光市林海生态博览园、蔬菜高科技示范园等。发展生态旅游，吸引众多游客前来观光、休闲与度假，推动了当地经济发展。

（3）生态环境服务市场：强化农村生态环境保护和治理，提供污水处理、垃圾处理等生态环境服务，助力农村生态改善。

（4）生态产业市场：发展生态农业、生态工业等，促进农村产业结构的调整与升级，提升了农村经济发展的质量与效益。

综上所述，寿光市通过加强农村生态文明建设，提供多样的农产品、生态旅游产品及生态环境服务，满足不同消费者需求，推动了当地经济发展，并促进了农村产业结构的优化升级。

3. 山东省寿光市引领目标市场消费

山东省寿光市自改革开放以来，开启了以蔬菜产业化引领农业与非农产业协调发展，带动农民富裕、城乡融合、农村城镇化的发展模式。“寿光模式”在全国起到了良好的示范引领作用，具体体现在以下几个方面。

（1）技术创新：从冬暖式大棚技术到育种育苗技术，再到模式集成输出的创新，“寿光模式”的根基在于蔬菜产业，而蔬菜产业的根基在于持续的技术创新。始终强调涉农产业链条的技术创新，并以其为先导，推动蔬菜产业的加速发展，是“寿光模式”得以不断发展的内生动力。

（2）产业发展：寿光市从事蔬菜种子研发及育苗的企业已经发展至401家，自主研发蔬菜新品种140个，获得植物新品种权保护的新品种82个，年育苗量达17亿株，成为全国最大的种苗繁育基地。

（3）人才培养：寿光市每年有8000名以上农业技术人员在全国30个省

（区、市）指导农业园区建设或蔬菜生产。

（4）经济效益：寿光市大棚蔬菜面积已发展至60多万亩，科技进步对农业增长的贡献率达70%。

总之，“寿光模式”通过蔬菜产业化引领农业与非农产业协调发展，带动农民富裕、城乡融合、农村城镇化，为全国的农业现代化和乡村振兴提供了有益的经验和借鉴。

从寿光市的成功经验来看，农村生态文明建设项目的目标市场定位清晰、准确，并结合主导收入项目深入进行市场需求分析，在运营中按照目标市场的需求进行产品配置，强化文化植入及主题运营，是“寿光模式”成功的重要因素。

第二节　农村生态文明建设项目的地域定位

纵览国内外成功的农村生态文明建设项目，在目标市场的区域定位上都很理性、清晰，从而为项目的发展、招商、运营确定了市场边界、市场空间。只有目标市场的区域定位明确了，才能准确进行用户画像，才能基于农村生态文明建设项目产品、服务提升用户体验。

农村生态文明建设项目的区域定位可以世界、全国、全省、全市、全县范围作为选项，当然，最终取决于农村生态文明建设项目的优势，理性判断产业定位及竞争力，锁定农村生态文明建设项目的区域定位。

一、世界级农村生态文明建设项目

英国伊甸园工程项目位于英国康沃尔郡的圣奥斯特尔镇，原先是一个废弃的矿坑。该项目始于1995年，由蒂姆·斯密特爵士提出，旨在将废弃矿坑转型为生态旅游景点。伊甸园工程项目总面积达15公顷，耗资1.4亿英镑，历时两年建设完成。该项目在开业的第一年就吸引超过200万名游客，至今游客量过千万人，为康沃尔郡带来超过19亿英镑的经济收入。

伊甸园工程项目是一个集生态、旅游、教育、科研于一体的综合性项目。由多个巨大的温室组成，包括数百个钢框架支撑的六边形和五边形温室，形成了大自然的生物群落。其中，最大的温室群模拟了热带雨林环境，第二大温室则模拟了地中海环境。伊甸园汇集了几乎所有的植物，包含4500多种、

13.5万棵花草树木。围绕植物文化打造、融合高科技手段的伊甸园，至今吸引了全球1900万名游客，带来超过19亿英镑的经济收入，一举改变了康沃尔郡贫穷的经济面貌。

二、国家级农村生态文明建设项目

黑龙江省伊春市是一个林业城市，素有“祖国林都”“红松故乡”的美誉，森林覆盖率高达83.8%，森林蓄积量达3.75亿立方米，年净增超过1000万立方米。过去，伊春市的经济发展主要依赖木材采伐和加工，但随着森林资源的减少和环境保护意识的增强，这种发展模式难以为继。为了实现可持续发展，伊春市开始向生态经济转型，林区全面停伐成果持续巩固扩大，从“卖木材”转变为“卖风光”。

伊春市政府积极推动旅游业的发展，充分利用当地自然资源和生态环境，开发了一系列旅游产品和线路。通过举办生态旅游节、森林音乐节等活动，吸引了大量游客前来观光、度假、休闲。同时，伊春市加强了对森林、湿地、野生动植物等生态系统的保护，投入资金用于自然保护地基础设施建设和能力提升，常态化开展“巡山清套清网”等专项行动，严厉查处涉林违法行为，实现了从以林木单一保护为主，向山水林田湖草系统治理和生物多样性大保护的转变。

除发展旅游业外，伊春市积极探索其他生态经济模式。例如，伊春市与中国林业科学研究院合作，开展了森林湿地固碳和碳汇服务价值评估项目。根据评估结果，2020年伊春市森林湿地固碳3372.8万吨、碳汇服务价值16.9亿元，预测2035年将达到25.4亿元。此外，伊春市开展了森林经营碳汇项目交易，将林区的好环境转化为经济价值。

总之，黑龙江省伊春市通过从“卖木材”到“卖风光”的转型，实现了经济发展与环境保护的良性互动。这种转型不仅为伊春市的可持续发展奠定了基础，还为其他地区的农村生态文明建设提供了有益借鉴。

三、地市级农村生态文明建设项目

信阳市郝堂村在农村生态文明建设方面取得了显著成效。郝堂村位于河南省信阳市平桥区五里店镇东南部，地处大别山与淮河平原过渡地带，全村海拔95~120米，面积约16平方千米。全村下辖18个村民组，人口2200人。

2013 年，郝堂村生产总值为 1802 万元，农民人均纯收入 7800 元。

郝堂村的农村生态文明建设项目主要包括以下几个方面。

（1）生态环境保护：郝堂村三面环山，茶园众多，树木苍翠，溪流纵横，景色宜人。在村庄建设过程中，没有拆除一栋房、没有砍掉一棵树、没有挖掉一座山、没有填垫一口塘，保持了自然弯道、高低起伏道路、河流原有的形态、河道原有树种等。

（2）传统民居改造：对传统民居进行修复式建设，保持村庄原有道路、农田、沟渠不变，把生态文明理念融入经济发展、文化涵养和社会建设各方面。改造图纸根据每户具体情况量身设计，实行一户一图，将具有豫南民居特色的狗头门楼、马头墙、柴扉墙、小布瓦等历史建筑元素精心融入其中，特色鲜明、风格统一，为村庄建设增添了内涵。

（3）生态旅游发展：充分利用当地的自然资源和生态环境，开发了一系列旅游产品和线路，吸引了大量游客前来观光、度假、休闲。

通过农村生态文明建设，郝堂村实现了经济发展与环境保护的良性互动，为其他地区农村生态文明建设提供了有益借鉴。

第四章

农村生态文明建设的产品定位

第一节　农村生态文明建设产品定位的概念

农村生态文明建设的产品定位是指明确项目所提供的产品在市场中的特定位置和承担的角色，具体来说，就是农村生态文明建设通过对应的产品或服务满足目标客户或目标市场的需求，包括政府、农村居民、城市消费者、企业等利益相关者。确定农村生态文明建设项目的产品定位需明晰目标市场、产品特点、区域优势等因素，以满足市场需求并实现项目目标。

农村生态文明建设的产品定位涉及以下几个关键要素。

（1）目标市场：主要面向农村地区居民，以及对乡村生态环境和田园生活有需求的城市居民及游客等，旨在满足其对优质生态产品和服务的需求，包括清洁的空气、安全的水源、绿色食品等，进而促进乡村旅游发展，提升农村经济效益，实现生态与经济的良性循环。

（2）产品特点：要明确和凸显产品的独特属性，包括绿色环保，注重资源节约与环境保护；原生态，保留乡村自然风貌与传统文化；多样化，涵盖农业、旅游等多领域；可持续，促进经济发展与生态平衡；特色化，体现地域特色与民俗风情；高品质，保障产品质量与安全性；参与性，鼓励居民参与和共享成果；创新性，引入新技术新理念；综合性，整合多种资源实现全面发展。

（3）区域优势：挖掘本区域农村生态文明建设的特点和优势，包括自然资源丰富，如土地、水源、森林等特色产业多样，有利于发展生态农业；民俗文化独特，可增添项目人文魅力；地理位置优越，便于发展生态旅游；劳动力资源充足，为建设提供人力支持。要因地制宜利用这些优势，推动农村生态文明建设。

（4）区域品牌形象：塑造产品或项目的区域品牌形象，传达其价值理念和特点，通过改善环境质量，推动可持续发展，展现农村的自然美和人文魅力。优质的生态资源和绿色产业能提升区域知名度和美誉度，吸引更多关注和投资，进而促进区域经济发展和文化传承。

（5）利益相关者需求：满足利益相关者对农村生态文明产品的需求，如健康食品、清新空气、自然景观等。通过农村生态文明建设为居民提供清洁环境，提升其生活质量；为农民创造更好的生产条件，促进农业可持续发展；吸引游客，带动农村经济增长，为地方提供发展动力；保护自然资源，满足后代的发展需求。

（6）价值主张：农村生态文明建设倡导绿色发展，重视自然资源保护；强调可持续性。推动农业与生态协调；促进乡村经济发展，提升农民生活品质；以人为本，实现生态效益与社会效益双赢。

明确农村生态文明建设的产品定位具有以下重要意义。

（1）满足市场需求：通过精准定位，可以更好地满足消费者对农村生态产品的需求。

（2）凸显区域优势：强化区域优势和特点，可使产品在市场中脱颖而出。

（3）实现可持续发展：强调绿色、环保、可持续等要求，促进农村的可持续发展。

（4）提升品牌价值：塑造独特的品牌形象，可提升品牌价值。

（5）增加经济效益：提高产品的附加值，可增加经济效益。

总之，农村生态文明建设的产品定位是项目成功的关键。明确产品在市场中所处的位置和承担的角色，可更好地满足市场需求，提高竞争力，实现可持续发展和经济效益的提升。

第二节　农村生态文明建设产品定位的边界

一、农村生态文明建设产品定位的政策边界

农村生态文明建设项目产品定位的政策边界，是指在进行产品定位时需要遵循的政策规范和限制。这些政策边界的设定，旨在确保农村生态文明建设项目的可持续性、合法性和有效性。

农村生态文明建设产品定位的政策边界主要包括以下几个方面。

（1）环保标准：必须符合国家和地方的环保标准，减少对环境的负面影响。

（2）生态保护：遵循生态保护政策，确保项目不会对生态系统造成破坏。

（3）资源利用：合理利用自然资源，避免过度开采和浪费。

（4）农业政策：与国家农业政策相一致，促进农业可持续发展。

（5）土地政策：遵守土地使用政策，确保项目建设合法合规。

（6）产业政策：符合产业发展政策，推动农村产业结构调整和升级。

（7）文化保护：注重对农村传统文化的保护和传承。

（8）社会效益：强调项目的社会效益，促进农村社会的和谐发展。

（9）民生保障：保障农民的利益，提高农民的生活质量。

（10）可持续性要求：确保项目具有可持续性，不仅在经济上可行，还要在环境和社会方面可持续。

明确农村生态文明建设产品定位的政策边界的重要性体现在以下几个方面。

（1）保障合法性：避免违法违规行为，确保项目的顺利实施。

（2）防止资源浪费和环境破坏：促进资源的合理利用和生态环境的保护。

（3）维护社会稳定：保障农民的利益，促进社会的和谐发展。

（4）实现可持续发展：确保项目的长期可持续性。

在进行农村生态文明建设项目产品定位时，应注意以下几点。

（1）深入了解政策：熟悉国家和地方的相关政策法规。

（2）加强与政府部门的沟通：确保项目符合政策要求。

（3）注重生态环保：将生态环保理念贯穿于产品定位的全过程。

（4）关注农民利益：保障农民在项目中的权益。

（5）强调可持续性：考虑项目的长期发展潜力。

总之，明确农村生态文明建设项目产品定位的政策边界，是项目成功的重要保障。只有在政策边界内进行产品定位，才能确保项目的合法性、可持续性和社会效益。

二、农村生态文明建设产品定位的资源边界

我国农村生态文明建设的资源边界主要包括以下几个方面。

（1）自然资源：拥有丰富的土地资源、水资源、森林资源等，且需合理利用和保护，避免过度开发和污染。

（2）生态环境：良好的生态环境是农村发展的优势，但同时面临生态系

统脆弱、环境污染等问题。

（3）农业资源：包括耕地、农作物、畜禽等，要加强农业资源的管理，推广农业可持续发展模式。

（4）人力资源：农村劳动力是生态文明建设的重要力量，但存在素质参差不齐的情况。

（5）资金资源：建设需要一定的资金投入，然而农村地区的资金相对有限。

（6）技术资源：生态农业、环保技术等方面的技术水平有待提高。

明确资源边界，实现农村生态文明建设的目标，需要采取以下措施。

（1）加强资源保护，合理制定开发利用规划。

（2）改善生态环境，加强环境治理和生态修复。

（3）提高农民素质，加强技能培训和教育。

（4）多渠道筹集资金，吸引社会资本参与。

（5）加大技术研发和推广力度，促进科技成果转化。

总之，明确农村生态文明建设的资源边界，有助于合理利用资源，推动农村生态文明建设的可持续发展。

三、农村生态文明建设产品定位的生态安全边界

我国生态文明建设中，产品定位的生态安全边界主要包括以下八个方面。

（1）水资源安全。确保水资源的供应和质量，包括保护水源地、防治水污染、合理利用水资源等。水是生命之源，对维持生态系统平衡和人类生产生活需求至关重要。必须保护好水源地的生态环境，防止污染和过度开发。

（2）土壤资源安全。保护土壤质量，防止土壤侵蚀、酸化、盐碱化等，保障农业生产和生态系统的稳定。土壤是农业生产的基础，其质量直接影响农作物的生长和产量。为此，要采取措施防止土壤侵蚀，保持土壤肥力和生态功能。

（3）大气环境安全。减少大气污染物排放，改善空气质量，保护人类健康和维护生态系统的平衡。大气污染对空气质量和人类健康造成直接危害，必须加强大气污染防治，减少污染物排放。

（4）生物多样性安全。生物多样性是生态系统的重要组成部分，对维持生态平衡和提供生态服务具有重要意义。为此，应保护各类生物物种的生存和繁衍，维护生态系统的完整性和稳定性。

（5）森林资源安全。森林在调节气候、保持水土、提供生态服务等方面具有重要作用。为此，要加强森林保护和可持续经营，防止森林砍伐和破坏，发挥森林的生态功能。

（6）湿地资源安全。湿地是重要的生态系统，具有多种生态功能和价值。为此，要保护湿地生态系统，防止湿地开垦和破坏，维护湿地的生态功能和生物多样性。

（7）海洋生态安全。海洋对维持生态平衡和提供经济资源具有重要意义。为此，要保护海洋生态系统的平衡和稳定，防止海洋污染和过度开发。

（8）生态系统服务功能安全。保障生态系统提供各种服务功能，如水源涵养、土壤保持、气候调节等。这些生态系统服务功能对于人类社会的可持续发展至关重要，为此需要保护和维护生态系统的完整性和稳定性。

总之，生态安全边界的确定和保护是生态文明建设的重要内容，对实现经济社会的可持续发展和人类的福祉具有重要意义。

四、农村生态文明建设产品定位的生态空间边界

我国农村生态文明建设的生态空间边界主要包括以下几个方面。

（1）土地资源利用边界：要明确耕地、林地、草地等各类土地的用途，限制过度开垦和不合理利用，保护土地资源的生态功能。

（2）自然保护区边界：要划定自然保护区范围，保护野生动植物的栖息地和生态环境，防止人类活动对其造成破坏。

（3）水源地保护边界：要确定饮用水水源地和重要水体的范围，采取措施保护水源的质量和安全。

（4）森林植被覆盖边界：要界定森林、草原等植被的覆盖范围，加强森林资源保护和管理。

（5）生态功能区边界：要划分生态功能区，明确各区域的生态功能和保护要求。

（6）农村聚落发展边界：要合理规划农村聚落的规模和布局，避免过度扩张对周边生态环境造成影响。

（7）农田生态系统边界：要保护农田生态系统的稳定性和生态功能，减少农药和化肥的使用。

农村生态文明建设的生态空间边界划定的重要意义如下。

（1）保护农村生态环境的完整性和稳定性。

（2）促进资源的合理利用和可持续发展。

（3）防止人类活动对生态系统的过度干扰和破坏。

（4）保障农村居民的生活质量和健康安全。

（5）为农村生态文明建设提供科学依据和管理手段。

在农村生态文明建设中，应严格划定生态空间边界，加强监管和保护措施，推动农村经济发展与生态保护的协调统一。

第三节　农村生态文明建设的五大产品形态分析

一、生态农业典型产品细分

农村生态文明建设中，生态农业的典型产品和服务包括以下几个种类。

1. 有机农产品

有机农产品是指在种植、养殖和加工过程中不使用化肥、农药、激素等化学物质，遵循自然生态规律生产并经有机食品认证机构认证的农产品。有机农业生产没有利用农业以外的能源（化肥、农药、生产调节剂和添加剂等）影响和改变农业的能量循环，而是采用了动物、植物、微生物和土壤四种生产因素有效循环，不打破生物循环链的生产方式。

上膳源有机农场位于苏州市周庄古镇，紧挨着澄湖，环境优美、空气清新。上膳源有机农场分南区和北区，南区主要是种植生产区，规模较大，采用有机蔬菜零农药种植；北区有顾客游玩区和一部分种植区，主要让游客体验有机菜的生产过程。

农场源自对健康的核心诉求，精益求精，严格规范生产，产品符合中国有机标准，并建立了上膳源有机生产体系，制定了《上膳源有机生产标准》，按标准归类，将生产标准化、数字化。坚守品质十四年，不让一棵不合格的蔬菜端上用户餐桌。

2. 绿色农产品

绿色农产品是限制使用化学合成物质，符合特定标准的农产品。绿色农产品的种植要严格遵循绿色环保原则，不使用化肥和农药，采用有机肥料和天然防治方法，确保农产品的安全性。绿色农产品强调环境友好，质量安全；受消费者认可，具有竞争优势；适用于追求高品质生活的消费者。

为保证品质，农场精心挑选优质种子，注重土壤的改良和保护。在种植过程中，严格控制水源和环境质量，让农产品在自然环境中生长。绿色农产品不仅口感鲜美、营养丰富，还富含各种对人体有益的成分。

绿色农产品的推广有助于推动农业的可持续发展，保护生态环境，促进人与自然的和谐共生。

3. 生态养殖产品

生态养殖产品是通过生态养殖方式生产的畜禽产品，以其独有的优势逐渐受到消费者的青睐。生态养殖产品注重动物福利，保证了产品品质；满足了消费者对安全、优质肉蛋奶的需求；市场潜力较大。

广东壹号食品股份有限公司以其独特的生态养殖模式，在行业中脱颖而出。壹号食品以“壹号土”系列生猪、生鲜鸡、鸡蛋等为主导产品，采取“公司+基地+农户+连锁店”垂直一体化管理模式，培育和打造了极具市场竞争力和前景的包括肉品、蛋品、深加工产品等健康安全、优质美味的产品，满足了全国消费者的口味，保障了百姓餐桌食品的安全。该企业注重对生态环境的保护，为动物提供了自然、舒适的生长环境。该企业对养殖场地选址严格，使之远离污染源，保证了空气和水源的质量（见图 4-1）。

图 4-1　广东壹号食品股份有限公司的生态养殖模式

资料来源：广东壹号食品股份有限公司官网。

该公司在养殖生产过程中，采用不添加任何化学物质的天然饲料，不仅保证了产品的安全与健康，还使其口感更加鲜美。

广东壹号食品股份有限公司注重动物的福利，为其提供足够的活动空间，让其在自然环境中生长。为了确保养殖的可持续性，该公司积极采取环保措施，例如，对废物进行妥善处理，实现资源的循环利用。该公司的生态养殖模式得到了消费者的广泛认可，愿意为高品质的产品支付更高的价格，这为企业带来了良好的经济效益。此外，广东壹号食品股份有限公司还积极推动行业的可持续发展，为其他养殖企业树立了榜样。

总之，广东壹号食品股份有限公司的生态养殖模式不仅为消费者提供了安全、健康的产品，也为生态环境保护做出了积极贡献。

4. 农业废弃物资源化利用

农业废弃物资源化利用是指将农业废弃物转化为有价值的资源。农业废弃物资源化利用减少了环境污染，实现了资源循环利用；降低了生产成本，有利于农业可持续发展。

农业废弃物如秸秆、畜禽粪便等，如果处理不当，可导致环境污染和资源浪费。通过资源化利用，这些废弃物可以转化为有价值的资源（见图 4-2）。

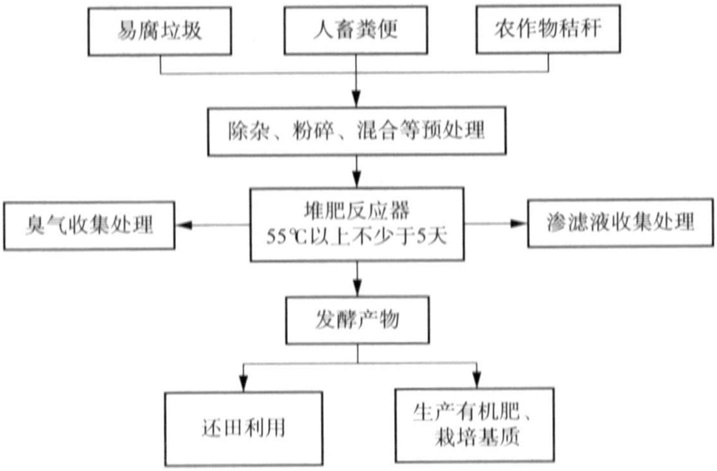

图 4-2 反应器堆肥技术模式示意图

资料来源：《农村有机废弃物资源化利用典型技术模式与案例》，中国政府网，https://www.gov.cn。

一方面，秸秆可以用于生物质发电、有机肥料或饲料生产。畜禽粪便经过处理后，可作为有机肥料施用，改善土壤肥力，不仅减少了对环境的污染，还为农业生产提供了优质肥料。另一方面，农业废弃物的资源化利用有助于减少农业对化学肥料和能源的依赖，降低了生产成本。同时，推动相关技术的发展和创新，可创造更多就业机会。

为实现农业废弃物的资源化利用，需采取以下措施。

（1）加强政策引导和支持，鼓励农民积极参与。

（2）加大科技研发投入，提高资源化利用技术水平。

（3）建立完善的收集、运输和处理体系。

（4）加强宣传教育，提高农民和社会公众的环保意识。

总之，农业废弃物的资源化利用是农业生态文明建设的重要组成部分。合理利用农业废弃物不仅可以保护环境，还能提高农业资源利用效率，促进其可持续发展。

5. 农村能源服务

农村能源服务通过推广使用可再生能源，如太阳能、沼气等，可改善农村能源结构，提高农村生活质量，促进节能减排。

农村能源服务在农村生态文明建设中具有重要作用。

（1）有助于提供清洁能源，减少农业对传统能源的依赖，降低环境污染。通过推广使用太阳能、风能等可再生能源，可改善农村能源结构。

（2）农村能源服务能够提升能源利用效率。例如，提供节能技术咨询和培训，帮助农民掌握节能方法，可减少能源浪费。

（3）促进农村经济发展。发展农村沼气等能源产业，可为农民提供就业机会，增加其收入。

为了更好地推进农村能源服务，需要采取以下措施。

（1）加强基础设施建设，包括铺设能源管道、建设变电站等。

（2）加大对可再生能源的宣传和推广，提高农民对其的认识和接受程度。

（3）培养专业的农村能源服务人才，为农民提供技术支持和服务。

（4）政府应出台相关政策，鼓励和支持农村能源服务的发展。

6. 农业科技服务

农业科技服务提供农业技术咨询、培训等服务。农业科技服务可以提升农民的农业生产技术水平，推动农业现代化，增强农业竞争力。

农业科技服务有助于提高农业生产效率，减少其对自然资源的过度依赖。通过引入先进的种植技术和农业设备，能够实现资源的优化利用，降低能耗和环境污染。

农业科技服务有利于保护和改善生态环境。例如，精准农业技术可以减少化肥和农药的使用，降低土壤和水体的污染；节水灌溉技术能够提高水资源利用效率，缓解水资源短缺问题。

农业科技服务还推动了农业的可持续发展，如有机农业和循环农业，有助于保护生态系统、提高土壤肥力和维持生物多样性。

农业科技服务促进了农民的增收和生活质量的提升。先进的农业技术可以提高农产品的产量和质量，增加农民的收入。同时，有助于改善农村的生态环境，提升农民的生活品质。

为了进一步加强农业科技服务在生态文明建设中的作用，我们需要加大对农业科技研发的投入，培养更多专业人才，加强科技成果的推广和应用。只有不断提升农业科技服务水平，才能实现农业与生态的良性互动，推动我国农村生态文明建设取得更大的成就。

7. 农产品质量检测服务

农产品质量检测服务是指对农产品进行质量检测和认证。农产品质量检测服务可以保障农产品质量安全，增强消费者信心，促进农产品市场规范化。

在我国农村生态文明建设中，农产品质量检测服务发挥着重要作用。以下是一些常见的农产品质量检测服务。

（1）农药残留检测：确保农产品农药残留量符合国家标准，保障消费者健康。

（2）重金属检测：检测农产品重金属含量是否超标，避免对人体造成危害。

（3）营养成分分析：测定农产品的营养成分含量，为消费者提供准确的信息。

（4）微生物检测：检查农产品是否受到有害微生物的污染。

（5）土壤质量检测：评估土壤质量，为合理种植提供依据。

（6）水质检测：确保灌溉用水的质量安全。

（7）转基因成分检测：鉴定农产品是否含有转基因成分。

（8）外观品质检测：包括农产品颜色、形状、大小等，以保证农产品的市场竞争力。

农产品质量检测服务的主要作用如下。

（1）保障消费者权益，让其放心购买农产品。

（2）提升农产品的质量和安全性。

（3）促进农村生态文明建设，保护生态环境。

（4）增强农产品的市场竞争力，提高农民的收入。

（5）推动农业可持续发展，实现经济效益和生态效益的双赢。

为了进一步加强农产品质量检测服务，需要政府、企业和农民共同努力，加大投入，提高检测技术水平，完善监管体系，确保农产品质量安全。

国外农村生态建设的典型模式主要有以下几种。

（1）以色列的精准农业模式：利用先进的技术手段，对农业生产过程进行精准化管理。通过精确的灌溉系统、施肥技术和病虫害防治措施，最大限度地提高资源利用效率，减少对环境的影响。以色列还广泛采用温室种植，实现农产品的高产高质。

（2）荷兰的高科技农业模式：以高度机械化和智能化的生产方式为主要特点，在温室农业、花卉种植和畜牧业等领域具有很高的水平。荷兰注重科技创新，不断推出新的农业技术和设备，以提高生产效率和质量。

（3）德国的生态农业模式：强调农业与生态环境的协调发展。通过土地的合理利用、有机农业和可持续农业实践，保护和改善农村生态系统。德国政府制定了严格的环保法规，鼓励农民采用生态友好的种植和养殖方式。

（4）日本的循环农业模式：注重资源的循环利用。例如，将农作物秸秆等有机废物转化为有机肥料，用于农业生产。同时，日本大力发展农业观光旅游，促进农村经济多元化发展。

（5）美国的规模化农业模式：凭借其广阔的土地资源和先进的农业机械，实现了农业的规模化生产。这种模式提高了生产效率，降低了成本，增强了农产品的市场竞争力。

这些典型模式具有以下共同特点。

（1）强调科技创新：广泛应用先进的技术和设备，提高农业生产效率和质量。

（2）注重资源节约和环境保护：合理利用资源和减少污染，以实现可持续发展。

（3）推动农业产业多元化：不仅局限于农产品生产，还包括农业观光、农产品加工等。

（4）加强政策支持：政府出台相关政策，鼓励和引导农民采用生态友好的农业生产方式。

国外农村生态建设的典型模式对我国农村生态建设的启示。

（1）加大科技投入，推广先进农业技术。

（2）制定相关政策，引导农民发展生态农业。

（3）培育农业产业多元化，促进农村经济发展。

（4）加强农民培训，提高农民的环保意识和农业生产技能。

二、工业典型产品细分

在我国农村生态文明建设中，工业典型产品主要包括以下几类。

1. 农产品加工产品

农产品加工产品是对农村种植或养殖的产品进行加工，如粮油加工、果蔬加工、畜禽产品加工等。农产品加工产品可以提高农产品附加值，增加农民收入，带动相关产业发展，创造就业机会。

农产品加工品牌企业在中国农村生态文明建设中发挥着重要作用。以洪泽岔东绿色食品有限公司为例，该公司是一家专业从事优质稻米生产、加工和销售的龙头企业。其采取的“企业+基地+农户”模式，带动了周边农户共同致富。通过实施稻绿轮作、稻鸭（蛙）共作、物理防治、生物防治、秸秆堆沤还田、增施有机肥等措施，以及一系列生态农业栽培管理方法，有效减少了化肥和农药的使用量。初步估算，2022 年该公司化肥、农药使用量较周边地区分别减少 20%、30%左右。

该公司的主要产品有绿色大米、有机栽培大米、香米、宝宝米、富硒米等。洪泽岔东绿色食品有限公司获得了国家食品安全许可、IS 9001 质量管理体系认证、绿色食品认证、有机产品认证，并被授予“江苏省消费者信得过产品”“江苏省农产品质量安全诚信先进单位”“江苏省绿色环保科技创新型企业”“中国质量诚信 AAA 级品牌企业”“江苏大米核心企业”等称号。

2. 生态环保建材

生态环保建材是采用环保材料生产的建筑材料，如环保木材、再生建材等。生态环保建材可以减少自然资源的消耗和环境污染，满足农村建筑需求，提升农民居住环境质量。

在农村生态文明建设中，三棵树是生态环保建材的一个成功案例。2022年以来，三棵树积极参与绿色建材下乡活动，其凭借扎实的绿色发展理念和卓越的实践成果，为美丽乡村建设贡献了绿色力量，成为一众企业学习的绿色标杆（见图 4-3）。

图 4-3　三棵树主打生态环保建材

资料来源：https：//www. 3treesgroup. com/products. html。

三棵树将绿色生态战略融入企业的文化、管理、生产之中，秉持“让家更健康，让城市更美丽，让生活更美好”的企业使命，贯彻“敬天爱人，道法自然”的核心企业文化理念。在“极致健康、极致性能、极致应用”绿色研发理念的指导下，深挖用户绿色建材需求，通过不断拓宽新材料、新技术及新产品域面，在打造绿色低碳核心竞争优势的同时，推动行业全面绿色转型发展。

此外，三棵树长期致力于行业绿色科研、乡村振兴以及社会公益层面的深入发展。三棵树积极响应党和国家的大局方针，贯彻党中央、国务院决策部署，带头参与“万企帮万村”行动，通过“扶资”“扶志”“扶智”等方式，推动乡村可持续发展，为共同富裕贡献力量。

三棵树提出“敬天爱人”的社会责任理念，做好企业公民，履行社会责任，保护青山绿水，建设美丽家园。三棵树董事长洪杰先生及所投资的企业坚持做公益，对各类社会公益事业、阳光工程倾注了巨大热忱，累计捐赠超2.7亿元。三棵树成立了培养人才的“莆田市人才发展基金会”“三棵树公益基金会”和为三棵树员工与合作伙伴排忧解难的“无忧基金”，以及洪杰个人发起的旨在捐资助教、帮扶贫困孤寡的“金森基金”等，撑起一片爱的蓝天。三棵树被全国工商联授予全国“万企帮万村”精准扶贫行动先进民营企业，洪杰被党中央、国务院授予“全国脱贫攻坚先进个人”称号。凭借在ESG（环境、社会和公司治理）方面的出色表现和亮眼成果，三棵树在ESG评级中获得“A”级，在A股涂料细分赛道排名第一。

3. 农村新能源产品

农村新能源产品包括太阳能设备、生物质能设备等。农村新能源产品可以解决农村能源供应问题，减少对传统能源的依赖，促进可再生能源的开发和利用。

新能源产品种类繁多，以下是常见的农村新能源产品。

（1）太阳能：作为一种环保的新型能源，太阳能可以转化为电能。通过安装太阳能板，可收集太阳光发电，满足农村家庭日常用电需求。此外，太阳能还可以用于热水器、空调等设备的运行。

（2）生物质能：从植物或其他有机物中提取的可再生能源。在农村地区，可以利用稻草、秸秆等作为原料制造颗粒燃料或沼气，供家庭日常使用。

（3）风力发电：一种很受欢迎的新型清洁能源，可通过架设风力发电机组来收集风力，并将其转化为电能。风力发电不仅节省了传统燃料资源，而且不产生污染。

（4）水力发电：利用水流的动能发电。在农村地区，可以利用山间溪流或河流建设小型水力发电站，为当地居民提供清洁的电力资源。

（5）小型核能：在核反应堆中燃料发生核裂变，进而转化为电能。虽然在农村地区使用小型核能存在安全隐患和技术问题，但这种新型能源有着广阔的应用前景。

随着技术的不断创新和发展，越来越多的新能源被应用于农村生产和生活中。这些新型能源不仅可以节省传统燃料资源，还可以促进环保事业的发展，带给人们更加美好、健康的未来。

4. 生态化工产品

生态化工产品在农村生态文明建设中的应用，有助于减少化学物质对农村环境的污染；提高农产品的质量和安全性；保护农村生态系统的平衡和稳定；推动农村可持续发展，实现经济效益和生态效益的双赢。

在我国农村生态文明建设中，生态化工产品发挥了重要作用。以下是一些常见的生态化工产品。

（1）生物农药：采用天然的生物制剂制成，可对害虫进行针对性控制，减少其对环境和非目标生物的影响。生物农药可以降低化学农药的使用量，减少农药残留，同时对有益昆虫和生态系统的影响较小。生物农药的构成如图 4-4 所示。

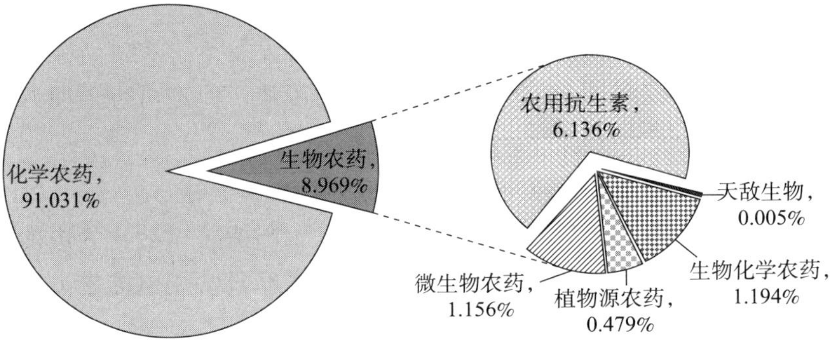

图 4-4　生物农药的构成

资料来源：《中国生物农药的概述与展望》，《世界农药》2022 年第 4 期。

（2）有机肥料：来源于有机物质，可改善土壤结构和肥力。有机肥料可以增加土壤有机质含量，提高土壤保水保肥能力，促进农作物的生长和品质提升。

（3）可降解农膜：在一定时间后可自然分解，减少农田地膜残留。可降解农膜可以降低白色污染，保护土壤生态，有利于保持土壤透气性和水分渗透。

（4）生态清洁剂：主要用于清洁农业设备和农村环境。生态清洁剂不含强酸强碱等有害成分，可减少对土壤和水体的污染。

（5）生物可降解材料：如生物可降解包装袋、餐具等。生物可降解材料可以减少塑料污染，降低对农村生态的破坏。

（6）绿色建筑材料：主要用于房屋建设，具有节能、环保等特点。绿色建筑材料可以提高房屋的能源利用效率，减少能源消耗，降低对环境的负面影响。

（7）环保涂料：VOC（挥发性有机化合物）释放量低，可减少对空气质量的影响。

总之，生态化工产品在农村生态文明建设中具有重要意义和价值，对农村经济、社会和环境的协调发展具有积极的推动作用。

典型工业产品对农村生态文明建设具有以下重要作用。

（1）促进农村产业结构调整，推动农村经济发展。

（2）降低农村工业对环境的负面影响，保护农村生态环境。

（3）提升农村居民生活质量，实现农村可持续发展。

为了进一步发展这些产业，政府需要加大政策支持力度，鼓励企业技术创新，提高产品质量和市场竞争力。同时，加强对农村居民的宣传教育，提高其环保意识和绿色消费观念。

在世界农村生态文明建设中，不同国家采用了各具特色的工业发展模式。

一些国家注重发展生态农业，采用可持续的农业生产方式。例如，荷兰推广精准农业技术，通过精确施肥和灌溉，减少对环境的负面影响。同时，利用先进的农业机械设备，提高生产效率。

另一些国家则致力于发展农村工业，如德国的农村地区普遍存在小型家族企业，生产高品质的农产品加工品。这些企业注重环保标准，采用清洁生产技术，实现了经济效益与生态效益的双赢。

还有一些国家积极推动农村能源转型。例如，丹麦大力发展可再生能源，农村地区广泛应用风能和生物质能，通过建立分布式能源系统，实现农村能源的自给自足。

此外，一些国家注重农村产业的多元化发展，如日本的农村地区不仅有农业和工业，还发展了旅游业、文化产业等。这种多元化的产业结构有助于提高农村经济的抗风险能力。

不同国家的发展模式为世界农村生态文明建设提供了有益的借鉴。各国可以根据自身国情和发展需求，选择适合的模式或综合多种模式的优点，推动农村生态文明建设和农村经济的可持续发展。

三、生态产业典型产品细分

在我国农村生态文明建设中，生态产业发展体现在多个方面，以下从水库建设、污水处理、生活垃圾、绿地建设、大气治理、景区提升等方面来详细描述。

（1）水库建设是农村生态文明建设的重要一环。通过建设水库，可以有效地蓄水和调节水资源，为农业灌溉和居民生活用水提供保障。水库建设还能改善周边生态环境，促进水生态系统的恢复和保护。

（2）污水处理是解决农村水污染问题的关键。通过建立污水处理设施，采用合适的处理技术，将农村生活污水进行净化处理，减少对水体的污染，有助于保护地下水资源，提高水环境质量。

（3）生活垃圾的合理处理至关重要。要实施分类收集和无害化处理，减少垃圾对环境的污染；建设垃圾填埋场或垃圾焚烧设施，确保垃圾得到妥善处置。同时，要加强宣传教育，提高农民的环保意识，促进垃圾的减量化和资源化（见图 4-5）。

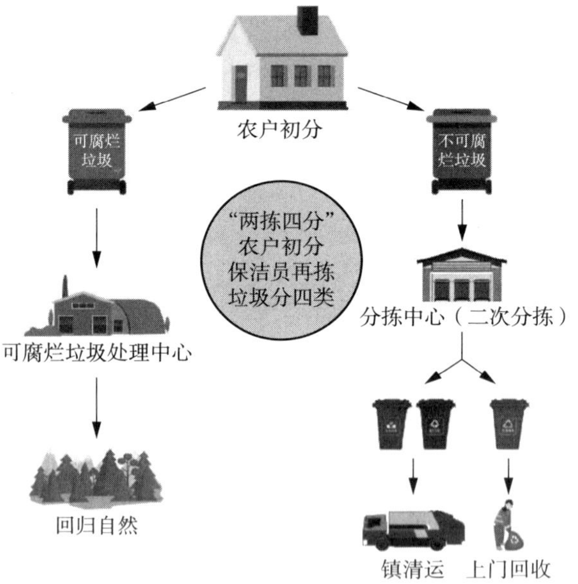

图 4-5　农村垃圾分类流程

资料来源：《云浮新兴：破解农村垃圾难题，建设美丽乡村》，《南方》2020 年第 3 期。

（4）绿地建设能够增加农村的绿化面积，改善空气质量，提供休闲和娱乐空间。种植树木、花草，建设公园和绿地，不仅能美化环境，还能吸收空气中的污染物，改善生态环境。

（5）减少农村燃煤排放、控制农业秸秆燃烧等；推广清洁能源，改善能源结构，减少大气污染物的排放；加强对农村工业废气排放的监管，保障空气质量。

（6）景区提升是促进农村旅游发展和经济增长的重要手段，要完善景区基础设施，提升服务质量，加强环境保护。打造具有特色的旅游产品，吸引更多游客，推动农村经济的可持续发展。

此外，要建设和改善农村道路，以方便交通和物流；进行农村厕所改造，提高卫生条件；加强农田土壤修复，保障农产品质量安全等。

总之，农村生态文明建设中的人居环境改善是一个系统工程，需要政府、企业和农民共同努力，形成合力，全方位发展生态产业，打造美丽宜居的农村人居环境，实现农村经济、社会和环境的协调发展。

四、旅游产业典型产品细分

我国农村生态文明建设中，农村可以提供以下八种生态旅游产品。

1. 自然景观游览

自然景观游览是指利用农村地区的自然风光，如山脉、河流、湖泊、森林等，开展观光游览活动。

农村拥有丰富的自然景观资源，如壮丽的山脉、清澈的溪流和茂密的森林等。游客可以徒步旅行、登山、观赏瀑布等，与自然亲密接触，感受大自然的魅力。

2. 农业观光体验

农业观光体验是指让游客参与农业生产过程，了解农业文化。农业观光体验不仅可以为游客提供乡村旅游体验和促进农村经济发展，还可以增加农民收入，推动城乡互动。

游客通过亲身体验农耕活动，如种植、采摘、养殖等，了解农作物的生长过程和农业技术，感受农民的辛勤劳作。同时，还可以品尝新鲜的农产品，体验农村的美食文化。

3. 民俗文化展示

民俗文化展示是指展示当地的传统文化、风俗习惯和民间艺术。民俗文化展示的主要内容有传统技艺、民俗活动、特色饮食等。传统技艺如剪纸、刺绣、木工等，体现了劳动人民的智慧和民间艺术魅力。民俗活动如庙会、舞龙、舞狮等，可传承历史文化。特色饮食则体现了地域风情。

这些活动不仅丰富了农村文化生活，还能促进文化传承与发展，带动农村经济发展，增强村民文化自信，提升乡村凝聚力。同时，可为农村生态文明建设注入独特的文化内涵。

4. 乡村休闲度假

乡村休闲度假是指提供休闲娱乐设施和服务，让游客放松身心。具体有建设度假村、民宿等，让人们感受乡村的美丽景色；农事体验，让游客参与种植、采摘等活动，亲近大自然。

开展乡村休闲度假可促进农村经济发展，增加农民收入，提升农村基础设施建设，改善农村居民生活环境；保护和传承乡村文化，增强农民文化认同感。

通过发展乡村休闲度假，有效整合了城乡资源，推动了农村生态文明建设的可持续发展；提供舒适的住宿和餐饮服务，游客可以在乡村中尽情享受宁静的环境，放松身心，远离城市的喧嚣和压力。

5. 生态科普教育

生态科普教育是指通过设置生态展馆、科普讲座等，向游客介绍生态系统、环保知识，培养游客的环保意识和可持续发展观念。

6. 农家乐

基于农家餐饮和住宿体验，游客可以品尝到地道的农家菜肴，感受农村的生活氛围。农家乐还可以提供农村特色的娱乐活动，如垂钓、烧烤等。

7. 农村手工艺术

展示和销售当地的手工艺术品，如手工艺品制作、民间绘画、编织工艺等，可以合理利用农村的自然资源。木雕、石雕等雕刻艺术，可体现民间技艺的精湛；刺绣、剪纸等传统装饰艺术，富含民族文化特色；陶瓷制作，可展现农村手工艺的独特魅力。

农村手工艺术在农村生态文明建设中具有重要作用。它传承和弘扬了农村的传统文化，保留了地域特色；为农民提供了就业机会，促进了农村经济的发展；增加了农产品的附加值，提高了农民的收入；吸引游客，推动了乡村旅游的发展。

此外，农村手工艺术还有助于提高农民的文化素养和艺术审美水平，增强农村的文化底蕴。

8. 乡村节庆活动

乡村节庆活动包括庆祝各种传统节日和举办特色活动，常见的有传统民俗表演，如舞龙、舞狮等；特色美食展示，如举办美食节等，让人们品尝地方风味；农事体验活动，如插秧、采摘等，让人们亲近自然。

乡村节庆活动吸引了游客参与，增加了旅游的趣味性和吸引力，能促进乡村经济发展，增加农民收入；传承和弘扬了乡村文化，增强了村民的文化认同感；强化了社区凝聚力，增进了村民之间的感情；提升了乡村知名度，促进了对外交流。

总之，农村生态旅游业通过多种形式，为游客提供了丰富多样的旅游产品，同时促进了农村经济的发展和生态文明建设。

五、生态文化产业典型产品细分

在我国农村生态文化建设中，区域生态文化产业主要有以下八类产品。

1. 人文文化

包含农村地区的传统习俗、民间艺术、乡土文化等，如传统的歌舞、戏曲、手工艺等，反映了农民群众的智慧和创造力。

2. 遗址文化

包括古老的建筑、古迹、遗址等，这些遗址文化产品是历史的见证，承载着丰富的文化内涵和历史价值。

3. 绿色出行文化

倡导低碳、环保的出行方式，如步行、骑行等，促进可持续发展，减少对环境的影响。

4. 生态农业文化

强调农业生产与生态环境的协调发展，包括有机农业、生态养殖等，体现了人与自然的和谐共生。

5. 乡村旅游文化

利用农村自然风光和人文资源，发展旅游产业，提供游客体验农村生活、了解农村文化的机会。

6. 自然景观文化

农村地区的山水、田园等自然景观具有独特的文化价值，据此可以开展观光、休闲等活动。

7. 生态教育文化

通过教育培训，提高农民和公众的生态环保意识，培养可持续发展的观念和行为习惯。

8. 传统手工艺文化

传承和发展农村的传统手工艺技术，如木工、编织等，保护和弘扬民间艺术的精髓。

以上八类区域生态文化产品相互关联、相互促进，共同推动了农村生态文化建设的发展。一方面，区域生态文化产品丰富了农村居民的精神生活，增强了农村地区的文化底蕴；另一方面，区域生态文化产品为农村经济的发展提供了新的增长点，促进了城乡之间的文化交流和融合。

实践中，要加强区域生态文化产业的保护、传承和创新，充分发挥其在农村生态文化建设中的重要作用，实现经济效益、社会效益和生态效益的统一。

第五章 农村生态文明建设的规划设计

第一节 农村生态文明建设的规划设计要点

我国农村生态文明建设的规划设计要点包括以下九个方面。

一、生态评估

生态评估是对农村地区的生态现状进行全面评估，包括自然资源、生态环境、土壤质量等。

在对我国农村生态文明建设进行规划设计时，生态评估是至关重要的一步。以下是生态评估的具体步骤。

（1）数据收集：通过实地调查、文献研究等方法，收集农村地区的地理、气候、土壤、水资源等基础数据。

（2）生态系统分析：对农村的森林、草地、农田、水域等生态系统进行分析，了解其结构、功能和生态服务价值。

（3）环境质量监测：测定空气质量、水质、土壤质量等指标，评估农村环境的现状。

（4）生物多样性评估：调查农村地区动植物物种丰富度、珍稀濒危物种情况。

（5）资源利用评估：分析水资源、土地资源、能源等的利用状况及效率。

（6）农业生产方式评估：考察传统农业生产方式对生态环境的影响。

（7）社会经济因素考量：考虑农村人口、经济发展水平等社会经济因素对生态的影响。

（8）建立指标体系：根据评估目标和特点，选取合适的指标，构建科学的生态评估指标体系。

（9）数据分析与综合评价：运用统计学方法对收集的数据进行分析，综合评价农村生态状况。

（10）风险评估：识别可能的生态风险，如污染、资源短缺等。

在进行生态评估的过程中，需要注意以下几点。

（1）确保数据的准确性和可靠性。

（2）定期进行评估，以反映生态状况的动态变化。

（3）结合农村实际情况，制定具有针对性的评估方案。

（4）加强与相关部门和专家的合作，提高评估的科学性。

（5）通过生态评估，可以全面了解农村生态现状，为农村生态文明建设的规划设计提供科学依据。

（6）指导生态保护措施的制定。

（7）优化资源配置，提高利用效率。

（8）推动农业可持续发展，减少其对生态环境的破坏。

（9）促进农村生态系统的修复和保护。

（10）增强农民的生态意识，推动公众参与生态文明建设。

二、可持续性

要确保项目规划具有可持续性，必须考虑资源的合理利用和保护。

在我国农村生态文明建设中，项目规划的可持续性主要表现在以下几个方面。

（1）资源利用可持续性：注重自然资源的合理利用，避免过度开采和浪费。例如，合理规划水资源，推广节水技术；合理利用土地资源，防止土地退化。

（2）生态系统保护：保护农村的生态系统，如森林、湿地、草原等。加强生态修复和保护，维护生态平衡。

（3）农业发展可持续性：推广生态农业，减少化学农药和化肥的使用，采用有机农业和循环农业技术。

（4）经济可持续性：通过发展生态产业，如生态旅游、特色农业等，为农民带来经济收入，促进农村经济的可持续发展。

（5）社会可持续性：提高农民的生态意识和参与度，促进农村社会和谐发展。

（6）文化传承可持续性：传承和弘扬农村传统文化，使生态文化与传统文化相融合。

（7）科技创新支持：利用科技创新推动农村生态文化建设，如推广新型环保技术。

（8）政策制度保障：建立健全政策法规体系，为农村生态文化建设提供保障。

（9）人才培养：培养农村生态文化建设专业人才，为可持续发展提供人才支持。

为保障可持续性，项目规划需综合采用以下措施。

（1）加强教育宣传，提高农民的环保意识和生态文化素养。

（2）制定科学合理的规划方案，统筹兼顾各种因素。

（3）加大政府投入，提供必要的资金和政策支持。

（4）加强科技研发和技术推广，提高资源利用效率和生态保护水平。

（5）建立有效的监督管理机制，确保项目的顺利实施和可持续发展。

三、农业生产

农业生产要减少化学农药和化肥的使用，推广生态农业技术，提高农产品质量。

在对农村生态文明建设进行规划设计时，有关农业生产的考虑涉及多个方面。

（1）土地资源管理。合理规划耕地至关重要，要预防过度开垦和乱占耕地的问题。通过科学的方式提高土地的利用率和产出率，确保耕地资源得到有效保护和合理利用。

（2）农业种植结构的优化。要根据当地的气候、土壤等条件，选择适宜的作物品种进行种植，提高农业生产的效益。同时，引入先进的生态农业技术，如有机种植、节水灌溉和精准施肥等，减少对环境的负面影响的同时，提升农产品的质量和产量。

（3）农产品质量安全不容忽视。要加强监管力度，确保农产品符合国家安全标准，提高其在市场上的竞争力，保障消费者的权益。

（4）对于农业废弃物的处理，需合理规划并推广资源化利用技术。例如，将农作物秸秆转化为有机肥料，将畜禽粪便进行无害化处理再利用，既减少了环境污染，又实现了资源的循环利用。

（5）水资源管理。要加强水资源的保护和合理利用，推广节水农业技术，防范水资源的浪费和水污染。

（6）严格控制农药和化肥的使用量，推广绿色防控技术，以降低化学物质对土壤和水体的污染。

（7）提高农业机械化水平，降低人力成本、提升生产效率；加强农民培训与教育，提升农民农业生产技术水平和环保意识。

（8）推动农业产业化发展，形成规模化、标准化的生产模式，提高农业的生产效益和市场竞争力。

在农村生态文明建设规划设计中，还应结合当地的实际情况，因地制宜地制定规划方案；加强与相关部门的合作，形成协同推进的合力；注重科技创新，不断推广新技术、新方法，以适应农业发展的需求；建立健全监督管理机制，确保规划的顺利实施和有效执行。

四、自然资源保护

要保护耕地、水源、森林等自然资源，防止过度开发和破坏。

在对我国生态文明建设进行规划设计时，有关自然资源的保护需要注意以下几个方面。

（1）土地资源保护：合理规划利用土地，避免过度开垦和不合理的土地开发；加强土地资源的监管，防止出现乱占耕地和土地荒漠化等问题。

（2）水资源保护：确保水资源的可持续利用，加强水污染防治，保护水源地；推广节水技术，提高水资源利用效率。

（3）森林资源保护：禁止乱砍滥伐，加强森林火灾防范；重视森林抚育和植树造林，提高森林覆盖率。

（4）矿产资源保护：规范矿产开发，防止过度开采和资源浪费。加强矿山生态修复，减少对生态环境的破坏。

（5）生物多样性保护：保护野生动植物栖息地，打击非法捕猎和采集行为，加强对珍稀濒危物种的保护。

（6）大气环境保护：减少大气污染物排放，改善空气质量；加强工业废气、交通尾气等的治理。

（7）海洋资源保护：防止海洋污染，保护海洋生态系统；加强海洋渔业资源的管理。

(8) 自然保护区建设：划定自然保护区，保护特殊生态系统和珍稀物种。

(9) 生态系统修复：恢复受损的生态系统，提升生态系统服务功能。

(10) 资源合理利用：推动资源的高效利用，实现经济发展与资源保护的平衡。

为实现自然资源保护目标，应采取以下措施。

(1) 加强法律法规建设，加大破坏自然资源行为的惩罚力度。

(2) 提高公众环保意识，普及自然资源保护知识。

(3) 加强政府监管，建立健全自然资源管理体制。

(4) 推动科技创新，应用先进技术提高资源利用效率和保护水平。

(5) 转变经济发展方式，实现绿色发展。

五、环境治理

环境治理主要是指加强农村污水处理、垃圾处理等环境基础设施建设。

在进行农村生态文明建设规划设计时，有关环境治理需要注意以下几个方面。

(1) 水污染治理：要加强农村生活污水和农业废水的处理，建设污水处理设施，减少污水直接排放。

(2) 垃圾处理：建立完善的垃圾收集、运输和处理系统，推广分类回收，减少垃圾填埋。

(3) 土壤污染防治：控制农药、化肥的使用量，防止土壤污染，开展土壤修复工作。

(4) 大气污染治理：减少农村燃煤、秸秆燃烧等污染源，改善空气质量。

(5) 工业污染管控：对农村工业企业进行严格监管，确保其达标排放。

(6) 养殖污染治理：规范养殖场的建设和运营，处理好畜禽粪便等废弃物。

(7) 生态修复：恢复生态系统，如退耕还林、还草等。

(8) 农村厕所改造：推广卫生厕所，改善农村卫生条件。

(9) 能源结构调整：推广使用清洁能源，如太阳能、风能等。

(10) 噪声污染控制：限制工业和交通噪声对农村居民的影响。

(11) 环保教育宣传：提高农民的环保意识，促进其积极参与环境治理。

为实现以上目标，需采取以下措施。

（1）加大投入，提供资金和技术支持。

（2）加强环保法律法规的制定和执行，严厉打击污染环境行为。

（3）鼓励社会资本参与农村环境治理。

（4）开展环保技术研发和推广，提高治理效果。

（5）建立环境监测体系，及时掌握环境质量状况。

通过以上措施，可以有效改善农村环境质量，推动农村生态文明建设。开展农村环境治理不仅有利于提高农民的生活质量，还对实现城乡统筹发展、建设美丽中国具有重要意义。

六、生态修复

生态修复是指对受损生态系统进行修复，恢复生态平衡。在我国农村生态文明建设中，生态修复是一项关键任务。在进行生态文明建设项目规划设计时，要注意以下几个方面。

（1）土壤修复：针对受到污染或退化的土壤，采取物理、化学和生物等方法进行修复，恢复土壤的肥力和生态功能。

（2）植被恢复：通过植树造林、种草等方式，增加植被覆盖率，改善生态环境，防止水土流失。

（3）水体修复：对污染的河流、湖泊等水体进行治理，恢复水体的生态功能。

（4）矿山修复：修复开采后的矿山，恢复其生态环境，减少对周边地区的影响。

（5）生态廊道建设：构建生态廊道，连接不同的生态板块，促进物种迁移和生态系统的稳定。

（6）湿地保护与修复：加强对湿地的保护，恢复湿地的生态功能，提高其生态服务价值。

（7）农田生态修复：采用可持续农业发展模式，减少化学农药和化肥的使用，保护和修复农田生态系统。

（8）生态系统重建：对严重破坏的生态系统进行重建，恢复其生态结构和功能。

（9）生物多样性保护：保护农村地区的野生动植物资源，维护生态平衡。

为有效实施生态修复，需采取以下措施。

（1）科学规划：根据不同地区的生态特点和问题，制定科学合理的生态修复规划。

（2）技术支持：引进和推广先进的生态修复技术，提高修复效果。

（3）政策引导：制定相关政策，鼓励和支持生态修复项目的实施。

（4）公众参与：提高农民和公众的环保意识，动员他们积极参与生态修复工作。

（5）监测评估：建立生态修复的监测评估体系，及时掌握修复效果。

实施生态修复，要实现以下目标。

（1）改善农村生态环境，提高居民的生活质量。

（2）增强生态系统的稳定性和生态服务功能。

（3）促进农村经济的可持续发展，推动乡村振兴。

（4）保护生物多样性，维护生态平衡。

（5）实现人与自然的和谐共生，推动农村生态文明建设。

总之，生态修复是农村生态文明建设的重要内容，需政府、企业和社会各方共同努力，方能实现农村生态环境的改善和可持续发展。

七、绿色建筑

绿色建筑是指推广使用节能环保的建筑材料和技术，建设绿色农村住宅。在进行农村生态文明建设规划设计时，有关绿色建筑需注意以下几个方面。

（1）节能设计：采用高效节能的建筑材料和设备，优化建筑布局和朝向，以减少能源消耗。

（2）自然采光与通风：充分利用自然采光和通风，提高室内采光质量，改善室内空气流通。

（3）太阳能、风能等可再生能源利用：为建筑提供部分或全部能源。

（4）水资源管理：采用雨水收集、中水回用等技术，节约和循环利用水资源。

（5）绿色建材选择：使用环保、无毒、可再生建筑材料，减少对环境的污染。

（6）废物处理与回收：建立废物分类与回收系统，减少建筑废物。

（7）室内环境质量：关注室内空气质量、温度、湿度等，为居民提供健康舒适的居住环境。

（8）建筑隔热与保温：提高建筑的隔热性能，减少热量损失，降低能耗。

（9）绿化与景观设计：增加建筑物周围的绿化面积，美化环境，改善生态。

为实现以上目标，需采取以下措施。

（1）加强规划设计，充分考虑气候、地形等因素。

（2）推广绿色建筑技术，提高建筑能效。

（3）加强对建筑工人的培训，确保绿色施工。

（4）制定相关政策，鼓励和支持绿色建筑的建设。

推广绿色建筑，可以带来以下效益。

（1）节约能源，降低农村能源消耗。

（2）减少对环境的污染，保护农村生态环境。

（3）提高居民的生活质量，创造舒适健康的居住环境。

（4）推动可持续发展，实现农村经济、社会和环境的协调发展。

总之，在农村生态文明建设中，大力推广绿色建筑，对实现农村的可持续发展具有重要意义。

八、文化传承

要保护和传承农村传统文化，促进生态文明与文化的融合。在进行农村生态文明建设规划设计时，文化传承主要涉及以下几个方面。

（1）传统习俗传承：保留和传承农村传统的节日、庆典、婚礼等习俗，让这些文化活动成为农村文化生活的重要组成部分。

（2）民间艺术传承：培养民间艺术人才，传承发展戏曲、舞蹈、音乐、绘画、剪纸等民间艺术。

（3）传统手工艺传承：传承和发展农村传统的手工艺技术，如木工、打铁、织布等。

（4）地方文化特色保护：保护和弘扬具有地方特色的文化元素，如独特的建筑风格、服饰特色等。

（5）历史文化遗产保护：对农村地区的古建筑、古遗址、古树等进行保护和修复。

（6）语言文化传承：传承当地的方言、谚语、民间故事等语言文化。

为实现文化传承，需采取以下措施。

（1）教育推广：通过学校教育、社区培训等方式，让年青的一代了解和传承本地文化。

（2）文化活动组织：举办各类文化活动，如民俗展览、艺术表演等。

（3）传承人培养：鼓励和支持传统文化传承人的培养。

（4）文化旅游开发：将本地文化与旅游相结合，促进文化传播。

文化传承对农村生态文明建设具有重大意义。

（1）增强地方认同感：提高农民对本地文化的认同感和自豪感。

（2）促进乡村旅游发展：吸引游客，带动农村经济发展。

（3）丰富农村精神生活：满足农民的精神需求。

（4）保护文化多样性：保留和传承独特的地方文化。

总之，在进行农村生态文明建设规划设计时，需注重文化传承以保护和弘扬农村特色文化，促进农村的可持续发展。

九、公众参与

要鼓励农民参与生态文明建设的规划和实施，提高其环保意识和责任感。

在我国农村生态文明建设中，项目规划设计与公众参与密切相关。公众参与涵盖多个方面，对实现农村生态文明建设的目标具有重要意义。

（1）公众可以参与农村生态文明建设的规划。通过参与座谈会、研讨会等形式，基于其对当地生态环境的了解和需求，公众可为规划者提供有价值的信息和建议，有助于制定更符合当地实际情况和公众需求的规划方案。

（2）在项目设计过程中，公众可以就生态农业、生态村庄建设等方面提出想法和建议。例如，对于生态农业项目，公众可以提供本地特色农产品的种植经验和传统知识，以便更好地设计符合当地特点的生态农业模式。

（3）参与环境监测和保护工作。公众可以协助监测当地的水质、空气质量等环境指标，及时发现和报告环境问题。同时，公众可以积极参与到生态保护行动中，如植树造林、保护野生动植物等。

公众在参与生态文明建设的过程中，可以通过以下方式发挥作用。

（1）积极表达自己的意见和建议，通过各种渠道向相关部门反映。

（2）参与相关的培训和教育活动，提高自身的生态环保意识和技能。

（3）组织和参与志愿者活动，共同推动农村生态文明建设。

公众的参与可以发挥以下作用。

（1）提高项目的可操作性和可持续性，使其更符合当地实际情况。

（2）增强公众的环保意识和责任感，争取公众对生态文明建设的支持和参与。

（3）加强社区的凝聚力和自治能力，形成共同推进生态文明建设的合力。

为促进公众参与生态文明建设，相关部门应采取以下措施。

（1）加强信息公开，让公众了解项目的情况和进展。

（2）提供便利的参与渠道和平台，方便公众表达意见和建议。

（3）建立有效的反馈机制，及时回应公众的关切和问题。

总之，公众是农村生态文明建设不可或缺的重要力量。通过广泛的公众参与，可以更好地推动农村生态文明建设，实现农村经济发展与生态保护的良性互动。

在进行农村生态文明建设规划设计时，应具体考虑以下内容。

生态评估应详细分析地形、气候、植被等，为后续规划提供基础数据。可持续性要求经济发展与生态保护之间必须取得平衡。农业生产方面，可采用有机农业、循环农业等模式。自然资源保护要采取严格的保护措施，如设立保护区。环境治理应根据农村特点，选择适合的技术和设施。生态修复可通过种植植被、修复湿地等方式进行。绿色建筑要符合节能、节水、节地等要求。文化传承可通过举办传统文化活动、建设文化场馆等实现。可以通过培训、宣传等方式提高农民的参与度。

第二节　农村生态文明建设的规划设计创新

我国农村生态文明建设中，规划设计创新主要涉及以下几个方面。

一、生态农业模式创新

生态农业模式创新倡导绿色、循环、可持续的农业发展方式，如采用有机农业、生态养殖等模式。

在我国农村生态文明建设中，生态农业模式的创新具有重要意义。生态农业模式创新的核心是实现农业生产与生态环境的协调发展，以下是一些创新方向。

（1）循环农业模式：通过构建农业生态系统，实现资源的循环利用。例如，将农作物秸秆转化为有机肥料，回用农田；利用家畜粪便进行沼气发电，为农业生产提供能源。

（2）有机农业模式：拒绝使用化学农药和化肥，采用天然的有机肥进行种植和养殖，提高农产品的质量和安全性，保护土壤和水资源。

（3）立体农业模式：充分利用空间资源，实现农作物、家畜养殖和水产养殖的立体组合，提高土地利用效率，增加农业产出。

（4）观光农业模式：将农业生产与旅游业相结合，吸引游客前来体验农村生活、观赏田园风光，促进农村经济多元化发展。

（5）智慧农业模式：利用互联网、大数据等技术，实现农业生产的智能化管理，如精准控制灌溉、施肥等环节，提高农业生产效率。

为推动生态农业模式创新，需采取以下措施。

（1）加强科技研发，提供技术支持。

（2）加大政策扶持力度，鼓励农民发展生态农业。

（3）培养农业专业人才，为模式创新提供人才保障。

（4）加强宣传推广，提高农民和社会对生态农业的认识。

通过生态农业模式的规划设计创新，可以发挥以下作用。

（1）提高农产品质量，满足人们对优质农产品的需求。

（2）保护农村生态环境，实现可持续发展。

（3）增加农民收入，促进农村经济发展。

（4）传承和弘扬农村传统文化。

总之，生态农业模式的规划设计创新是农村生态文明建设的重要举措，对实现农村经济、社会和环境的协调发展具有重要意义。

二、村落布局与功能创新

要结合地形、地貌等自然条件，创新村落布局，优化居住、生产、生态等功能区域划分。

在创新我国农村生态文明建设规划设计中，村落布局与功能方面的创新具体如下。

村落布局方面的创新：

（1）生态化布局：依据自然环境合理规划村落的布局，充分利用自然资源，如依山傍水建设，减少对自然的破坏。

（2）功能分区明确：划分居住、生产、公共服务等不同功能区域，使村落布局更加有序。

（3）集约用地：提高土地利用效率，避免土地浪费。

（4）绿色空间拓展：增加绿化面积，打造公园、绿地等，提升村落的生态环境。

功能方面的创新：

（1）农业产业升级：引入现代农业技术，发展生态农业、观光农业等。

（2）发展乡村旅游：利用村落特色，开发旅游项目，促进农村经济发展。

（3）文化传承与创新：保护和传承村落的历史文化，让文化得以传承和发扬。

（4）公共服务完善：建设完善的教育、医疗、文化等公共服务设施，提高农村居民的生活质量。

（5）生态环保设施建设：建设污水处理、垃圾分类等设施，保护村落生态环境。

（6）“互联网+乡村”：利用互联网技术提升村落的信息化水平，促进农产品销售和乡村旅游推广。

创新村落布局与功能具有以下重大意义。

（1）提升农村居民生活质量，为其提供更加便捷、舒适的生活环境。

（2）促进农村经济发展，增加农民收入。

（3）保护和传承农村文化，增强农村居民的文化认同感。

（4）推动乡村振兴，实现城乡均衡发展。

为创新村落布局与功能，需要采取以下措施。

（1）加强规划引领，制定科学合理的规划方案。

（2）加大资金投入，保障项目的顺利实施。

（3）培养专业人才，为村落发展提供智力支持。

（4）加强政策支持，引导和鼓励社会力量参与。

村落布局和功能创新是农村生态文明建设的重要内容，对推动农村发展具有重要意义。只有不断创新和实践，才能打造出更加美丽、宜居、富裕的农村村落。

三、自然资源利用创新

要探索水资源、土地资源、能源等的高效利用方式，如雨水收集利用、太阳能利用等。

我国农村生态文明建设中，自然资源利用的创新主要体现在以下几个方面。

（1）农村能源的创新利用。传统的农村能源主要依赖煤炭等化石能源，为此，要推广太阳能、风能等可再生能源的利用。例如，建设太阳能光伏发电站，为农村提供清洁能源。

（2）水资源管理的创新。要采用节水灌溉技术，提高水资源利用效率；建设污水处理设施，实现污水的再生利用。

（3）土地资源的合理利用。要通过土地整治、耕地保护等措施，提高土地利用率；发展生态农业，减少化肥和农药的使用，保护土地生态。

（4）农业废弃物的资源化利用。要将农作物秸秆等废弃物转化为有机肥料、生物燃料等，实现资源的循环利用。

（5）生态旅游的发展。要充分利用农村自然景观、生态环境等资源，发展生态旅游，促进农村经济发展。

（6）森林资源的保护与利用。要加强森林管护，推广林业经济模式，实现森林资源的可持续利用。

（7）特色农产品的开发。要依托当地自然资源，开发特色农产品，提高农产品附加值。

（8）绿色建筑的推广。要在农村建设中推广使用节能环保的建筑材料和技术，减少能源消耗和环境污染。

这些创新举措有助于提高农村自然资源的利用效率，保护生态环境，推动农村生态文明建设。同时，可促进农村经济的可持续发展，提高农民的生活质量。

四、生态景观规划设计创新

要打造具有地域特色和生态美感的乡村景观，提升农村环境质量。我国农村生态文明建设中，生态景观的规划设计创新主要体现在以下几个方面。

（1）注重生态保护与修复。通过保护自然植被、湿地等生态资源，修复受损生态系统，提升农村生态环境质量。

（2）融合地方文化特色。将当地的传统文化、民俗风情等元素融入景观设计，打造具有地域特色的农村景观。

（3）倡导可持续发展理念。采用节能、环保的材料和技术，减少对自然资源的消耗和环境污染。

在具体实践中，生态景观的规划设计创新还需注意以下几个方面。

（1）强调自然与人工的和谐共生。充分利用自然地形、水体等，结合人工景观元素，营造和谐美观的景观环境。

（2）注重功能性与观赏性的统一。例如，设置休闲广场、健身设施等，满足农村居民的生活需求，同时注重景观美感。

（3）打造生态廊道和生态节点。构建连通性良好的生态网络，提升生态系统的稳定性和多样性。

（4）发展农业观光旅游。将农业生产与景观设计相结合，吸引游客，促进农村经济发展。

（5）加强社区参与和共建共享。鼓励农村居民参与景观设计和管理，增强他们的归属感和责任感。

总之，农村生态文明建设中的生态景观规划设计创新，旨在实现生态效益、经济效益和社会效益的有机统一，创造美丽、宜居、可持续发展的农村环境。

五、产业融合发展创新

要推动农业与旅游、文化、教育等产业的融合，实现多元化发展。在进行农村生态文明建设的规划设计中，实现产业融合发展可以从以下几个方面入手。

（1）推动农业与旅游业的融合。利用农村丰富的自然资源和人文景观，发展生态农业观光、乡村旅游等产业。通过建设农家乐、民宿等设施，组织开展农业体验、农事活动等项目，吸引城市居民前来休闲度假。

（2）促进农业与加工制造业的融合。通过延长农业产业链，发展农产品精深加工，提高农产品附加值；鼓励企业在农村设立加工基地，带动当地农民就业，增加农民收入。

（3）加强农业与互联网的融合。利用互联网技术搭建农产品电商平台，拓宽农产品销售渠道；通过大数据分析，了解市场需求，指导农业生产。

（4）加大政策支持力度，优化营商环境，吸引社会资本参与农村产业融合发展。通过产业融合发展创新，实现农村生态文明建设与经济发展的良性互动，促进乡村振兴。

此外，实现产业融合发展创新还需要做好以下工作。

加强科技创新，引进新技术、新品种，提高农业生产效率和质量。

培育新型农业经营主体，鼓励农民专业合作社、家庭农场等发展，提高农业组织化程度。

加强品牌建设，打造具有地域特色的农产品品牌，提高市场竞争力。

完善基础设施建设，包括交通、通信、水电等，为产业融合发展提供保障。

加强人才培养，培养一批懂技术、会管理、有创新精神的农村人才。

总之，农村生态文明建设中创新产业融合发展需要做多方面的努力，包括推动农业与其他产业的融合、加强科技创新、培育新型经营主体、完善基础设施建设、加强人才培养等，以促进农村经济的可持续发展。

六、生态文化传承创新

要挖掘和传承农村传统生态文化，创新文化表现形式和传播方式。在我国农村生态文明建设的规划设计中，创新生态文化传承可从以下几个方面着手。

（1）挖掘和保护本土生态文化资源。要深入调研，了解当地独特的生态文化传统、习俗和技艺，为传承创新奠定基础。

（2）加强生态文化教育。要开展各类培训和宣传活动，提高农民对生态文化的认识和重视，培养其生态意识。

（3）融合现代元素。要将传统生态文化与现代科技、艺术等相结合，创造出具有时代特色的生态文化产品。

（4）发展生态旅游。要利用农村自然风光和生态文化资源，打造特色生态旅游项目，促进生态文化传播。

（5）建立生态文化传承基地，如博物馆、民俗村等，集中展示和传承生态文化。

（6）鼓励社区参与。要发动农民积极参与生态文化传承创新活动，增强其归属感和责任感。

（7）加强与学校的合作。要将生态文化纳入学校教育，培养下一代的生态意识和传承能力。

（8）推动生态文化产业发展。要形成产业链，促进经济发展和就业，为生态文化传承提供动力。

（9）开展生态文化创意活动，如举办生态文化节、创意大赛等，激发创意活力。

（10）加强国际交流与合作。要借鉴国外优秀生态文化经验，丰富我国生态文化内涵。

总之，通过以上措施，既可以在农村生态文明建设中实现生态文化的传承创新，促进农村可持续发展，也能丰富农民的精神生活，提升农村的文化品位。

但同时需注意，以上措施仅供参考，具体应根据当地实际情况进行调整和完善。

七、公众参与机制创新

要建立多样化的公众参与渠道和平台，激发农民参与生态文明建设的积极性。在我国农村生态文明建设中，创新公众参与机制至关重要。为此，应做好以下各项工作。

（1）加强信息公开与宣传：要通过多种渠道，如村公告栏、社交媒体等，向公众全面公开项目信息，增强其对项目的了解和关注。

（2）建立多样化的参与渠道，包括线下的座谈会、听证会，以及线上的问卷调查、意见征集平台等，方便不同群体参与。

（3）开展教育培训活动：要提升公众的生态环保意识和参与能力，使其更好地为项目规划设计贡献力量。

（4）成立村民自治组织：村民自治组织由村民代表组成，负责参与项目决策、监督和管理，从而增强公众的话语权和决策权。

（5）建立利益共享机制：要让公众在项目中获得实际利益，进而提高其参与积极性。

（6）采用参与式规划方法：在规划过程中要充分听取公众意见，共同制定符合实际的方案。

（7）强化反馈机制：要及时向公众反馈其意见和建议的处理情况，增强公众参与的信心。

（8）鼓励社会组织参与：发挥其专业优势，为项目提供多元化支持。

（9）设置奖励机制：要对积极参与的公众给予适当奖励，激发其参与热情。

（10）推动多方合作：政府、企业、社会组织和公众要共同参与项目规划设计，形成合力。

（11）建立长效机制：要确保公众参与不是一时之举，而是贯穿项目始终。

通过创新公众参与机制，可以提高公众在农村生态文明建设中的参与度和满意度，使项目更好地满足公众需求，促进农村生态文明建设的可持续发展。

同时，在实施过程中要注意充分考虑当地实际情况、尊重公众意愿、保障公众的合法权益，只有这样才能真正实现公众参与机制的创新和有效运行。

八、科技支撑创新

要利用科技手段，如大数据、物联网等，提升农村生态文明建设的智能化水平。

在我国农村生态文明建设过程中，进行科技支撑创新具有重要意义，以下是一些具体方法。

（1）引入先进农业技术，如推广节水灌溉、精准施肥、病虫害防治等技术，提高农业生产效率，减少对环境的负面影响。

（2）利用信息化技术，建立农业大数据平台，实现对农产品生产、销售等环节的精准管理。

（3）发展生态农业，采用有机农业、循环农业等模式，提高资源利用效率，减少化肥和农药的使用。

（4）推广清洁能源，如太阳能、风能等，替代传统能源，减少碳排放。

（5）加强环保技术研发，开发污水处理、垃圾处理等技术，改善农村环境质量。

（6）运用遥感技术，实时监测农村生态环境变化，为决策提供科学依据。

（7）培育新型农业经营主体，鼓励农民采用新技术，提高农业现代化水平。

（8）加强科技人才培养，通过培训、引进等方式，提高农民和基层干部的科技素养。

（9）推动科技成果转化，建立产学研合作机制，促进科研成果在农村的应用。

（10）利用“互联网+农业”模式，拓展农产品销售渠道，提高农民收入。

（11）开展国际合作，引进国外先进技术和经验，推动我国农村生态文明建设。

（12）建立科技示范基地，展示新技术的应用效果，引导农民广泛应用。

基于以上科技支撑创新举措，可以提高农村生态文明建设的科学性、先进性和可持续性。同时，在建设农村生态文明时，要注意做好以下几个方面的工作。

（1）根据各地实际情况，选择适合的科技手段。

（2）加大科技投入，保障科技创新的顺利进行。

（3）加强科技推广和宣传，提高农民对新技术的接受程度。

（4）建立健全科技创新的政策法规体系，为科技支撑创新提供制度保障。

农村生态文明建设过程中，规划设计创新的实施可以发挥以下重要作用。

（1）提升农村生态系统的稳定性和生态服务功能。

（2）促进农村经济的可持续发展，增加农民收入。

（3）传承和弘扬农村特色文化，增强农民的文化认同感。

（4）提高农民的生活质量，改善农村居民的居住环境。

（5）推动城乡融合发展，实现城乡资源的优化配置。

为了实现规划设计创新，需要采取以下措施。

（1）加强政策引导，提供有力的政策支持。

（2）加大科技投入，推动科技成果在农村生态文明建设中的应用。

（3）培养专业人才，为规划设计创新提供人才保障。

（4）加强宣传教育，提高农民对生态文明建设的认识和参与度。

总之，农村生态文明建设中的规划设计创新是推动农村可持续发展的重要途径。只有不断创新才能实现农村生态、经济、社会的协调发展，为建设美丽乡村奠定坚实基础。

第三节　农村生态文明建设的美学设计

农村生态文明建设中，规划设计的美学要求主要包括以下几个方面。

一、自然景观美学

自然景观美学注重对自然景观的保护和优化，包括山脉、河流、森林等。要通过合理规划，保留和突出自然景观的美感，使农村环境与自然相互融合。

自然景观美学通过保护和优化农村的自然风光，让山脉、河流、森林等自然元素展现其独特之美，使自然景观与农村环境相互融合，营造出和谐共生的美好画面。

保留和突出自然景观的原始风貌，减少人为干预，让人们领略大自然的纯真与宁静。要注重生态平衡，保护野生动植物的栖息地，促进生物多样性的发展。

同时，要根据不同地区的自然特点，打造具有地域特色的景观。例如，利用山水资源，建设山水田园风光；借助森林资源，发展森林康养产业。

遵循自然景观美学要求可以提升农村的生态价值和旅游吸引力，吸引更多的游客来到农村，感受大自然的魅力，促进农村经济的发展。

此外，自然景观美学要求还能提高农民的生态意识，增强其保护自然环境的责任感。

总之，农村生态文明建设中的自然景观美学要求，不仅能让农村变得更加美丽，还能为农村的可持续发展提供有力支持。

二、建筑美学

建筑美学要求对农村建筑进行美学设计，注重与周围环境的协调性，考虑建筑风格、色彩、形态等因素，使建筑既具有实用性，又能体现地域特色和文化内涵。

在对农村生态文明建设进行规划设计时，建筑美学扮演着重要角色，其主要涉及以下内容。

（1）地域特色：体现当地的传统文化、建筑风格和特色，使建筑与周围环境相协调。

（2）自然融合：强调与自然环境的融合，采用自然材料和色彩营造和谐的氛围。

（3）空间布局：在合理规划建筑的空间布局、满足功能需求的同时，注重美感和舒适度。

（4）建筑造型：设计具有独特美感的造型，展现农村建筑的特色和个性。

（5）色彩运用：巧妙运用建筑色彩，使整体环境和谐统一。

（6）材料选择：选用环保、经济、美观的建筑材料，减少其对环境的影响。

（7）文化传承：传承当地的建筑文化，延展历史文脉和民俗风情。

（8）节能环保：考虑建筑的节能性能，减少能源消耗和环境污染。

依据建筑美学原理，不仅可以提升农村的整体形象和品质，还能为农村居民提供更加舒适、美观的居住环境。同时，遵循建筑美学要求有利于保护和传承农村的历史文化遗产，促进农村生态文明建设的可持续发展。在规划设计中，应充分考虑农村的实际情况和居民需求，打造具有地域特色和文化内涵的美丽乡村。

三、农田景观美学

农田景观美学要求设计美观有序的农田布局，如采用梯田、多彩作物种植等方式，增加农田的观赏性。

在进行农村生态文明建设的规划设计时，农田景观美学要求包含以下重要内容。

（1）色彩与布局：设计合理的作物种植布局，通过不同作物的颜色差异，创造出丰富多彩的景观。

（2）线型美感：通过农田的线条规划，呈现整齐、流畅或富有变化的美感。

（3）季节性变化：通过不同季节的景观特点，增加农田的观赏性和多样性。

（4）生态多样性：引入多种植物和生物，丰富生态系统。

（5）文化特色：结合当地的文化传统，打造具有地域特色的农田景观。

（6）景观设施：合理设置农田中的道路、灌溉设施等，使其与农田景观相协调。

（7）视觉层次：利用地形、作物高度等创造出丰富的视觉层次。

（8）比例与尺度：把握农田各元素的比例和尺度，营造和谐的美感。

基于农田景观美学的目标要求，有助于：

（1）提高农村环境质量，增加农村居民的生活幸福感。

（2）促进农业与旅游的融合，推动农村经济发展。

（3）传承和弘扬农村地域文化。

（4）增强人们对农田生态系统的保护意识。

（5）规划设计中应充分考虑当地的自然条件、文化特色和经济发展需求，打造既美观又实用的农田景观，促进农村生态文明建设的全面发展。

四、道路景观美学

道路景观美学要求规划美观的道路系统，包括道路线型、铺装材料、绿化等，使道路不仅具有交通功能，还能成为农村景观的一部分。在我国农村生态文明建设中，规划设计中的道路景观美学主要涉及以下内容。

（1）自然融合：使道路与周边自然环境相融合，不破坏原有的生态景观。

（2）线型设计：线条流畅、优美，符合地形地貌，给人以舒适的视觉感受。

（3）绿化布局：合理布置道路两侧的绿化植物，增加景观的层次感和丰富度。

（4）色彩搭配：通过植物的色彩搭配营造和谐、美观的氛围。

（5）景观节点：设置具有特色的景观节点，如小型广场、休憩区域等，丰富道路景观。

（6）文化元素：融入当地的文化元素，体现地域特色和民俗风情。

（7）生态保护：注重生态保护，选择适合在当地生长的植物，减少对生态环境的破坏。

（8）材料选择：使用环保、美观的材料进行道路建设和景观装饰。

（9）照明设计：合理设计道路照明，增加夜间景观效果，同时确保行车安全。

（10）标识系统：设计简洁、清晰的标识系统，为行人和车辆提供引导。

在规划设计时，注重道路景观美学的意义体现在以下几个方面。

（1）提升农村整体形象，改善农村环境。

（2）为居民和游客提供美观、舒适的出行环境。

（3）促进农村旅游业的发展，增加农民收入。

（4）增强居民的自豪感和归属感，促进乡村文化的传承和发展。

（5）提高道路的安全性和可识别性。

在规划设计中，应充分考虑农村的实际情况和需求，尊重当地的自然环境和文化特色，打造具有独特魅力的道路景观，为农村生态文明建设增添亮丽的风景线。

五、公共空间美学

在规划设计时，要注重公共空间美学，打造舒适、美观的公共空间，如广场、公园等，为村民提供休闲和交流的场所。

在我国农村生态文明建设中，基于公共空间美学的规划设计，以广场和公园为例，需考虑以下几点。

（1）自然融合：保留和利用自然景观，如树木、草地等，使广场、公园与周边环境相融合。

（2）功能多样化：提供多样化的功能区域，如休闲区、运动区、儿童游乐区等，以满足不同人群的需求。

（3）文化特色：融入当地的文化元素，如传统建筑风格、民俗文化等，体现地方特色。

（4）生态环保：采用环保材料和节能技术，建设绿色基础设施，如雨水收集系统、太阳能照明等。

（5）景观布局：设计合理的景观布局，包括花坛、水池、雕塑等，增加美感和趣味性。

（6）舒适设施：提供舒适的座椅、遮阳设施等，方便人们休息和交流。

（7）交通便利性：确保广场和公园的交通便利性，方便居民出行。

（8）安全设计：设置合理的照明和安全设施，保障居民安全使用。

（9）材料选择：选用耐用、易于维护的材料，降低后期维护成本。

（10）参与性：鼓励居民参与规划设计过程，充分听取其意见和建议。

基于公共空间美学的规划设计，农村广场和公园可以成为居民休闲娱乐、交流互动的重要场所，提升农村的整体形象和生态文明水平。

六、生态设施美学

生态设施美学是指通过对生态设施进行美学设计，如污水处理设施、垃圾处理设施等，使其具有相应功能的同时，与周围环境相协调。

在我国农村生态文明建设中，基于生态设施美学的规划设计需要综合考虑以下几个方面。

（1）与自然融合：尊重和保护自然环境，使生态设施与自然景观相协调，营造和谐共生的美感。

（2）体现地域特色：结合当地的地形、气候、文化等特点，打造具有地域特色的生态设施。

（3）功能性与美观性并重：在强调实用功能的基础上，注重美观设计，提高设施的艺术价值。

（4）采用绿色材料：选择环保、可再生材料，减少对环境的负面影响。

（5）人性化设计：照顾人们的使用需求和便利需求，使之获得舒适、安全的使用体验。

（6）景观多样性：通过植物配置、水景设计等手段，丰富景观层次，增强观赏性。

（7）文化传承与创新：传承当地的传统文化元素，并加以创新，使生态设施具有文化内涵。

（8）可持续性：考虑设施的长期运营和维护，确保其可持续发展。

在规划设计过程中，需充分调研当地的环境和需求，广泛征求村民的意见和建议。同时，要注重生态设施与农村其他建设项目的协调统一，形成生态文明的整体风貌。通过精心设计的生态设施，不仅可以提升农村的环境质量，还能为村民提供美观、舒适的活动空间，促进农村生态文明的发展。

七、文化传承美学

文化传承美学是指挖掘和传承农村的历史文化，通过建筑、景观等元素体现当地的文化特色。

在我国农村生态文明建设中，基于文化传承美学的规划与设计至关重要，具体要求如下。

（1）保护历史建筑：对具有历史价值的建筑进行保护和修复，保留其传统风貌。

（2）挖掘传统文化：深入研究当地的传统文化，包括民俗、手工艺等。

（3）建设文化场馆：设立博物馆、文化馆等，用于展示和传承本地文化。

（4）举办文化活动：组织传统节庆活动、民俗表演等，增强村民的文化认同感。

（5）培育文化传承人：鼓励年轻人学习和传承传统文化技艺。

（6）融入生态元素：将文化与生态相结合，体现人与自然的和谐。

（7）设计特色景观：利用传统文化元素设计具有地方特色的景观。

（8）发展文化旅游：吸引游客，促进农村经济发展，传播本地文化。

（9）强化社区参与：鼓励村民积极参与文化传承活动。

（10）文化教育推广：通过学校、社区教育等途径，普及传统文化知识。

（11）创新传承方式：利用现代技术，如互联网、多媒体等，推广传统文化。

（12）建立合作机制：加强与其他地区的交流合作，促进文化多样性。

基于文化传承美学的规划和设计，可实现农村文化传承与生态文明建设的有机结合，打造具有独特魅力的农村社区，丰富村民的精神生活，为农村的可持续发展提供有力支持。

八、植物景观美学

植物景观美学是指选择种植适宜的植物，注重植物的色彩、形态搭配，营造丰富多样的植物景观。在我国农村生态文明建设中，基于植物景观美学的规划和设计需考虑以下几点。

（1）本土特色：选用当地特色植物，体现地域文化和生态特征。

（2）多样性：增加植物种类，丰富生态系统，提高景观的观赏性和稳定性。

（3）功能性：结合实际需求，设置防护林、经济林等，实现生态效益和经济效益的统一。

（4）季相变化：让植物在不同季节呈现不同的景观，增加景观的动态美感。

（5）层次布局：采用高低错落的布局方式，增强景观的立体感和层次感。

（6）生态廊道：构建绿色廊道，连接不同区域，促进生物多样性和生态平衡。

（7）主题设计：根据农村的特色和需求，设计不同的主题景观，如花卉园、果园等。

（8）人性化考虑：提供舒适的休闲空间和便利的交通设施。

（9）文化融入：将农村的传统文化元素融入植物景观设计中，彰显地方特色。

（10）可持续性：选择耐旱、耐寒、抗病虫害的植物，降低后期维护成本。

（11）公众参与：鼓励村民参与植物景观的规划和建设，增强其归属感和责任感。

基于植物景观美学的规划和设计，可以打造出具有美学价值和生态功能的农村植物景观，提升农村的生态环境质量和居民的生活品质。同时有助于传承和发展农村的地域文化。在规划设计过程中，需要充分考虑当地的自然条件、历史文化和村民的需求，以确保美学设计与农村的实际情况相结合，达到最佳的效果。

第四节　农村生态文明建设的文化主题设计

文化主题设计有助于传承和弘扬农村地区的传统文化，通过挖掘和展示当地的历史、民俗、传统技艺等，增强村民的文化认同感和自豪感。

文化主题设计可为农村地区赋予独特的魅力和特色，打造具有地域特色的农村形象。

文化主题设计有利于促进农村旅游业的发展，吸引游客，带动经济增长，为农村发展提供新的动力。

文化主题设计还能丰富村民的精神生活，通过提供丰富多样的文化活动和场所，满足村民的精神需求。

同时，文化主题设计有助于提升农村的品质和整体形象，改善农村的人居环境。

文化与生态文明相互促进，共同推动了农村的可持续发展。

一、文化主题的设计依据

我国农村生态文明建设中文化主题的设计依据主要包括以下几个方面。

（1）地域文化特色：每个地区都有其独特的地域文化，如传统习俗、民间艺术、历史遗迹等。文化主题设计应充分挖掘和利用这些地域文化特色，使其成为农村生态文明建设的重要元素。

（2）生态环境特点：农村的自然生态环境各不相同，如山、水、林、田等。文化主题设计应结合当地的生态环境特点，体现人与自然和谐共生。

（3）历史文化传承：传承历史文化是农村生态文明建设的重要任务，通过文化主题设计，可以将历史文化元素融入农村建设中，使其得到传承和发扬。

（4）村民需求和意愿：村民是农村生态文明建设的主体，他们的需求和意愿应得到充分尊重。文化主题设计应考虑村民的生活需求和文化兴趣，提高其参与度和认同感。

（5）经济发展需求：好的文化主题设计可以促进农村经济的发展，如通过发展文化旅游产业，带动当地经济增长。

（6）社会发展趋势：要紧跟社会发展趋势，将现代文化元素与传统文化相结合，打造具有时代特色的文化主题。

（7）政策导向：国家和地方政府的相关政策为文化主题设计提供了指导和支持。

例如，在一个以农业为主要产业的地区，可以以农耕文化为主题进行设计，建设农耕文化展览馆，展示传统农具、农业生产技术等；举办农耕文化节庆活动，吸引游客；打造具有农耕特色的景观，如稻田画等。这样的文化主题设计不仅可以传承农耕文化，还可以促进当地经济的发展。

总之，农村生态文明建设中的文化主题设计应依据地域文化特色、生态环境特点、历史文化传承、村民需求和意愿、经济发展需求、社会发展趋势以及政策导向等因素进行。合理的文化主题设计能够提升农村的文化内涵和生态品质，促进农村的可持续发展。

二、文化主题的设计原则

新农村生态文明建设中文化主题设计的原则包括以下几个方面。

（1）保护性原则：要注重对农村原有文化遗产和生态环境的保护，尊重当地的历史、传统风俗和自然景观，避免因建设而对其造成破坏。

（2）地域性原则：要充分挖掘和体现农村的地域特色，根据当地的自然条件、民俗文化等，设计具有独特地域风格的文化主题。

（3）主体性原则：要以农民为建设主体，充分考虑他们的需求和参与意愿，让农民在文化主题设计中发挥积极作用，增强其归属感和认同感。

（4）整体性原则：要将文化主题设计与农村的生态、经济、社会等方面相结合，形成一个有机整体，实现生态文明建设的全面发展。

（5）实用性原则：要确保文化主题设计具有实际的功能和用途。文化主题设计不仅要美观，还要能为农民的生活和农村的发展带来实际效益。

（6）可持续性原则：要采用可持续发展的理念和方法，保证文化主题设计的长期效益，在资源利用、环境保护等方面做出合理规划。

（7）创新性原则：要结合时代特点和现代元素，对传统文化进行创新演绎，使文化主题具有吸引力和感染力。

（8）文化传承原则：要通过文化主题设计，传承和弘扬农村优秀传统文化，让后代了解和传承本土文化。

例如，在一个水乡，可以"水乡文化"为主题进行设计，通过保护古老的桥梁、水街等建筑，体现地域特色；举办水乡文化节，让农民参与其中；将水乡文化与旅游产业相结合，促进经济发展；建设水乡文化博物馆，传承历史文化。

总之，新农村生态文明建设中的文化主题设计应遵循上述原则，以实现农村文化的传承与创新，推动生态文明建设的顺利进行。

三、文化主题的设计路径

我国农村生态文明建设中，文化主题设计可以从以下几个路径展开。

（1）深入调研：对当地农村的历史文化、生态环境、社会经济等进行全面深入的调研，了解其独特的文化资源和特点。

（2）确定主题：基于调研结果，提炼具有代表性和特色的文化主题，如农耕文化、民俗文化、生态文化等。

（3）规划布局：根据主题，对农村的空间进行合理规划和布局，打造具有文化特色的景观和功能区域。

（4）文化传承：通过建设博物馆、文化馆、传统技艺传承基地等，保护和传承当地的文化遗产。

（5）生态融合：将文化主题与生态建设相融合，如在生态公园中融入文化元素，营造独特的生态文化氛围。

（6）产业发展：依托文化主题，发展相关产业，如旅游、手工艺等，促进经济发展。

（7）社区参与：鼓励村民积极参与文化主题设计和建设，增强他们的归属感和责任感。

（8）教育推广：通过学校、社区等教育途径，普及农村生态文明和文化主题知识，提高村民的文化素养和环保意识。

（9）文化活动：通过举办丰富多样的文化活动，如民俗节庆、艺术展览等，增强文化氛围和吸引力。

（10）品牌塑造：打造具有地域特色的文化品牌，提高农村的知名度和影响力。

（11）科技应用：利用现代科技手段，如互联网、多媒体等，推广农村文化主题。

（12）合作交流：加强与其他地区的交流合作，相互借鉴，促进文化主题的创新发展。

例如，某农村地区以农耕文化为主题，通过建设农耕文化博物馆，展示传统农具和农耕技艺；通过举办农耕文化节庆活动，吸引游客；通过发展生态农业观光，让游客体验农耕生活，实现了农村生态文明建设与文化主题的有机结合，促进了农村的可持续发展。

总之，农村生态文明建设中文化主题的设计需要充分挖掘和利用当地的文化资源，注重生态融合和产业发展，提高村民的参与度和文化素养，打造具有当地特色的文化品牌。

实践案例

洞庭湖享有“鱼米之乡”的美誉，是我国重要的商品粮产区。然而，在过去一段时间里，造纸业的发展给当地的农业生态文化建设带来了严峻的挑战。过度的纸业开发导致水质污染、生态破坏等一系列问题，严重影响了当地的农业生态系统和文化建设。

为解决这一问题，当地政府采取了一系列治理措施。首先，制定和执行环保标准，关停了一批污染严重的造纸企业，从源头上控制了污染。其次，加大对环保技术的研发和推广，推动造纸企业进行技术改造和升级，减少污染物排放。同时，加强对洞庭湖生态系统的保护和修复，开展湿地保护、植树造林等工作，改善了生态环境。

在造纸业治理有序发展中，洞庭湖所在地区农业生态文化建设取得了显著成效。一方面，通过推广生态农业，减少化肥和农药的使用，提高了农产品的质量和安全性。农民们更加注重生态环保，形成了绿色、可持续的农业发展模式。另一方面，加强了对洞庭湖地区传统农业文化的保护和传承。例如，通过挖掘和弘扬洞庭湖畔的农耕文化、渔家文化等，丰富了当地的文化内涵。

如今，当地造纸业治理取得了阶段性成果，农业生态文化建设呈现出良好的发展态势。洞庭湖湖水变得更加清澈，周边的生态环境得到了有效保护，农民的收入增加了，生活质量也得到了提升。

当地造纸业治理的成功经验告诉我们，在推进农业生态文化建设过程中，要注重以下几点：一是强化环保意识，树立可持续发展理念；二是加强政府监管，严格执法；三是推动科技创新，促进产业升级；四是注重文化传承，丰富农村文化内涵。

总之，当地造纸业治理为农业生态文化建设提供了有益借鉴，我们应以此为例，积极推进全国范围内的农业生态文化建设，实现经济发展与生态保护的良性互动，为建设美丽中国做出更大的贡献。

第六章

我国农村生态文明建设的投融资模式

第一节　我国农村生态文明建设的发展模式

一、统筹规划：政府推动政策

农村生态文明建设是推动乡村振兴和可持续发展的重要举措。在这一过程中，政府需要进行统筹规划，以确保建设的顺利实施和取得良好的效果。以下是政府在统筹规划农村生态文明建设时可以采取的一些措施。

（1）制定科学规划：深入调研农村地区的生态环境现状、资源禀赋和发展需求，依据相关法律法规和政策要求，制定具有科学性、前瞻性和可操作性的规划。

（2）明确目标定位：根据不同地区的特点和实际情况，确定农村生态文明建设的具体目标和定位，如生态农业发展、农村生态修复、生态旅游等。

（3）加强组织领导：建立健全农村生态文明建设的领导机制和工作机构，明确各部门的职责分工，加强协调配合，形成工作合力。

（4）完善政策体系：出台支持农村生态文明建设的相关政策，包括财政政策、税收政策、金融政策等，鼓励和引导社会资本参与建设。

（5）推动产业融合：促进农业与二、三产业的融合发展，培育新业态和新模式，提高农村产业的生态效益和经济效益。

（6）加强生态保护：严格落实生态保护红线制度，加强对耕地、水源地、森林等重要生态资源的保护和管理。

（7）推进节能减排：推广节能环保技术和产品，降低农村能源消耗和污染物排放。

（8）加强基础设施建设：改善农村交通、供水、供电、通信等基础设施条件，为农村生态文明建设提供有力支撑。

（9）提升公共服务水平：加大对教育、医疗、文化等公共服务的投入，提高农民的生活质量和文明素质。

（10）加强科技支撑：加大对农村生态文明建设相关科技研发的支持力度，推广先进适用技术和成果。

（11）强化监督管理：建立健全监督考核机制，加强对项目建设进度、质量和效果的监督检查。

（12）开展宣传教育：通过多种形式广泛宣传农村生态文明建设的重要意义和政策措施，提高农民的生态环保意识和参与度。

总之，政府在统筹规划农村生态文明建设时，需要综合考虑各方面因素，采取有效措施，推动建设顺利进行，促进农村经济社会发展与生态环境保护的良性互动。

二、开发运营：产业型企业主导

在我国农村生态文明建设中，产业型企业发挥着重要作用，主要包括以下几类企业。

（1）农业企业：这类企业专注于农业生产、种植、养殖等领域，通过现代化农业技术和管理方式，提高农业生产效率和质量。

（2）农产品加工企业：这类企业对农产品进行精深加工，增加农产品附加值，提高农产品的市场竞争力。

（3）生态旅游企业：这类企业依托农村自然风光、民俗文化等资源，发展生态旅游产业。

（4）新能源企业：如太阳能、风能等企业，为农村提供清洁能源。

（5）环保企业：这类企业提供环保技术和服务，促进农村生态环境的保护和修复。

我国产业型企业在开发运营农村生态文明建设项目时，可采取以下措施。

（1）深入进行市场调研，了解农村的资源禀赋、生态环境现状以及当地居民的需求，为项目的定位和规划提供依据。

（2）注重生态保护。在项目开发过程中，采用绿色、环保技术和材料，减少对农村生态环境的破坏。

（3）在产业选择上，要立足农村的特色资源，发展具有地方特色的优势产业，如生态农业、乡村旅游等。

（4）加强与当地居民的合作，通过多种方式让居民参与到项目的开发运营中，实现共赢。

（5）注重科技创新，引入先进的技术和管理经验，提高项目的质量和效益。

（6）打造品牌，提升产品和服务的附加值，增强其市场竞争力。

（7）加强人才培养，提高企业员工的专业素质和环保意识。

（8）建立健全质量管理体系，确保产品和服务的质量。

（9）积极开展宣传推广活动，提高项目的知名度和影响力。

（10）加强与政府部门的沟通合作，争取政策支持和资金扶持。

（11）建立长效运营机制，注重项目的可持续发展。

总之，产业型企业在开发运营农村生态文明建设项目时，要充分考虑农村的实际情况，注重生态保护、产业发展和社会效益的统一，实现经济效益和社会效益的双赢。

三、投融资模式：多元化融资渠道

在我国农村生态文明建设中，项目投融资模式主要包括以下几种。

（1）政府财政投入：通过政府财政预算拨款，为农村生态文明建设提供资金支持，包括基础设施建设、生态修复、环保项目等。

（2）政策性金融支持：政策性银行以提供低息贷款、贴息等方式，鼓励和支持农村生态文明建设。

（3）商业银行贷款：企业和个人可以通过商业银行获得贷款，用于生态农业、农村环保等项目的运营。

（4）股权融资：吸引投资者投资农村生态文明建设项目，获得股权资金。

（5）发行债券：通过发行农村生态文明建设的相关债券，筹集资金。

（6）社会资本参与：鼓励社会资本以 PPP 模式等参与农村生态文明建设。

（7）生态补偿机制：通过建立生态补偿制度，为农村生态保护和建设提供资金支持。

（8）农业产业基金：通过设立专门的农业产业基金，支持农村生态文明相关产业发展。

（9）农村信用社贷款：利用农村信用社的金融服务，为农村生态文明建设提供资金支持。

（10）农民自筹资金：鼓励农民以自愿捐款、集资等方式，参与农村生态文明建设。

（11）国际合作资金：通过国际组织、外国政府等渠道，争取国际资金支持农村生态文明建设。

（12）绿色债券：发行专门用于农村生态文明建设的绿色债券，吸引投资者。

综合运用这些投融资模式，可以为农村生态文明建设提供多元化的资金来源。但在实施过程中，需要注意以下几点。

（1）加强政策引导：政府要出台相关政策，鼓励和引导各种投融资模式的发展。

（2）提高项目吸引力：要优化项目规划和设计，提高项目的经济效益和社会效益，吸引更多资金投入。

（3）建立风险分担机制：要降低投资者的风险，提高其参与积极性。

（4）加强监管和评估：要确保资金的合理使用和项目的顺利实施。

（5）培养专业人才：要为农村生态文明建设的投融资提供有力的人才支持。

总之，多种投融资模式的有机结合能够有效推动我国农村生态文明建设，实现农村经济发展与生态环境保护的良性互动。

四、运作模式：产业型企业挑大梁

在我国农村生态文明建设中，产业型企业的运作模式多种多样，以下是一些常见的模式。

（1）农业产业化模式：通过整合农业生产、加工、销售等环节，形成完整的产业链。企业与农户合作，提供技术支持和市场渠道，实现规模化、专业化生产。

（2）生态农业模式：采用绿色、环保的农业生产方式，注重资源循环利用和生态环境保护。

（3）乡村旅游模式：依托农村自然风光、民俗文化等资源，开发旅游项目，带动相关产业发展。

（4）农产品加工模式：对农产品进行深加工，提高其附加值，增加农民收入。

（5）农村电商模式：利用互联网平台，拓展农产品销售渠道，促进农村经济发展。

（6）特色产业模式：挖掘农村特色资源，发展具有地域特色的产业，如手工艺、特色养殖等。

（7）产业融合模式：推动农业与其他产业的融合发展，实现资源共享和优势互补。

（8）循环经济模式：遵循“减量化、再利用、资源化”原则，实现资源的高效利用和废弃物的最小化排放。

在运作项目过程中，产业型企业需要注意做好以下几点。

（1）加强与政府的合作，争取政策支持和资金扶持。

（2）注重科技创新，提高产品质量和市场竞争力。

（3）培养专业人才，为企业发展提供有力支撑。

（4）强化品牌建设，提升企业知名度和产品附加值。

（5）关注社会责任，积极参与农村生态文明建设。

（6）加强企业管理，提高运营效率和管理水平。

（7）不断适应市场变化，调整经营策略和产品结构。

总之，产业型企业在农村生态文明建设中发挥了重要作用，要通过合理的运作模式，实现经济效益和社会效益的双赢，促进农村经济发展和生态环境保护的良性循环。

五、培育模式：实现生态与经济双赢

从乡村建设的角度来讲，宜居的生态环境不仅可以满足农民对美好生活的追求，还能带来可观的生态效益和经济效益，为农村经济繁荣和农民持续增收奠定基础。换句话说，只有把乡村的生态资源保护好，让乡村变得山清水秀、环境宜居，美丽乡村才有不竭动力，乡村振兴才有坚实基础，百姓富、生态美的美好蓝图才有望实现。为此，要做好以下几项工作。

（1）大力推进乡村生态产业化、产业生态化。良好的生态环境蕴含着无穷的经济价值，能够源源不断地为乡村创造综合效益，实现经济社会可持续发展。要按照绿色、循环、低碳发展要求，以节能减排、提质增效为主要目标，对传统产业的生产方式、产业结构、流通和消费方式进行生态化改造，实现产业化升级。在确保不破坏乡村生态系统功能的基础上，依托生态优势进行乡村的产业化开发运营，发展乡村特色产业。因地制宜地发展乡村生态农业、生态工业、生态旅游业等乡村经济，形成节约资源、保护环境的产业结构以及高效率、集约化的生产方式，将美丽乡村的绿色资源变成生态产品，将生态优势转化为产业优势、经济优势。

（2）构建具有中国特色的乡村 ESG（环境、社会、治理）评价体系。引导各方密切关注环境治理、绿色低碳等方面的发展需求，传播关于农村发展、农民收入增长、乡村产业升级等方面的信息，鼓励环境企业深入乡村，开展乡村环境污染治理工作，实施生态恢复修复工程，促进乡村的可持续发展，提升农民的生活质量和福祉，实现城乡发展的协调与平衡。探索实施“金融+ESG”模式，成立乡村 ESG 基金，专注于支持绿色生态产业发展，投资能够创造社会价值、具有可持续成长能力的生态产业。围绕“双碳”目标，重点投资包括可持续农业和农村发展、绿色经济、生态康养等在内的产业项目，孵化培育并投资有助于乡村发展的社会企业及公益企业，如农村小额贷款、农村学前教育、生态农业等。

（3）改善人居环境，打造宜居乡村，增强群众的幸福感和安全感。加速补齐城乡基础设施短板，有序推进农村“厕所革命”，探索开展垃圾分类，不断完善农村“路网”，实施“点亮乡村工程”项目，普及乡村图书馆、文化馆，提高乡村信息化水平，实施宽带提速、光纤入户等，全面缩小城乡间公共基础设施的差距。保护和传承乡村传统文化，结合当地历史文化习俗，开展富有本地特色的乡村文化活动，建设宜居宜业的和美乡村，提升群众的幸福生活指数。

第二节　生态环境导向的开发（EOD）项目运营模式

一、EOD 项目操作要点

在我国农村生态文明建设中，生态环境导向的项目开发模式的操作要点具体如下。

1. 规划与策略制定：在项目开始之前，要进行全面的规划和策略制定

明确项目的目标和愿景，确定农村生态文明建设的重点领域和优先事项。生态环境导向的项目开发模式规划和策略制定的过程通常包括以下几个关键步骤。

（1）现状评估：对目标区域的生态环境现状进行全面评估，包括自然资源、生态系统、环境问题等。

（2）目标设定：明确规划的目标，如生态保护、可持续发展、资源利用效率提升等。

（3）利益相关者参与：邀请各利益相关方参与规划制定过程，确保多元视角和意见的纳入。

（4）数据分析：收集和分析相关数据，为规划提供科学依据。

（5）方案设计：基于现状评估和目标设定，设计多种可行的开发方案。

（6）可行性研究：对各方案进行可行性研究，包括技术、经济、社会和环境等方面。

（7）选择最优方案：综合考虑各因素，选择符合目标的最优方案。

（8）风险评估：分析规划实施过程中可能面临的风险，并制定应对措施。

（9）制订详细计划：确定实施步骤、时间节点、责任主体等。

（10）监测与评估机制：建立规划实施的监测与评估机制，以便及时调整和改进。

（11）政策配套：制定相关政策，为规划的实施提供支持和保障。

（12）公众参与：通过宣传和教育，提高公众对规划的认知和参与度。

通过以上步骤制定出具有科学性、可行性和可持续性的生态环境导向开发模式规划，实现经济发展与生态保护的良性互动。

2. 生态评估与监测

进行生态评估，了解农村地区的生态现状、环境问题和生态资源。建立监测体系，定期监测生态指标，为决策提供数据支持。生态环境导向的项目开发模式的生态评估和检测的主要内容包括以下几个方面。

（1）自然环境：对地形、地貌、土壤、水文等自然要素进行检测，评估其现状和变化。

（2）生态系统：分析生态系统的结构、功能和稳定性，包括植被、动物

群落等。

（3）空气质量：监测空气中的污染物浓度，如颗粒物、二氧化硫等。

（4）水环境：检测地表水和地下水的水质，包括化学物质、重金属等指标。

（5）噪声水平：测量噪声强度和分布，评估其对周围环境的影响。

（6）生物多样性：调查和监测物种丰富度、珍稀物种保护状况等。

（7）生态服务功能：评估生态系统调节气候、保持水土等服务功能。

（8）土地利用变化：监测土地用途的改变及其对生态的影响。

（9）能源消耗：核算开发过程中的能源消耗和能效水平。

（10）废弃物排放：检测废气、废水、废渣等废弃物的排放量和排放浓度。

（11）生态风险评估：分析开发活动可能带来的生态风险。

（12）社会经济影响：分析对当地社会经济的影响，如就业、经济发展等。

（13）可持续性指标：评估资源利用的可持续性。

通过生态评估和检测，可以及时发现生态问题，以便采取措施加以保护和修复。为开发决策提供科学依据，优化开发方案。保障生态系统的健康和稳定，促进可持续发展。满足相关法规和政策要求，避免法律风险。提高公众对生态环境的认识和保护意识。

总之，生态评估和检测是生态环境导向的项目开发模式不可或缺的环节，对实现生态保护和可持续发展目标具有重要意义。

3. 可持续资源管理

注重对水资源、土地资源、森林资源等的可持续管理，推广节水灌溉技术，合理利用土地，加强森林保护和修复。

在我国农村生态文明建设中，生态环境导向的项目开发模式的可持续资源管理主要包括以下几个方面。

（1）土地资源管理：合理规划和利用土地，保护耕地，防止土地退化和流失。

（2）水资源管理：加强水资源保护，提高水资源利用效率，治理水污染。

（3）森林资源管理：注重森林保护和抚育，推广林业可持续经营。

（4）农业资源管理：推动生态农业发展，减少化肥、农药的使用，实现农业废弃物的资源化利用。

（5）能源资源管理：推广可再生能源，提高农村能源利用效率。

（6）生态系统保护：保护农村的自然生态系统，维护生物多样性。

（7）资源循环利用：建立废弃物回收和再利用体系，减少资源浪费。

（8）绿色产业发展：培育和发展绿色产业，推动农村经济的可持续增长。

通过可持续资源管理，可以实现农村资源的可持续利用和生态文明建设的目标，不仅有利于农村经济的发展，还能保护农村生态环境，提高农村居民的生活质量，促进城乡协调发展。同时，可持续资源管理是实现农村可持续发展的关键举措，为农村生态文明建设提供有力的支撑。

4. 农业生态转型

推动农业生产方式的转型，采用生态农业技术，减少化肥和农药的使用，提高农产品质量和安全性。在我国农村生活生态文明建设中，生态环境导向的项目开发模式在农业生产转型方面的主要工作如下。

（1）生态农业技术的应用：推广有机农业、绿色农业等生态友好型农业技术，减少对化学农药和化肥的依赖。

（2）农业产业结构调整：发展特色农业、休闲农业等，推动农业多元化发展。

（3）资源循环利用：实现农业废弃物的资源化利用，如秸秆还田、禽畜粪便处理等。

（4）节水灌溉技术：采用高效节水灌溉方式，提高水资源利用效率。

（5）农业机械化与智能化：提高农业生产效率，减少人力资源的投入。

（6）农产品质量与安全：加强农产品质量监管，确保农产品的安全与优质。

（7）农业品牌建设：打造具有地域特色的农产品品牌，提高农产品附加值。

（8）农业生态系统修复：保护和修复农田生态系统，提高土壤肥力。

（9）农业科技创新：加大对农业科技研发的投入，推动农业技术不断进步。

（10）农民职业培训：提升农民的生态环保意识和农业生产技能。

生态环境导向的项目开发模式有力推动了农业生产的转型升级，不仅有助于提高农产品质量和农业生产效率，还能减少农业对生态环境的负面影响，实现农村生活生态文明建设的目标。同时，有利于促进农村经济的可持续发展，提升农民的生活质量和幸福感。

5. 生态产业发展

培育和发展生态产业，如生态旅游、有机农业、绿色能源等，促进农村经济的可持续增长。在我国农村生态文明建设中，发展生态产业可分为以下三个步骤。

（1）加强生态教育与宣传，提高农民对生态环境保护和可持续发展的认识，培养他们的环保意识和生态责任感。

（2）推动生态农业的发展，采用绿色、有机农业技术，减少化肥和农药的施用，提高农产品的质量和安全性。同时，发展农业生态旅游，促进农村经济的多元化。

（3）加强生态产业的扶持与引导。政府应出台相关政策，鼓励和支持农村生态产业的发展。提供技术支持和资金扶持，引导企业和农民积极参与生态产业的发展。

促进农村生态产业的发展，实现经济效益和生态效益的双赢，不仅能够提高农民的收入水平，还能保护农村的生态环境，加快我国农村生态文明建设的进程。

6. 农村基础设施建设

改善农村的交通、供水、供电等基础设施，提高农村居民的生活质量。在我国农村生态文明建设中，生态环境导向的项目开发模式就农村基础设施建设的主要内容如下。

（1）水资源管理设施。建设合理的灌溉系统，提高水资源利用效率，减少水资源浪费。同时，加强污水处理设施建设，确保污水得到妥善处理，避免对土壤和水体造成污染。

（2）废弃物处理设施。建立垃圾分类与收集系统，推动废物资源化利用，降低垃圾填埋对环境的影响。

（3）生态道路建设。采用环保材料修建道路，增加绿化面积，改善道路周边生态环境。

（4）能源设施建设。推广可再生能源，如太阳能、风能等，减少对传统能源的依赖。

（5）生态建筑。鼓励使用环保建材，设计节能建筑，提高居住环境的舒适度和能源利用效率。

（6）绿化设施。增加公园、绿地等公共绿化空间，提升农村生态质量。

加强农村基础设施建设，有助于实现以下目标。

（1）保护农村生态环境，减少人类活动对自然的破坏。

（2）提高农村居民的生活质量，提供更舒适、健康的居住环境。

（3）推动可持续发展，实现经济发展与生态保护的平衡。

（4）促进农村产业转型升级，发展生态农业、生态旅游等绿色产业。

（5）增强农村社区的凝聚力和认同感，共同参与生态文明建设。

7. 生态修复与保护

开展生态修复工程，治理水土流失、土地退化等问题，保护野生动植物栖息地。在我国农村生态文明建设中，生态环境导向的项目开发模式可通过以下方式进行生态修复与保护。

（1）加强土地资源保护。合理进行土地利用规划，防止水土流失和土地退化。

（2）保护和恢复森林植被。提高森林覆盖率，增强生态系统的稳定性和调节能力。

（3）治理水体污染。加强水污染防治，改善水体质量，保护水生生物多样性。

（4）推动农业生态化。推广有机农业和生态农业技术，减少对化肥、农药的使用。

（5）加强农村生态规划。合理布局农村产业和居民点，避免对生态环境造成破坏。

（6）开展生态修复工程。如退耕还林、还草，湿地保护与恢复等。

（7）加强环境监管。建立健全生态环境监测体系，严格执法，制止破坏生态环境的行为。

（8）提高公众环保意识。通过宣传教育，增强农民的生态环保意识，促进其积极参与生态修复与保护。

通过以上措施，可以实现以下目标。

（1）改善农村生态环境质量，提升居民生活品质。

（2）增强生态系统的服务功能，保障农业生产和农村可持续发展。

（3）促进人与自然的和谐共生，传承和弘扬农村生态文化。

（4）推动农村经济的绿色发展，实现经济效益与生态效益的统一。

8. 公众参与和教育

鼓励农村居民参与生态文明建设，通过培训和教育提高他们的环保意识和生态文明素养。

在我国农村生态文明建设中，生态环境导向的项目开发模式可通过以下方式促进公众参与和教育。

（1）宣传推广：利用多种渠道，如村广播、宣传栏等，宣传生态环境导向开发的意义和好处。

（2）教育培训：组织相关培训课程，提升公众环保意识与技能。

（3）公众参与项目：鼓励公众参与生态项目的规划与实施。

（4）建立环保组织：成立村民环保组织，促进公众参与和交流。

（5）学生教育：将生态教育纳入学校课程，培养下一代的环保意识。

（6）示范项目：建设示范项目，供公众参观学习。

（7）激励机制：设立奖励制度，鼓励公众积极参与。

（8）互联网平台：利用社交媒体等平台，传播环保知识和信息。

（9）村民会议：定期召开村民会议，讨论环保问题。

（10）志愿者活动：组织志愿者参与环保活动，带动公众参与。

9. 政策支持与制度建设

制定和完善相关政策，提供财政、税收等方面的支持，建立健全生态文明建设的制度体系。

在我国农村生态文明建设中，生态环境导向的项目开发模式需要政策支持和制度建设以保障其顺利实施，具体包括如下几个方面。

（1）财政政策：加大对农村生态文明建设的财政投入，支持对生态环境的保护和修复。

（2）税收政策：对有利于生态环境的产业和行为给予税收优惠。

（3）补贴政策：对采用生态环境导向开发模式的企业和个人提供补贴。

（4）土地政策：优化土地利用政策，保障生态用地。

（5）环保标准：制定和完善农村生态环境保护标准。

（6）监管制度：建立严格的生态环境监管制度，加强执法力度。

（7）责任制度：明确各级政府、企业和个人在农村生态文明建设中的责任。

（8）考核制度：将农村生态文明建设纳入政府绩效考核。

（9）产权制度：明晰生态资源的产权，促进资源的合理利用和保护。

（10）公众参与制度：建立健全公众参与农村生态文明建设的制度。

（11）科技支持政策：鼓励和支持生态环保技术的研发和推广。

（12）人才培养制度：培养农村生态文明建设的专业人才。

政策支持和制度建设可以为农村生态文明建设提供有力的保障，促进生态环境导向的项目开发模式的推广和实施，实现农村经济发展与生态环境保护的良性互动。

10. 科技创新与应用

推广先进的生态技术和环保技术，促进科技成果在农村生态文明建设中的应用。

采用生态环境导向的项目开发模式，进行科技创新和应用可以从以下几个方面入手。

（1）加强研发投入：增加生态环保相关技术的研发资金，支持科研项目。

（2）人才培养：培养专业的环保科技人才，提高科研能力。

（3）跨学科合作：整合不同领域的专家，共同攻克生态难题。

（4）技术引进：借鉴国际先进的生态环保技术，结合本国实际进行创新。

（5）信息化技术应用：利用大数据、物联网等手段，实现生态环境的实时监测和管理。

（6）清洁能源开发：推动风能、太阳能等可再生能源的技术创新。

（7）污染治理技术提升：改进污水、废气处理等技术，提高治理效果。

（8）生态修复技术研发：开发有效的生态修复技术，恢复受损的生态系统。

（9）智能环保设备研发：如智能垃圾分类设备等，提高环保工作效率。

（10）产业链协同创新：促进上下游企业在技术创新方面的合作。

（11）公众参与科技创新：鼓励公众为环保科技创新提供创意和建议。

（12）成果转化机制建设：加快科研成果向实际应用的转化。

推动科技创新在生态环境导向的项目开发中的应用，提高生态文明建设的水平和效率，实现经济发展与环境保护的双赢。

11. 区域合作与协同发展

加强农村地区之间的合作与协同发展，形成区域生态文明建设的合力。

在生态环境导向的项目开发中，推动农村区域合作与协同发展可以采取以下措施。

（1）建立合作机制：制定合作框架和协议，明确各方责任与权利。

（2）共同规划：制定统一的发展规划，统筹利用资源和环境保护。

（3）资源共享：共享农村的自然资源、人力资源和产业资源等。

（4）产业协同：结合各地优势，发展互补性产业，形成产业链。

（5）生态共建：共同开展生态保护和修复工作，改善区域生态环境。

（6）科技合作：加强农业科技交流与合作，推广先进技术。

（7）人才交流：促进农村人才的流动和交流，共享人才资源。

（8）交通互联：完善交通基础设施，加强区域间的交通联系。

（9）市场协同：共同开拓市场，打造区域特色品牌。

（10）政策协调：协调各地政策，形成政策合力。

（11）文化交流：加强农村地区的文化交流，促进区域文化融合。

（12）建立平台：搭建信息共享平台，促进信息流通。

（13）项目联动：联合开展重大项目，提高项目实施效果。

通过以上措施，实现农村区域优势互补和协同发展，提升农村经济发展水平，促进生态环境保护，推动农村生态文明建设。同时，提高农村地区的整体竞争力，实现可持续发展。

12. 长效管理与监督

建立长效管理机制，加强项目的监督和评估，确保项目的可持续性和有效性。在生态环境导向的项目开发中，进行长效管理和监督可以从以下几个方面入手。

（1）完善法律法规：建立健全相关法律法规，为管理和监督提供法律依据。

（2）设立专门机构：组建专业的管理机构和监督机构，负责日常工作。

（3）制定规划和标准：明确开发目标和标准，确保各项工作有章可循。

（4）加强监测体系建设：利用先进技术，对生态环境进行全面、持续的监测。

（5）严格项目审批：对开发项目进行严格审查，确保其符合生态要求。

（6）实施分类管理：根据不同区域、不同项目的特点，采取有针对性的管理措施。

（7）建立责任追究制度：对违反规定的行为严肃追究责任。

（8）加强教育培训：提高相关人员的环保意识和管理水平。

（9）鼓励公众参与：发挥公众的监督作用，及时发现和解决问题。

（10）强化信息公开：及时公开生态环境信息，接受社会监督。

（11）定期评估和考核：对管理和监督工作进行评估，不断改进。

（12）加强国际合作：借鉴国际先进经验，提高管理和监督水平。

（13）利用信息化手段：建立信息化管理平台，提高工作效率和效果。

通过以上措施可实现长效管理和监督，促进生态文明建设，实现经济发展与环境保护的良性循环。

总之，生态环境导向的项目开发模式需要综合考虑生态、经济、社会等多方面的因素，基于科学规划、合理布局、多方参与和持续推进，实现农村生态文明建设的目标。

二、EOD 项目的收益来源

生态环境导向项目开发的主要收益来源于以下几个方面。

（1）生态旅游收入：利用自然景观、生态资源和地方特色，发展生态旅游，获得门票收入、旅游服务收入等。

（2）绿色农产品销售：生产和销售有机、绿色农产品，满足市场对高品质农产品的需求，获取经济收益。

（3）通过可再生能源发电：利用太阳能、风能等可再生能源进行发电，出售电能获得收入。

（4）生态修复与保护服务：提供生态修复、生态保护等专业服务，收取服务费用。

（5）生态产业园区租赁收入：建设生态产业园区，出租给相关企业，获取租金收入。

（6）自然资源特许权收入：就特定自然资源的开发和利用的特许权收费。

（7）生态教育与培训收入：开展生态教育和培训活动，收取学费或培训费用。

（8）绿色建筑与可持续设计服务：提供绿色建筑设计、咨询等服务，获得相应收入。

（9）生态环境监测与评估服务：为政府、企业等提供生态环境监测和评估服务，收取服务费用。

（10）碳交易收入：减少碳排放或增加碳汇，通过碳交易市场，获得碳排放配额交易收入。

（11）水资源管理收入：合理开发和管理水资源，获得水费等相关收入。

（12）生态科技研发与转让收入：开展生态科技研发，转让成果或授权使用，获取收益。

（13）销售地方特色手工艺品收入：利用地方特色文化和手工艺，开发并销售相关产品。

（14）生态品牌与认证收入：提供生态品牌认证和评估服务，收取认证费用。

（15）生态宜居社区房产销售：建设生态宜居社区，销售房产获取收入。

总之，生态环境导向项目开发的收益来源多样化，不仅能够实现经济效益，还能促进生态保护和可持续发展。合理利用自然资源、发展生态产业和提供相关服务，可以在实现生态目标的同时获得经济回报。但是，在实践中需注意平衡经济收益与生态保护之间的关系，确保项目的可持续性和长期效益。

三、EOD 项目的税收等政策支持

生态环境导向的开发项目在税收等政策方面的支持主要包括：

1. 税收方面

（1）税收优惠：对符合生态环境导向的开发项目给予减免税款、降低税率等优惠政策，以鼓励企业和个人参与。

（2）绿色税收政策：对导致污染的行为征收额外税款，同时对有助于环保的行为给予税收激励。

（3）税收抵免：允许企业在一定条件下抵免部分税款，以鼓励其加大在生态环境保护方面的投资。

2. 金融方面

（1）贷款支持：提供低息贷款、长期贷款等金融支持，帮助项目开发者获得资金。

（2）绿色债券：鼓励发行绿色债券，为生态环境导向的开发项目筹集资金。

（3）风险担保：通过提供风险担保，降低投资者的风险，促进投资。

（4）投资补贴：给予一定的投资补贴，鼓励金融机构向生态项目投资。

3. 其他政策支持方面

（1）规划政策：将生态环境导向的项目开发纳入地方和国家规划，置于优先级。

（2）土地政策：为生态项目提供土地使用的便利和优惠。

（3）审批简化：简化相关项目的审批流程，提高效率。

（4）技术支持政策：提供技术研发和推广的支持，促进环保技术创新。

（5）人才培养政策：培养和吸引专业人才，为生态环境导向的开发项目提供人才保障。

（6）促进公众参与政策：鼓励公众参与生态项目的决策和实施。

这些税收等政策的支持可发挥以下作用。

（1）降低项目成本，提高经济效益，增强市场竞争力。

（2）吸引更多的投资，促进生态环境导向项目开发模式的推广和实施。

（3）推动技术创新和进步，提高生态环境保护的水平。

（4）加强社会参与和监督，确保项目的可持续性和公正性。

为确保这些政策有效实施，还需做好以下几个方面的工作。

（1）明确政策标准和评估机制，保证政策的公正性和透明度。

（2）加强政策执行的监督和管理，防止滥用和违规执行。

（3）不断优化和调整政策，以适应社会经济和环境的变化。

（4）加强国际合作，借鉴其他国家和地区的成功经验。

总之，税收等政策的支持是生态环境导向的项目开发模式成功实施的重要保障，有助于实现经济发展和生态保护的双赢，促进可持续发展目标的实现。

第三节　生态环境导向的开发（EOD）项目实施流程

生态环境导向的开发项目实施流程具有重要意义，主要体现在以下几个方面。

（1）有助于确保项目的科学性和系统性。规范化的流程能够全面考量项目的各个方面，包括环境影响评估、规划设计、实施方案等，从而提高项目的质量和可持续性。

（2）有利于明确各方责任和任务。在项目推进过程中，不同部门和人员能够清晰地了解自己的职责，避免工作遗漏和重复，提高工作效率。

（3）保证项目的合法性和合规性。遵循相关法律法规和政策要求，降低项目风险。

（4）有助于加强项目的管理和控制，及时发现问题并采取措施进行调整，确保项目按照预定目标和计划进行。

（5）有利于促进资源的合理利用和优化配置，减少浪费，提高资源利用效率。

（6）增强项目的可操作性和可推广性，为其他类似项目提供参考和借鉴。

（7）对提高公众对项目的认可度和支持度具有重要意义，可提高公众对项目的信心和参与度。

综上所述，生态环境导向的开发项目实施流程对实现项目的目标、保障项目的顺利推进以及促进可持续发展具有不可或缺的作用，生态环境导向的开发（EOD）项目实施流程见图 6-1。

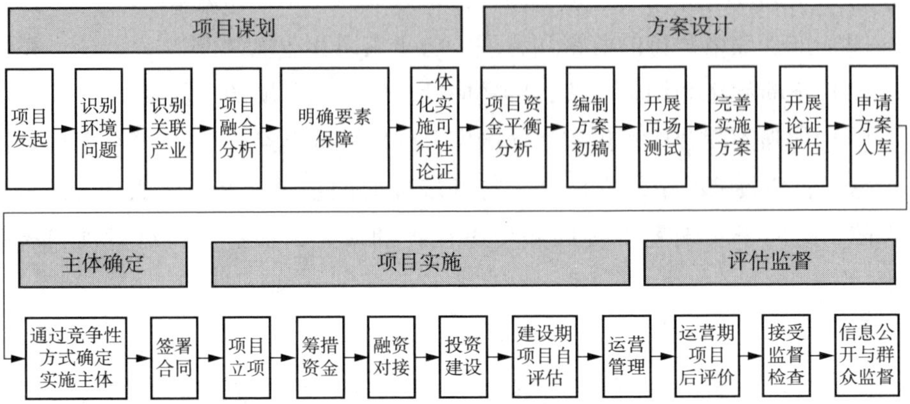

图 6-1　生态环境导向的开发（EOD）项目实施流程

资料来源：《生态环境导向的开发（EOD）项目实施导则（试行）》，中华人民共和国生态环境部，2023 年 12 月 27 日。

一、项目谋划阶段

1. 项目发起

在发起生态环境导向的开发项目时，以下几个步骤至关重要。

（1）进行全面的背景研究，了解项目所在地的生态特点、环境问题以及相关政策法规，为项目的定位和目标设定提供依据。

（2）组建多学科团队，包括生态学家、环境专家、工程师、经济学家等，以确保项目在不同领域都能得到专业支持。

（3）明确项目的目标和愿景，这不仅有助于聚焦努力方向，还能吸引各方利益相关者的关注和支持。

（4）进行详细的市场分析，确定项目的市场需求、潜在用户以及竞争情况，为项目的可持续性提供保障。

在项目发起过程中，还需积极与当地社区、政府部门、相关企业等利益相关者进行沟通与合作。通过与利益相关者的密切合作，不仅可以获得必要的资源和支持，还能减少项目实施过程中的阻力。

（5）为了吸引资金支持，编写详细的项目计划书也是必要的。计划书应包括项目的目标、技术方案、预算、预期收益等关键信息。

（6）制定完善的监测与评估体系，以便及时了解项目的进展情况，并根据实际情况进行调整和优化。

（7）通过各种渠道对项目进行广泛宣传，提高公众对项目的认知度和参与度，为项目的成功实施创造良好的社会氛围。

总之，一个成功的生态环境导向的开发项目发起需要充分的准备、多方面的合作和持续的努力。只有这样，才能确保项目的顺利实施和取得良好的生态效益、经济效益和社会效益。

2. 识别环境问题

在生态环境导向的开发项目中，准确识别环境问题至关重要，以下是识别环境问题的主要方法。

（1）数据分析：收集和分析相关的环境数据，如空气质量、水质、土壤状况等，以确定存在的问题。

（2）实地考察：进行现场调查，观察地形、植被、水流等自然特征，发现可能存在的环境问题。

（3）公众参与：听取当地居民的意见和反馈，了解其关注的环境问题。

（4）历史资料研究：查阅过去的环境监测报告、研究成果等，找出长期存在的问题。

（5）行业标准对比：将项目所在地的环境状况与相关行业标准进行对比，发现差距。

（6）生态系统评估：对周边生态系统的功能和完整性进行评估，确定其是否受到威胁。

（7）污染物排查：检测可能存在的污染物，如化学物质、噪声等。

（8）资源消耗分析：评估项目对能源、水等资源的消耗情况。

（9）气候变化影响评估：考虑气候变化对项目区域的潜在影响。

（10）政策法规符合性检查：确保项目符合国家和地方的环境政策法规。

通过以上方法，可以全面、准确地识别生态环境导向开发项目可能存在的环境问题，为制定有效的解决方案提供基础，进而实现项目的可持续发展和生态保护目标。

3. 识别关联产业

在生态环境导向的开发项目中，识别关联产业至关重要，以下方法可以帮助识别关联产业。

（1）生态系统分析：对项目所在的生态系统进行全面分析，了解其组成部分和相互关系。

（2）产业链分析：研究与主要产业相关的上下游产业。

（3）资源利用：确定项目区域内的自然资源，以及与这些资源相关的产业。

（4）政策导向：关注政府的政策和规划，找到与生态环境相关的政府鼓励发展产业。

（5）市场需求：研究市场需求，发现与生态环境相关的新兴产业。

（6）技术创新：追踪新技术的发展，找到与生态环境相关的创新产业。

（7）与行业协会和组织合作：与相关行业协会和组织合作，了解行业动态和关联产业信息。

（8）案例研究：分析其他成功的生态环境导向开发项目，借鉴其发展关联产业的经验。

（9）公众参与：通过收集公众意见，了解当地社区对关联产业的需求和期望。

（10）数据分析：利用大数据和统计分析，发现与生态环境相关的产业发展趋势。

通过以上方法可以全面识别生态环境导向开发项目的关联产业。这些产业包括但不限于生态旅游、绿色农业、可再生能源、环保装备制造、生态修复服务等。识别关联产业有助于实现项目的可持续性和综合性发展，促进经济增长、环境保护和社会福利提升的协同。

4. 项目融合分析

在生态环境导向的开发项目中，进行项目融合分析可以从以下几个方面展开。

（1）目标融合：明确项目的生态环境目标与经济、社会等目标之间的一致性和协同性，在实现生态保护的同时，促进经济发展和社会福利的提升。

（2）资源融合：评估项目所需的各种资源，包括自然资源、人力资源、技术资源等，有效整合和利用这些资源，以实现项目的多元目标。

（3）技术融合：结合生态环境保护要求，选取合适的技术手段，分析不同技术之间的兼容性和互补性，以实现技术的最优组合。

（4）产业融合：考虑项目与相关产业的联动关系，研究通过项目带动相关产业的发展，形成产业链的协同效应。

（5）空间融合：审视项目在空间上的布局和规划，确保项目与周边环境、社区等的融合，避免冲突和矛盾。

（6）利益相关者融合：识别项目的各利益相关者，包括政府、企业、社会组织和公众等，分析他们的利益诉求和关注点，寻求利益的平衡和协同。

（7）政策融合：研究相关政策法规对项目的影响，确保项目符合政策要求，并基于政策的支持和引导，促进项目的顺利实施。

（8）时间融合：合理安排项目的时间进度，考虑生态环境保护与其他目标在时间上的协调性。避免短期行为对项目长期可持续发展产生不利影响。

（9）风险融合：综合分析项目面临的各种风险，包括生态风险、经济风险、社会风险等，制定相应的风险管理策略。

总之，生态环境导向开发项目的融合分析需要全面考虑各个方面，以实现生态、经济和社会的协同发展。通过深入分析和有效整合各要素，确保项目在实现生态环境保护目标的同时创造经济价值和社会效益。

5. 明确要素保障

在生态环境导向的开发项目中，需要明确保障的要素条件如下。

（1）法律政策：确保项目符合相关法律法规和政策要求，为项目的实施提供合法依据和保障。

（2）资金支持：足够的资金是项目顺利推进的关键，包括政府拨款、社会投资等。

（3）技术能力：先进的生态技术可提高项目的效率和质量，进而减少对环境的影响。

（4）人力资源：具备相关专业知识和经验的人才方能有效推动项目有序发展。

（5）科学规划：只有制定合理的规划才能确保项目与周边环境协调发展。

（6）公众参与：只有提高公众对项目的认可度和支持度才能减少项目实施的阻力。

（7）监督管理：要建立有效的监督管理机制，保证项目按照预定目标和标准进行。

（8）信息共享：要促进各相关方之间的信息交流与共享，提高决策的科学性。

（9）风险防控：要对可能出现的风险进行评估和预警，制定应对措施。

明确和落实这些要素保障，有助于生态环境导向开发项目的顺利实施，实现经济效益、社会效益和生态效益的统一。同时，还需要根据项目的特点和实际情况合理调整和优化要素保障，以确保项目的成功推进。

6. 一体化实施可行性论证

在生态环境导向的开发项目中，一体化实施可行性论证可以从以下几个方面展开。

（1）项目目标分析：明确项目的生态、经济和社会目标，确保这些目标相互协调且具有一致性。

（2）环境影响评估：详细评估项目对周边环境的潜在影响，包括空气质量、水质量、土壤质量等。

（3）技术可行性研究：分析所采用的技术是否成熟、可靠，能否实现项目的目标。

（4）经济可行性分析：考虑项目的成本效益，包括建设成本、运营成本和预期收益等。

（5）社会接受度调查：了解当地社区和利益相关者对项目的态度和意见。

（6）政策法规符合性评估：确保项目符合国家和地方的相关政策法规。

（7）资源需求评估：确定项目所需的人力、物力、财力等资源。

（8）风险评估与管理：识别项目可能面临的风险，并制定相应的风险管理策略。

（9）可持续性分析：评估项目的可持续性，包括环境、经济和社会方面。

（10）一体化实施方案设计：制定包括项目各个环节的一体化实施方案。

在进行一体化实施可行性论证时，需要综合考虑以上各个方面的因素。基于详细的分析和评估，确定项目在技术、经济、环境和社会等方面的可行性。同时，要充分考虑项目的可持续性和风险管理，确保项目能够长期稳定地运行，并得到社会的广泛支持和认可。

二、方案设计阶段

1. 项目资金平衡分析

对生态环境导向的开发项目进行资金平衡分析，可以从以下几个方面展开。

（1）收入预测：详细分析项目可能产生的各种收入，如门票收入、相关产品销售收入、服务收费等。既要考虑市场需求和价格波动，也要评估收入的稳定性和增长潜力。

（2）成本估算：全面估算项目的建设、运营和维护成本，包括原材料、劳动力、设备租赁等直接成本，以及管理费用、税费等间接成本。

（3）资金来源分析：研究资金的来源渠道，如政府拨款、银行贷款、社会投资等。分析不同来源的资金特点和限制条件，评估资金获取的可行性和稳定性。

（4）盈亏平衡分析：确定项目达到盈亏平衡的临界点，计算所需的销售量或收入水平，分析项目的风险承受能力。

（5）敏感性分析：研究各种因素对保持资金平衡的影响程度，如价格、成本、市场需求等的变动，确定关键因素和风险点。

（6）现金流分析：关注项目的现金流入和流出情况，确保项目有足够的现金流维持运营和偿还债务，合理安排资金使用计划。

（7）投资回报分析：衡量项目的投资回报率和回收期，与其他类似项目进行比较，判断项目的经济可行性。

（8）风险评估与应对：识别资金维持平衡的潜在风险，制定应对策略，降低风险影响。进行资金平衡分析，全面了解项目的财务状况，为决策提供有力支持。同时，需根据实际情况不断调整和优化分析结果，以确保项目资金的可持续性和稳定性。

2. 编制方案初稿

在编制生态环境导向的开发项目方案初稿时，需注意以下事项。

（1）全面调研：对项目所在地的生态环境展开全面、深入的调研，包括地形地貌、水文地质、生态系统等，以确保方案的科学性和可行性。

（2）明确目标：明确项目的目标，如生态保护、修复或可持续发展等，有助于确定方案的重点和方向。

（3）生态优先：在方案设计中始终将生态环境保护放在首位，避免对生态系统造成不可逆的影响。

（4）综合考虑：兼顾经济、社会和环境效益，使项目具有可持续性。

（5）适应政策：符合国家和地方的相关政策法规，确保项目的合法性和可实施性。

（6）多学科参与：邀请相关领域的专家和学者参与方案编制，充分发挥各学科的优势。

（7）公众参与：征求当地居民和相关利益方的意见和建议，提高方案的可接受性。

（8）风险评估：对项目可能面临的风险进行评估，并提出相应的应对措施。

（9）灵活性：考虑到未来可能出现的变化，方案应具有一定的灵活性和可调整性。

（10）合理利用资源：合理配置资源，避免浪费和过度消耗。

（11）数据准确：确保所使用的数据准确、可靠，为方案提供有力支持。

（12）可操作性：方案应具有可操作性，便于实施和管理。

（13）监测与评估：建立有效的监测和评估机制，及时发现问题并进行调整。

（14）成本效益分析：对项目进行成本和效益分析，确保项目的经济可行性。

（15）文字表述清晰：方案初稿的文字表述应清晰、准确，避免产生歧义。

编制生态环境导向的开发项目方案初稿时编制者应充分考虑以上因素，以提高方案的质量和可行性。

3. 开展市场测试

对生态环境导向的开发项目进行市场测试，可以按照以下步骤进行。

（1）目标市场确定：明确项目的目标市场，包括潜在客户群体、地理区域等。

（2）产品定位：确定项目产品或服务的特点、优势和定位，以满足目标市场的需求。

（3）竞争分析：研究竞争对手的产品、价格、市场份额等，了解市场竞争态势。

（4）制定测试方案：包括测试的时间、地点、样本数量、测试方法等。

（5）收集数据：通过问卷调查、访谈、焦点小组等方式，收集目标市场的反馈和意见。

（6）数据分析：对收集到的数据进行深入分析，了解市场对项目的接受程度、市场需求特点等。

（7）客户反馈评估：评估客户对项目的满意度、改进建议等。

（8）产品改进：根据市场测试结果，对项目产品或服务进行必要的改进。

（9）价格测试：测试不同价格策略对市场的影响，确定最合适的价格区间。

（10）营销策略测试：尝试不同的营销渠道和手段，评估其效果。

（11）品牌形象评估：了解市场对项目品牌形象的认知和评价。

（12）测试区域选择：选择具有代表性的区域进行测试，以获取更全面的市场信息。

（13）长期跟踪：对市场测试结果进行长期跟踪，观察市场的变化趋势。

（14）风险评估：评估市场测试过程中可能出现的风险，并制定应对措施。

（15）合作伙伴评估：评估潜在合作伙伴对项目的兴趣和支持程度。

通过市场测试可以全面了解市场对生态环境导向的开发项目的反应，为项目的成功实施提供有力支持。在测试过程中，要注意数据的准确性和可靠性，及时调整测试方案，以获取最有价值的市场信息。

4. 完善实施方案

在生态环境导向的开发项目中，完善实施方案可以从以下几个方面入手。

（1）深入评估生态环境：进行全面、深入的生态环境评估，包括但不限于地形、水文、土壤、植被、生物多样性等方面，有助于明确项目实施的重点和难点，为后续措施提供依据。

（2）明确目标和指标：制定具体、可量化的目标和指标，以便监测和评估项目的实施效果。

（3）优化项目设计：根据生态环境评估结果，对项目的规划、设计进行优化，确保其与生态环境相协调。

（4）强化生态保护措施：采取有效的生态保护措施，如设立生态保护区、进行生态修复等。

（5）考虑社区参与：鼓励当地社区参与项目的实施过程，充分听取其意见和建议，提高项目的可接受性和可持续性。

（6）加强资源管理：对项目所需的人力、物力、财力等资源进行合理配置和管理，提高资源利用效率。

（7）制订详细的实施计划：包括工作流程、时间节点、责任分工等，确保项目有序推进。

（8）强化监测与评估：建立完善的监测与评估体系，及时发现问题并进行调整。

（9）应对风险与挑战：分析项目可能面临的风险和挑战，制定相应的应对策略。

（10）加强合作与沟通：与相关部门、企业、社会组织等建立良好的合作关系，加强信息沟通与共享。

（11）推广先进技术：引进和应用先进的生态环保技术，提高项目的实施效果和质量。

（12）培训与能力建设：加强对项目实施人员的培训，提高他们的专业素养和能力。

（13）建立长效机制：确保项目的可持续性，建立长期的生态保护和发展机制。

（14）适时调整与改进：根据实际情况，对实施方案进行适时调整和改进。

（15）强化宣传与教育：通过多种渠道和形式，加强生态环境保护的宣传与教育，提高公众意识和参与度。

通过以上措施可以完善生态环境导向的开发项目的实施方案，提高项目的实施效果和可持续性。

5. 开展论证评估

对生态环境导向的开发项目进行论证评估，可从以下方面进行。

（1）确定评估目标和标准：明确项目的具体目标，如生态保护、可持续性等，并制定相应的评估标准。

（2）收集相关资料：包括项目规划、环境数据、技术资料等，全面了解项目情况。

（3）进行实地调查：现场考察项目所在地的生态环境、社会经济等状况。

（4）分析生态影响：评估项目对生态系统的影响，如对土壤、水体、生物多样性的影响。

（5）考虑社会经济因素：分析项目对当地社会经济的影响，如就业、经济发展等。

（6）评估技术可行性：研究项目所采用技术的可行性、先进性和适应性。

（7）分析成本效益：比较项目的成本和预期效益，确保项目具有经济可行性。

（8）审查法律法规符合性：确保项目符合国家和地方的相关法律法规要求。

（9）征求利益相关者意见：加强与当地居民、政府部门、环保组织等的沟通，征求他们的意见和建议。

（10）进行风险评估：识别项目可能面临的风险，并提出应对措施。

（11）建立多学科评估团队：包括生态学家、经济学家、工程师等，提供多角度的评估。

（12）采用定量和定性方法：综合运用数学模型、专家判断等方法进行评估。

（13）编写评估报告：详细描述评估过程和结果，提出建议。

（14）进行评审和验证：邀请外部专家对评估报告进行评审和验证，确保评估的准确性和可靠性。

通过论证评估可以全面了解项目的优缺点，为项目的决策和实施提供科学依据。

6. 申请方案入库

在申请生态环境导向的开发项目方案入库时，需要注意以下几个方面。

（1）项目符合性：确保项目符合生态环境导向的要求，且与相关政策和规划要求一致。

（2）全面性与科学性：方案内容要全面，包括项目目标、技术路线、实施计划等，运用科学方法进行论证。

（3）生态保护措施：详细描述项目对生态环境的保护措施，如减少对生态系统的干扰、进行生态修复等。

（4）可持续性：考虑项目的长期可持续性，包括资源利用、环境影响等。

（5）社会影响评估：分析项目对当地社会的影响，如对就业、对社区发展的影响等。

（6）经济可行性：论证项目的经济可行性，包括成本效益分析、资金筹措等。

（7）技术可行性：说明所采用技术的可行性、先进性及适应性。

（8）风险评估与应对：识别项目可能面临的风险，并提出相应的应对措施。

（9）合法合规性：确保项目符合法律法规要求，避免潜在的法律风险。

（10）数据准确性与可靠性：提供有准确、可靠的数据支持的方案。

（11）方案创新性：体现方案的创新之处，提高项目的竞争力。

（12）公众参与：鼓励公众参与项目方案的制定和实施。

（13）项目进度安排：制订合理的项目进度计划，明确各阶段的任务和时间节点。

（14）团队能力与经验：展示项目团队的专业能力和相关经验。

（15）方案可读性：保证方案表述清晰、逻辑严谨，易于理解。

在申请方案入库时，应注重方案的科学性、可行性、创新性和可读性，全面展示项目的优势和特点，提高入库成功率。同时，要严格遵守相关规定和要求，确保方案的质量和可靠性。

三、主体确定阶段

1. 通过竞争性方式确定实施主体

在通过竞争性方式确定生态环境导向的开发项目实施主体时，需要注意以下事项。

（1）明确评选标准：制定包括技术能力、经验、资金实力等详细的评选标准，确保评选的公正性和客观性。

（2）公开招标信息：多渠道公开招标信息，吸引更多有实力的参与者。

（3）严格资质审查：对参与竞争主体的资质进行严格审查，确保其具备实施项目的能力和条件。

（4）评估技术方案：仔细评估各主体提交的技术方案，包括生态环境的保护措施、可持续性等。

（5）考虑项目经验：优先选择具有类似项目成功经验的实施主体，降低项目风险。

（6）资金保障能力：确保实施主体有足够的资金保障，避免项目中途因资金问题而受阻。

（7）团队专业能力：考察实施主体团队成员的专业背景和技能水平。

（8）创新能力：鼓励具有创新能力的主体参与竞争，推动项目的创新发展。

（9）社会责任感：选择具有社会责任感的实施主体，以保障项目的社会效益。

（10）环保理念：注重实施主体对环保理念的理解和贯彻程度。

（11）合作伙伴关系：考虑实施主体与相关部门、企业的合作伙伴关系，以便更好地推进项目。

（12）风险管理能力：评估实施主体的风险管理能力，以应对项目可能面临的各种风险。

（13）法律合规性：确保实施主体在法律法规方面的合规性，避免法律风险。

（14）后续监管措施：采取完善的后续监管措施，对实施主体进行有效监督。

（15）公众参与和反馈：鼓励公众参与评选过程，听取各方意见和反馈。

科学、公正地确定生态环境导向开发项目的实施主体，可提高项目的实施效果和可持续性。

2. 签署合同

生态环境导向的开发项目在签署合同环节的主要流程如下。

（1）前期准备：明确双方的权利和义务，对合同条款进行详细讨论和协商。

（2）合同草案制定：依据讨论结果，制定合同草案，包括项目目标、工作范围、时间节点等。

（3）法律审查：由法律专业人员对合同进行审查，确保其合法性和有效性。

（4）技术评审：由相关技术专家对合同中的技术条款进行评审。

（5）风险评估：分析合同中可能存在的风险，并制定应对措施。

（6）商务谈判：就合同条款进一步谈判，争取双方都能接受的结果。

（7）确定合同条款：经过谈判，确定合同的所有条款。

（8）签署合同：双方达成一致，正式签署合同。

（9）合同备案：将签署后的合同进行备案，以备后续查询和管理。

（10）明确责任分配：确定各方在项目实施过程中的具体责任。

（11）设定违约责任：规定违约情况下的责任和赔偿方式。

（12）争议解决机制：约定发生争议时的解决方式和程序。

（13）合同变更与修订：明确合同变更和修订的程序和要求。

（14）合同执行与监督：建立合同执行的监督机制，确保双方按合同履行义务。

（15）合同期满处理：约定合同期满的处理方式，如续期或终止。

在签署合同过程中，要确保合同条款的完整性、明确性和合法性。同时，要充分考虑项目的特点和需求，保障双方的权益。通过规范合同签署流程，可以有效避免纠纷，确保项目的顺利实施。

四、项目实施阶段

1. 项目立项

在生态环境导向的开发模式中，项目立项主要包括以下几方面的工作内容。

（1）需求分析：深入了解项目的背景、目标以及相关利益方的需求。

（2）政策法规研究：对相关政策法规进行全面梳理，确保项目符合法律法规要求。

（3）可行性研究：从技术、经济、环境等多个角度评估项目的可行性。

（4）生态环境评估：重点分析项目对生态系统的影响，包括但不限于土地利用、水资源、生物多样性等。

（5）社会影响评估：考虑项目对周边社区、居民的影响，包括就业、生活质量等。

（6）经济效益分析：测算项目的成本与收益，评估其经济可行性。

（7）技术方案设计：确定项目所采用的具体技术路线和方法。

（8）项目团队组建：招募具备相关专业知识和经验的人员组成项目团队。

（9）制订项目计划：明确项目的时间表、阶段目标和关键节点。

（10）风险评估与管理：识别项目可能面临的风险，并制定相应的应对措施。

（11）资金筹措计划：确定项目的资金来源和使用计划。

（12）与相关部门协调：加强与政府、环保部门等的沟通、协调，以获取必要的支持和许可。

（13）公众参与：鼓励公众参与项目立项过程，征求其意见和建议。

（14）编写立项报告：详细阐述项目的必要性、可行性、技术方案等内容。

（15）立项评审：组织专家对立项报告进行评审，并提出修改意见。

通过对以上内容进行认真梳理，可确保生态环境导向的开发项目在立项阶段具备充分的科学性、可行性和可持续性，为项目的顺利实施奠定基础。

2. 筹措资金

生态环境导向的开发项目在项目实施筹措资金阶段，需要注意以下事项。

（1）明确资金需求：精确核算项目各个环节的资金需求，避免遗漏或高估。

（2）多渠道筹资：不应仅依赖单一的筹资渠道，而要积极争取多种资金来源。

（3）政策优惠利用：了解并利用相关政策提供的优惠和扶持，以降低筹资成本。

（4）风险评估：对不同筹资渠道的风险进行评估，确保资金的稳定性。

（5）资金使用计划：制订详细的资金使用计划，确保资金的合理分配和高效利用。

（6）还款能力评估：考虑项目的盈利能力和还款能力，避免因过度筹措资金而带来还款压力。

（7）合法合规：确保筹资过程符合法律法规，避免出现法律纠纷。

（8）合同条款审查：仔细审查与筹资相关的合同条款，保障自身权益。

（9）信用评级提升：通过提高项目的信用评级，增加筹资的吸引力。

（10）利率和费用比较：针对不同的筹资渠道比较利率和相关费用，选择最优惠的方案。

（11）筹资时机把握：关注市场动态，选择合适的筹资时机。

（12）社会资本引入：积极寻求与社会资本的合作，共同参与项目开发。

（13）资金监管机制：建立健全资金监管机制，确保资金的使用安全和规范。

（14）风险防范措施：制定应对可能出现的资金风险的防范措施。

（15）定期评估调整：定期对筹资方案进行评估，并根据实际情况进行调整。

总之，在筹措资金过程中要综合考虑多方面因素，确保资金的及时到位和合理使用，以保障项目顺利实施。

3. 融资对接

在生态环境导向的开发项目实施阶段，融资对接需要注意以下几个关键事项。

（1）明确项目需求与目标：确保对项目的资金需求有清晰的了解，包括项目的规模、阶段和预期收益等。

（2）寻找合适的融资渠道：研究各种融资选项，如银行贷款、股权投资、政府补贴等，并选择最适合项目特点的渠道。

（3）准备详细的项目资料：包括项目规划、技术方案、市场分析、财务预测等，以向潜在投资者展示项目的可行性，增加吸引力。

（4）建立专业团队：建立具备金融、环保、项目管理等专业知识的团队，能够有效地与投资者进行沟通和协商。

（5）展示项目的生态价值：强调项目对生态环境的正面影响，如减少碳排放、改善生态系统、促进可持续发展等，以吸引具有环保意识的投资者。

（6）风险评估与管理：充分评估项目可能面临的风险，并制定相应的风险管理策略，增加投资者的信心。

（7）合理规划资金使用：制订详细的资金使用计划，确保资金的合理分配和高效利用。

（8）关注利率与还款计划：在与融资方协商时，注意利率水平和还款方式，以确保项目的财务稳定性。

（9）法律合规：确保融资过程符合相关法律法规要求，避免潜在的法律风险。

（10）建立良好的沟通机制：与投资者保持密切沟通，及时汇报项目进展情况，解答他们的疑问。

总之，在生态环境导向的开发项目融资对接过程中，要充分展示项目的优势与潜力，同时注意风险管理和法律合规，以吸引合适的投资者，确保项目顺利实施。

4. 投资建设

在生态环境导向的开发项目实施阶段，投资建设需要注意以下关键事项。

（1）环境评估：进行全面的环境评估，了解项目所在地的生态特点、敏感区域等，以制定合适的建设方案。

（2）规划设计：确保设计符合生态保护原则要求，融合可持续发展理念，如采用节能环保材料、优化能源利用等。

（3）合法合规：严格遵守相关法律法规，包括环保、建设等方面的规定，避免潜在的法律风险。

（4）生态保护措施：制定并实施生态保护的具体措施，如保护野生动植物栖息地、水土保持等。

（5）社区参与：鼓励当地社区参与项目，征求他们的意见和建议，促进项目可持续发展。

（6）成本控制：合理规划资金，控制建设成本，确保项目在预算范围内顺利进行。

（7）技术选择：选用先进、适用的技术，提高项目的效率和质量。

（8）进度管理：制订详细的进度计划，确保项目按时完成，避免延误。

（9）质量监控：建立严格的质量监控体系，保证项目建设的质量。

（10）风险防范：识别和应对可能出现的风险，如市场风险、政策风险等。

（11）团队建设：组建专业、高效的项目团队，提高项目管理水平。

（12）供应链管理：确保原材料和设备的稳定供应，避免影响项目进度。

（13）后续运营：在建设阶段就需考虑项目的后续运营，为项目长期可持续发展做好准备。

（14）监测与评估：建立监测与评估机制，及时发现并解决问题。

（15）经验总结：及时总结项目建设过程中的经验教训，为类似项目提供参考。

总之，生态环境导向的开发项目在投资建设阶段需全面考虑生态保护、合法合规、成本控制、质量管理等多方面因素，以实现项目的可持续发展和社会效益最大化。

5. 建设期项目自评估

生态环境导向的开发项目建设期的自评估主要包括以下内容。

（1）项目目标达成情况：详细评估项目是否按照既定目标进行建设，包括生态保护、环境改善、资源利用等方面的目标。通过对比设定的指标，如生态系统恢复程度、污染物减排量等，判断实际达成情况。分析目标未达成的原因，并提出改进措施。

（2）环境影响评估：对项目建设对周边环境的影响进行评估，监测空气质量、水质、土壤等指标，评估是否存在污染。考察项目对野生动植物及其栖息地的影响。

（3）生态保护措施执行：评估生态保护措施的实施情况，检查水土保持措施的有效性，核实保护野生动植物的措施是否落实。

（4）资源能源利用效率：评估资源和能源的利用效率，分析水资源、能源的消耗情况，判断是否达到节约目标，考察可再生能源的利用情况。

（5）建设过程管理：对项目建设过程的管理进行评估，审查施工计划和进度的执行情况，评估质量控制措施的有效性。

（6）社会影响：考虑项目对当地社会的影响，评估对当地居民生活的影响，如噪声、交通等，考察项目是否促进了当地经济发展。

（7）经济效益：分析项目的经济可行性，评估项目的成本效益比，考虑项目的盈利能力和可持续性。

（8）风险管理：评估风险管理措施的实施情况，识别项目建设过程中出现的风险，分析应对措施的有效性。

通过详细评估，项目团队可以全面了解项目建设期的情况，及时发现问题并采取措施加以改进，确保项目在生态环境保护、社会可持续性和经济可行性等方面达到预期目标。

6. 运营管理

在生态环境导向开发项目的实施阶段，运营管理的主要内容及注意事项如下。

（1）主要内容

①环境监测：持续监测项目区域内的环境质量，包括空气、水、土壤等。

②设施维护：定期保养和维修相关设施，确保其正常运行。

③资源管理：合理利用资源，提高资源利用效率。

④生态保护：采取措施保护生态系统，如保护野生动植物栖息地。

⑤社区参与：鼓励社区居民参与项目运营，提高其环保意识。

⑥风险管理：识别和应对可能出现的风险，如自然灾害、政策变化等。

⑦数据分析：收集和分析运营数据，为决策提供依据。

⑧人员培训：对运营人员进行培训，提高其专业水平。

（2）注意事项

①严格遵守环保法规：确保项目运营符合法律要求。

②关注生态系统平衡：避免过度开发对生态系统造成破坏。

③保证数据真实可靠：数据是决策的基础，必须确保其准确性。

④加强与相关部门的沟通：及时了解政策变化，争取支持。

⑤提高设施利用效率：降低运营成本，实现可持续发展。

⑥重视社区意见：充分考虑社区居民的需求和意见。

⑦建立应急预案：正确应对突发事件，保障项目正常运营。

⑧定期评估运营效果：根据评估结果进行调整和优化。

总之，生态环境导向的开发项目运营管理需要注重环境保护、资源利用、社区参与等多方面因素，通过合理的运营管理，实现项目的生态效益、经济效益和社会效益的最大化。

五、评估监督阶段

1. 运营期项目后评价

生态环境导向的开发项目在评估监督阶段和运营期项目后评价阶段的内

容主要包括以下方面。

（1）评估监督阶段

①环境指标监测：对项目周边的空气、水、土壤等环境指标进行持续监测，评估项目对环境的实际影响。

②生态系统评估：考察项目对生态系统的结构、功能和稳定性的影响。

③法规符合性检查：确保项目的实施符合相关法律法规和政策要求。

④社会影响评价：分析项目对当地社会经济、文化等方面的影响。

⑤项目进度监督：检查项目是否按计划推进，是否存在延误或偏差。

⑥资金使用情况审查：核实项目资金的使用是否合理、合规。

（2）运营期项目后评价阶段

①项目目标实现程度：对比项目设定的目标，评估实际达成情况。

②经济效益评估：分析项目的成本效益，包括投资回报、经济可持续性等。

③环境效益评价：衡量项目在环境保护和改善方面的成效。

④社会效益评估：考察项目对社会发展的贡献，如就业机会创造、社区福利提升等。

⑤运营管理评价：评估项目运营管理的效率和质量。

⑥风险应对效果评估：判断项目面临的风险是否得到有效管理和控制。

⑦可持续性评估：考量项目运营的长期可持续性。

⑧经验教训总结：总结项目实施过程中的成功经验和不足，为类似项目提供参考。

综上所述，评估监督阶段和运营期项目后评价的主要内容涵盖了环境、经济、社会等多个方面，旨在全面评估项目的实施效果，发现问题并及时改进，为项目的可持续发展提供保障。

2. 接受监督检查

在生态环境导向的开发项目实施阶段，接受监督检查是确保项目顺利实施和达到预期目标的重要环节。以下是接受监督检查的主要方法。

（1）建立透明的信息披露机制：及时向相关部门和公众公开项目的进展情况、环保措施、资源利用等信息，接受社会监督。

（2）制订详细的监督检查计划：明确监督检查的内容、频率、方法和责任人员。

（3）主动配合相关部门的检查：积极响应政府环保、建设等部门的监督检查，提供必要的资料和协助。

（4）设立专门的监督小组：由项目方、相关专家和利益相关者组成，定期进行内部监督检查。

（5）加强环境监测：安装监测设备，对项目周边的环境质量进行实时监测，及时发现问题并采取措施。

（6）严格执行环保标准：确保项目的施工、运营等环节符合国家和地方的环保标准。

（7）建立健全档案管理制度：如实记录项目的各项数据、文件和资料，以便随时查阅。

（8）接受公众监督：通过多种渠道，如媒体、公众意见征询等，听取公众对项目的意见和建议。

（9）及时整改问题：对监督检查中发现的问题应立即制定整改方案，并限期整改到位。

（10）定期进行自我评估：对项目的实施情况进行全面评估，总结经验教训，不断改进工作。

（11）加强培训教育：提高项目参与人员的环保意识和法律法规意识，确保其严格遵守相关规定。

（12）与监督部门保持良好沟通：及时了解监管要求和政策变化，调整项目实施策略。

有效地接受监督检查，可确保生态环境导向的开发项目在实施阶段符合环保要求，实现经济效益和生态效益的双赢。

3. 信息公开与群众监督

在生态环境导向的开发项目中，进行信息公开和接受群众监督非常重要，以下是一些具体方法。

（1）建立专门网站：设立项目专属网站，详细展示项目的目标、规划、进展以及环境影响等信息。

（2）定期发布报告：定期发布关于项目的进展报告，包括环境监测数据、生态保护措施的执行情况等。

（3）举办信息发布会：组织定期或不定期的信息发布会，向公众介绍项目的最新情况。

（4）设立信息公示栏：在项目现场或相关场所设置公示栏，展示项目的关键信息。

（5）利用社交媒体：通过社交媒体平台发布项目信息，与公众进行互动交流。

（6）公众参与活动：组织公众参与相关活动，如座谈会、听证会等，听取群众意见和建议。

（7）开设热线电话：提供专门的热线电话，方便公众咨询和反馈问题。

（8）建立意见反馈渠道：提供线上线下的意见反馈渠道，便于公众提意见和投诉。

（9）组织公众参观：定期组织公众参观项目现场，了解项目的实际进展情况。

（10）培训与宣传：对周边群众进行相关培训，便于其加深对项目的了解和监督能力的提高。

（11）信息透明化：对于可能存在的风险和问题，如实公开，不隐瞒。

（12）及时回应关切：对公众关心的问题及时进行回应和解释。

通过以上方式可以提高项目的透明度，增强公众对项目的了解和信任，同时有利于项目的顺利实施和可持续发展。群众的监督能够促使项目方更加注重环境保护和生态修复，确保项目的实施符合生态保护的要求。

第七章

农村生态文明建设参与主体的分工与协作

在我国农村生态文明建设中，参与主体具体如下。

政府是主导关键力量。政府负责制定相关政策和规划，提供资金和技术支持，推动生态文明建设项目的实施。

农民是直接参与者和受益者。农民以环保农业生产、保护自然资源等方式，积极参与到生态文明建设中。

农村企业在促进生态文明建设中发挥着重要作用。农村企业通过推广环保技术和产品，实现经济发展与环境保护的良性互动。

科研机构和专家学者为农村生态文明建设提供技术支持和智力保障。

社会组织发挥着组织和协调作用，动员社会力量广泛参与生态文明建设。

金融机构提供资金支持，助力农村生态文明建设的顺利实施。

媒体承担宣传和教育的责任，提高公众对农村生态文明建设的认识和重视程度。

这些参与主体相互协作、相互促进，共同推动了我国农村生态文明建设的发展。

政府通过宏观调控和政策引导，为其他主体提供支持和保障；农民作为核心主体，积极践行生态文明理念；企业通过创新和发展，实现经济与环保的双赢；科研机构和专家学者提供了技术和理论支持；社会组织发挥了组织和协调作用；金融机构提供了资金保障；媒体进行宣传和教育，增强了公众环保意识。

只有各参与主体充分发挥自身职能作用，形成合力，才能实现农村生态文明建设的目标，促进农村经济、社会和环境的协调发展。

一、政府的职能

（1）政府承担规划和指导职责。政府通过制定科学合理的农村生态文明建设规划，明确目标和任务，为农村发展指明了方向。规划应综合考虑农村的自然环境、经济发展和社会需求，确保生态文明建设与农村整体发展相协调。

（2）政府需加强环境保护和治理，加大对农村环境污染的监管和治理力度，严格控制工业污染和农业面源污染；推动农村生态修复工程，加强对水资源、土地资源和生态系统的保护。

（3）政府在农村生态文明建设中的另一重要职能是推动产业转型升级，鼓励发展生态农业、循环农业和有机农业，促进农业生产方式的转变，减少对环境的破坏；支持农村新兴产业的发展，如生态旅游等，实现经济发展与生态保护的良性互动。

（4）科技支持也是政府的关键职能之一，政府要加大对农村生态文明建设相关科技研发的投入，推广适用的环保技术和生态农业技术；培养农村科技人才，提高农民的环保意识和技术水平。

（5）政府应加强制度建设和政策引导，制定和完善相关法律法规，为农村生态文明建设提供制度保障；通过政策引导，鼓励社会资本参与农村生态文明建设。

（6）政府承担宣传教育的职责，加强对农民的生态文明宣传教育，提高他们的环保意识和生态文明素养；推动农村文化建设，培养农民的生态文化观念。

（7）政府要加强监督和评估，建立健全农村生态文明建设的监督机制，对建设成效进行评估和考核，及时发现问题并加以解决。

总之，政府在农村生态文明建设中发挥着多重职能，通过规划指导、环境保护、产业转型升级、科技支持、制度建设、宣传教育和监督评估等方面的工作，推动农村生态文明建设不断取得新成效，实现农村经济、社会和环境的协调发展。

在生态环境导向的开发项目中，不同层级政府在政策制定和落实方面具有各自的职责。

中央政府在政策制定方面起引领和指导作用，制定国家层面的宏观政策和战略规划，确立生态环境保护的总体目标和方向。同时，中央政府还负责制定相关法律法规，为项目的实施提供法律保障。

省级政府根据中央政策，结合本地区实际情况，制定具体的实施细则和政策措施，同时考虑地方的特点和需求，确保政策的适应性和可操作性。

市级政府在政策落实方面发挥着重要作用，负责将上级政策具体化为本地的行动计划，并组织实施。市级政府还需协调各部门之间的工作，保障项目的顺利推进。

县级政府是政策落实的基层执行者，直接与项目现场接触，负责具体政策的执行和监督。县级政府要确保项目按照政策要求进行建设和运营。

不同层级政府之间需要密切协作和沟通，上级政府要加强对下级政府的指导和支持，下级政府要及时反馈政策执行中的问题和建议。

明确各级政府的职责，形成上下联动的工作机制，能够提高政策的有效性和执行力，推动生态环境导向的开发项目顺利实施，实现生态环境保护和可持续发展的目标。

二、农民的职能

在我国农村生态文明建设中，农民承担着不可或缺的重要职能。

（1）农民是农村生态资源的直接使用者和管理者。农民了解当地的自然环境和生态系统，能够有效地保护和管理这些资源，通过合理利用土地、水资源等，减少对生态环境的破坏。

（2）农民是生态农业的实践者。农民采用可持续的农业生产方式，如有机农业、循环农业等，减少化肥、农药的施用，推广绿色种植和养殖技术。

（3）农民是农村生态环境的守护者。农民积极参与农村环境保护工作，如垃圾分类、污水处理等，可通过改善居住环境，提高生活质量。

（4）农民在传承和弘扬农村生态文化方面发挥着重要作用，传承传统的生态智慧和文化，弘扬生态文明理念。

（5）农民是农村生态文明建设的监督者。农民对破坏生态环境的行为进行监督和举报，可切实维护自身的合法权益。

（6）农民的参与和支持是农村生态文明建设的重要基础，具体为：提高环保意识，加强对生态环境保护的认识，树立可持续发展的理念；参与生态农业发展，学习和应用新的农业技术，提高农业生产的生态效益；积极参与环保行动，参与垃圾清理、河道整治等活动；传承和弘扬生态文化，通过传统文化活动，传承生态文明价值观。

加强组织合作，组建农民组织，共同推动农村生态文明建设。

总之，农民在农村生态文明建设中承担着重要职能，他们是农村生态资源的管理者、生态农业的实践者、生态环境的守护者、生态文化的传承者和监督者。只有充分发挥农民的作用，才能推动农村生态文明建设取得实质性进展，实现农村的可持续发展。

三、农村农业企业的职能

在我国农村生态文明建设中，农村农业企业可以承担以下职能。

（1）推动农业产业化发展，通过规模化、集约化的生产经营方式，提高农业生产效率和质量，促进农村经济的发展。引进先进的农业技术和设备，优化生产流程。建立完善的农产品质量标准体系，确保农产品符合市场需求。加强品牌建设，提高农产品的附加值和市场竞争力。

（2）促进资源循环利用，减少对自然资源的消耗和浪费，实现可持续发展。推广农业废弃物的资源化利用技术，如秸秆还田、畜禽粪便处理等。发展生态农业，采用轮作、间作等方式，充分利用土地资源。加强水资源管理，推广节水灌溉技术，提高水资源利用效率。

（3）带动农民增收致富，扩大就业机会和收入来源，促进农村经济的繁荣。通过订单农业等方式，与农民建立稳定的合作关系。开展农业技能培训，提高农民的生产技能和收入水平。推动农村产业融合发展，拓展农民增收渠道。

（4）推广生态农业技术，提高农民的环保意识和农业生产技术水平。举办技术培训和示范活动，向农民传授生态农业技术。与科研机构合作，引进和推广先进的生态农业技术。建立农业技术服务体系，为农民提供技术支持和咨询服务。

（5）保护农村生态环境，减少农业生产对环境的污染和破坏。严格控制农药、化肥的施用量，推广绿色防控技术。加强农产品质量安全监管，确保农产品符合环保标准。开展生态修复和环境保护工作，改善农村生态环境。

（6）促进农村产业结构调整，推动农村经济的转型升级。发展农产品加工、休闲农业等产业，延伸农业产业链。培育新型农业经营主体，提高农业产业化经营水平。加强与其他企业的合作与交流，推动农村产业的多元化发展。

（7）承担社会责任，积极参与农村公益事业和社会建设。支持农村基础设施建设，改善农村生产生活条件。开展扶贫帮困活动，帮助贫困农民脱贫致富。参与农村生态文明宣传教育，提高农民的生态文明意识。

总之，农村农业企业在农村生态文明建设中发挥着重要作用，承担着推动农业产业化发展、促进资源循环利用、带动农民增收致富、推广生态农业技术、保护农村生态环境、促进农村产业结构调整和承担社会责任等职能，为实现农村经济社会的可持续发展做出了积极贡献。

四、科研机构和专家学者的职责

在我国农村生态文明建设中，科研机构和专家学者同样担负着重要职责，具体包括如下几个方面。

1. 开展农村生态环境研究

（1）深入了解农村生态系统的特点和规律。

（2）分析农村环境污染的成因和影响。

（3）探索有效的农村生态保护措施。

2. 研发环保技术和产品

（1）开发适合农村地区的环保技术和设备。

（2）改进农业生产中的污染防治技术。

（3）研发新型生态农业技术和产品。

3. 提供技术支持和指导

（1）为农村生态文明建设提供专业的技术咨询。

（2）指导农民合理使用环保技术和产品。

（3）帮助解决农村生态环境问题。

4. 制定相关标准和规范

（1）参与制定农村生态文明建设的技术标准和规范。

（2）确保各项工作符合规范要求和实际情况。

（3）推动农村生态环境管理的规范化和制度化。

5. 培养农村环保人才

（1）通过培训和教育，提高农民的环保意识和技能。

（2）培养一批专业的农村环保人才。

（3）为农村生态文明建设提供人才支撑。

6. 进行生态评估和监测

（1）定期对农村生态环境进行评估和监测。

（2）及时发现问题并提出解决方案。

（3）为政府决策提供科学依据。

7. 推广生态文明理念

（1）通过科普活动普及农村生态文明知识。

（2）增强农民的生态文明意识。

（3）促进全社会对农村生态文明建设的重视。

8. 开展国际合作与交流

（1）学习和引进国际先进的农村生态文明建设经验和技术。

（2）推动我国农村生态文明建设的国际化进程。

（3）提高我国在相关领域的国际影响力。

总之，科研机构和专家学者在农村生态文明建设中发挥着支撑和引领作用，其职责不仅在于推动技术创新和知识传播，还在于为农村生态文明建设提供科学指导和决策支持，促进农村经济、社会和环境的协调发展。

五、金融机构的职责

在我国农村生态文明建设中，金融机构扮演着至关重要的角色，承担着多种职责。

1. 提供资金支持，为农村生态文明建设项目拓展融资渠道

（1）支持农村环保基础设施建设，如污水处理设施、垃圾处理设施等。

（2）助力生态农业发展，为有机农业、绿色农业等项目提供资金。

（3）推动农村可再生能源开发，如太阳能、风能等。

2. 承担风险管理职能，基于风险评估和管理，确保资金的安全和有效使用

（1）对农村生态文明建设项目进行风险评估，确保项目的可行性和可持续性。

（2）制定合理的信贷政策，降低贷款风险。

（3）协助企业和农民应对市场风险，提高其抗风险能力。

3. 金融机构还在以下方面发挥重要作用

（1）促进农村产业结构调整，推动农村经济的可持续发展。

（2）鼓励和支持企业技术创新，提高农村生态文明建设的科技水平。

（3）通过金融创新，开发适合农村生态文明建设的金融产品和服务。

为了更好地履行职责，金融机构需采取以下措施。

（1）加强与政府部门的合作，共同推动农村生态文明建设。

（2）加大对农村地区的金融知识宣传和培训力度，提高农民和企业的金融意识。

（3）建立专门的农村生态文明建设金融服务团队，提高服务质量和效率。

总之，金融机构在我国农村生态文明建设中要承担资金支持、风险管理、促进产业发展和推动技术创新等职责。通过履行这些职责，金融机构可以为实现农村生态文明建设的目标做出重要贡献，促进农村经济、社会和环境的协调发展。

六、媒体的职能

在我国农村生态文明建设中，媒体需承担以下重要职能。

1. 承担信息传播的职能

（1）宣传农村生态文明建设的重要性和意义，提高广大农民对生态文明的认识和重视程度。

（2）传播环保知识和技术，帮助农民了解如何在生产和生活中减少对环境的破坏，提高资源利用效率。

（3）及时报道农村生态文明建设的进展和成果，增强农民的信心和积极性。

2. 担负监督职能

（1）监督政府部门在农村生态文明建设中的政策执行情况，确保政策落到实处。

（2）揭露和曝光破坏农村生态环境的行为和事件。

（3）督促企业履行环保责任，减少农村工业污染。

3. 承担教育引导职能

（1）通过各种形式的报道和节目，培养农民的生态文明意识和价值观。

（2）倡导绿色生产和生活方式，引导农民形成节约资源、保护环境的良好习惯。

（3）树立环保榜样，激励更多的人参与农村生态文明建设。

4. 媒体还有以下职能

（1）促进公众参与，激发社会各界对农村生态文明建设的关注和参与，形成全社会共同推进的良好氛围。

（2）推动政策完善，报道实践中的问题和经验，为政府完善相关政策提供参考。

（3）加强国际交流，传播我国农村生态文明建设的经验和成果，促进国际间的交流与合作。

为了更好地发挥媒体在农村生态文明建设中的作用，媒体应做到以下几点。

（1）提高自身的专业性和责任感，确保报道的准确性和客观性。

（2）深入农村基层，了解真实情况，反映农民的诉求和意见。

（3）创新传播形式和内容，提高传播效果和影响力。

总之，媒体在我国农村生态文明建设中承担着信息传播、监督、教育引导等职能，要广泛动员社会力量，推动农村生态文明建设不断取得新的成效。

七、社会组织的职能

在我国农村生态文明建设中，社会组织的类别及职能具体如下。

1. 环保组织及其职能

（1）宣传环保知识和理念，提高农民的环保意识。

（2）开展环保教育培训活动，提升农民的环保技能。

（3）监督农村环境污染行为，推动环境治理工作。

（4）组织环保志愿者活动，动员社会力量参与农村生态文明建设。

2. 农业合作社及其职能

（1）推广生态农业技术，促进农业生产的可持续发展。

（2）统一采购环保农资，降低成本，减少农业污染。

（3）组织农民进行规模化、生态化生产，提高农产品质量。

（4）协助农民开拓市场，提高农产品附加值。

3. 农村社区组织（包括村委会等）及其职能

（1）组织开展农村生态文明建设活动，如垃圾分类、污水处理等。
（2）协调村民关系，促进社区和谐发展。
（3）征集村民意见，推动农村生态文明建设项目实施。
（4）组织村民参与生态环境保护工作。

4. 文化艺术团体及其职能

（1）通过艺术形式宣传农村生态文明建设成果。
（2）挖掘和传承农村优秀生态文化，丰富农村文化内涵。
（3）组织开展文化活动，增强农民的文化自豪感和生态责任感。

5. 志愿者组织及其职能

（1）参与农村生态环保志愿服务活动，如植树造林、河道清理等。
（2）为农村生态文明建设提供人力支持。
（3）开展环保宣传活动，提高农民的环保意识。
这些社会组织在农村生态文明建设中可发挥以下几个方面的重要作用。
（1）弥补政府资源的不足，提供更多的资金、技术和人力支持。
（2）增强农民的参与意识和责任感，调动农民参与生态文明建设的积极性。
（3）推动农村产业结构调整，促进生态农业、生态旅游等产业的发展。
（4）促进农村社会和谐发展，提升农村居民的生活质量。
（5）形成全社会共同参与的良好氛围，推动农村生态文明建设取得更大成效。

为了更好地发挥社会组织在农村生态文明建设中的作用，应加强以下几方面的工作。

（1）政府应加大对社会组织的支持力度，提供政策、资金等方面的支持。
（2）社会组织应加强自身建设，提高服务能力和管理水平。
（3）加强与政府、企业和其他社会组织的合作，形成合力。
（4）不断创新工作方式和方法，提高工作成效。

农村生活垃圾处理项目案例

在农村生活垃圾处理项目中，不同组织发挥着各自的作用和价值，共同推动农村生态文明建设。

1. 政府作为主导者发挥的作用和价值

（1）规划与政策制定：制定垃圾处理的相关规划和政策，为项目提供指导和支持。

（2）资金投入：提供必要的资金支持，确保项目顺利实施。

（3）监管与执法：对垃圾处理过程进行监管，确保符合环保标准，对违规行为进行执法。

（4）基础设施建设：建设垃圾收集、运输和处理的基础设施。

2. 农民作为直接受益者和参与者的作用与价值

（1）积极参与：主动参与垃圾分类和投放，提高环保意识。

（2）监督与反馈：对垃圾处理工作进行监督，提出意见和建议。

（3）传承环保理念：将环保理念传递给下一代，培养良好的生活习惯。

3. 企业在项目中的重要作用和价值

（1）技术支持：提供先进的垃圾处理技术和设备。

（2）资金支持：以投资等方式参与项目建设。

（3）创新驱动：不断探索新的垃圾处理方式和商业模式。

4. 环保组织的作用和价值

（1）宣传教育：开展环保知识培训，提高农民的环保意识。

（2）监督评估：对项目进行监督和评估，提供专业意见。

（3）组织志愿者活动：动员社会力量参与垃圾处理工作。

5. 科研机构在项目中的作用和价值

（1）技术研发：不断改进垃圾处理技术，提高处理效率。

（2）提供数据支持：为决策提供科学依据。

不同组织可在农村生活垃圾处理项目中协同合作，发挥各自优势，共同推动农村生态文明建设。基于政府的引导、农民的参与、企业的支持、环保组织的监督和科研机构的技术保障，可实现对农村生活垃圾的有效处理，改善农村生态环境，进而促进农村可持续发展。

第八章 EOD项目的招商管理与IP选择

生态环境导向的开发项目一般规模较大且复杂，需要广泛的资源投入和多方面合作。通过招商活动，可以吸引更多的资金、技术和人才参与到项目中，加速项目的推进和实施。

招商活动有助于整合各方资源。EOD项目通常涉及多个领域和环节，需要整合不同的资源和力量。通过招商可以吸引相关企业和机构参与，共同推动项目的发展。

招商还能提升项目的影响力和知名度。举办招商活动可以引起社会各界关注，增加项目的曝光度，提升其在市场上的知名度和影响力。

总之，生态环境导向的开发项目需要招商活动来整合资源、提升影响力；而一般中小型生态环境项目可通过其他方式获取支持。无论项目大小都应致力于实现生态环境保护和可持续发展的目标。

第一节 EOD项目的招商

生态环境导向的开发项目招商旨在吸引资金与资源，推动项目可持续发展。招商活动对于项目而言具有多重意义，具体如下。

（1）为项目提供资金支持。EOD项目通常需要大量资金来实现生态保护和环境改善目标。

（2）吸引专业技术和经验。EOD项目涉及复杂技术和专业知识，招商可引入相关企业和机构，提供专业支持。

（3）促进产业协同发展。吸引不同产业参与，形成产业链，可推动经济与环境协同发展。

招商过程中，需关注以下几点：一是明确项目优势与潜力，突出其生态价值和经济效益。二是制定有吸引力的招商政策，包括税收优惠、补贴等。三是加强宣传推广，提高项目知名度和吸引力。

同时，要注意以下问题：一是严格进行项目评估，确保引入优质企业和资源。二是加强监管，确保项目实施符合生态要求。三是注重长期合作，与投资方建立稳定合作关系。

总之，生态环境导向的开发项目招商是实现项目目标的重要手段，需要充分发挥项目优势、制定合理政策、加强宣传推广、确保项目顺利实施，进而实现经济效益与生态效益双赢。

一、关于“四招商”

对于生态环境导向的开发项目来说，招商工作的重点在于招投资商、招开发商、招运营商和招服务商。

在生态环境导向的开发项目中，投资商扮演着至关重要的角色，他们的职责和要求具体如下。

1. 投资商的主要职责

（1）提供资金支持：为项目的启动、建设和运营提供必要的资金。

（2）风险评估：对项目的风险进行全面评估，包括市场风险、技术风险等。

（3）战略规划：参与项目的战略规划，为项目的长期发展提供指导。

（4）资源整合：整合各种资源，为项目的顺利推进提供支持。

（5）监督管理：对项目的进展情况进行监督，确保项目按照计划顺利进行。

2. 投资商需满足的要求

（1）环保意识：要高度关注生态环境保护，具有强烈的环保意识。

（2）长期视野：具备长远的投资眼光，不追求短期利益。

（3）专业知识：了解相关领域的专业知识，如环保技术、可持续发展等。

（4）风险承受能力：能够承受项目可能带来的风险。

（5）良好的声誉：在业界拥有良好的声誉，能够吸引其他合作伙伴。

（6）财务实力：拥有足够的财务实力，确保项目资金的持续投入。

（7）合作精神：与其他投资商、开发商、运营商等合作伙伴共同推进项目。

（8）社会责任感：积极承担社会责任，为社会和环境做出贡献。

为了更好地履行职责，投资商需要做好以下工作。

（1）深入了解项目的背景、目标和需求。

（2）与其他相关方保持密切沟通与合作。

（3）不断提升专业能力和素养。

（4）关注市场动态和政策变化，及时调整投资策略。

（5）积极参与项目的推广和宣传，提高项目的知名度和影响力。

总之，投资商在生态环境导向的开发项目中发挥着关键作用，不仅要提供资金支持，还要具备环保意识、长期视野、专业知识和社会责任感等。只有如此，才能确保项目的顺利实施和可持续发展，实现经济效益和生态效益的双赢。

在生态环境导向的开发项目中，开发商也承担着重要职责，需要满足一系列要求，具体如下。

1. 开发商的主要职责

（1）规划与设计：负责项目的整体规划和设计，确保与生态环境目标相一致。

（2）项目建设：按照规划和设计要求，进行项目建设。

（3）资源管理：合理利用资源，减少对环境的负面影响。

（4）质量把控：确保项目的质量符合相关标准。

（5）成本控制：在保证质量的前提下，控制项目成本。

2. 开发商需满足的要求

（1）生态意识：具有强烈的生态环境保护意识，将其贯穿项目始终。

（2）专业能力：具备相关的专业知识和技能，确保项目顺利实施。

（3）创新思维：能够提出创新性解决方案，以实现生态与开发的平衡。

（4）合法合规：严格遵守相关法律法规，确保项目的合法合规性。

（5）团队合作：与其他相关方（如投资商、运营商等）密切合作。

（6）风险管理：识别和应对项目中的各种风险。

（7）社会责任：承担社会责任，积极为当地社区和社会做出贡献。

（8）可持续发展：以可持续发展为目标，考虑项目的长期影响。

（9）公众参与：鼓励和促进公众参与，提高项目的可接受性。

（10）成本效益分析：进行成本效益分析，确保项目的经济可行性。

总之，生态环境导向的开发项目在实现经济效益的同时，需要最大限度地保护和改善生态环境。开发商的职责和要求不仅涵盖项目的建设和管理阶段，还体现在对生态环境的保护、对可持续发展的追求以及与各相关方的合作上。只有满足这些要求，开发商才能顺利推动生态环境导向的开发项目，实现经济、社会和环境的协同发展。

在生态环境导向的开发项目中，运营商同样扮演着至关重要的角色，承担着多项重要职责，并需满足一系列要求。

1. 运营商的主要职责

（1）运营管理：负责项目的日常运营，制定并执行相关规章制度，确保项目的顺利进行。

（2）资源整合：有效整合各种资源，包括人力、物力、财力等，以提高项目的运营效率。

（3）客户服务：提供客户优质的服务，满足客户需求，提高客户满意度。

（4）生态保护：确保项目的开发与运营符合生态保护原则要求，减少对生态环境的负面影响。

（5）风险管理：识别和应对项目运营过程中的各种风险，制定相应的风险应对措施。

（6）成本控制：合理控制运营成本，提高项目的经济效益。

（7）人员管理：招聘、培训和管理项目运营所需的人员。

（8）合作伙伴关系维护：与投资商、开发商、服务商等合作伙伴保持良好的关系。

2. 运营商需满足的要求

（1）专业知识：具备丰富的相关领域专业知识，如生态环境保护、项目管理等。

（2）经验丰富：拥有成功运营类似项目的经验。

（3）创新能力：能够不断创新，以提高项目的竞争力。

（4）生态意识：具有强烈的生态保护意识，并将生态保护理念贯穿项目运营的全过程。

（5）沟通协调能力：善于与各方沟通协调，解决问题。

（6）团队管理能力：具备优秀的团队管理能力，激发团队成员的积极性和创造力。

（7）成本意识：注重成本控制，提高项目的经济效益。

（8）社会责任感：对社会负责，推动项目的可持续发展。

（9）法律法规意识：严格遵守相关法律法规要求，确保项目运营的合法合规。

总之，运营商需要认真履行职责，满足相关要求，以确保项目的顺利运营和可持续发展。

在生态环境导向的开发项目中，服务商承担着多项关键职责，并需满足一系列要求。

1. 服务商的主要职责

（1）专业咨询与建议：基于专业的知识和经验，为项目提供包括环境评估、规划设计、技术选择等方面的咨询。

（2）技术支持：提供先进的技术解决方案，以确保项目在生态环境保护方面取得最佳效果。

（3）项目管理：协助项目团队进行项目规划、进度控制、质量管理等工作。

（4）数据分析与监测：收集、分析项目相关数据，监测环境指标，为项目决策提供依据。

（5）法律法规符合性：确保项目符合国家和地方的相关法律法规要求。

（6）培训与教育：为项目团队和相关人员提供培训，提高其环保意识和技能。

（7）风险评估与应对：识别项目的潜在风险，并制定相应的应对措施。

（8）沟通与协调：与其他相关方进行有效沟通和协调，确保项目顺利进行。

2. 服务商需满足的要求

（1）专业资质：具备相关领域的专业资质和认证。

（2）丰富的经验：在生态环境领域有丰富的实践经验。

（3）技术能力：掌握先进的技术和方法，能够提供创新性解决方案。

（4）团队协作能力：善于与项目团队及其他相关方合作。

（5）沟通能力：具有良好的沟通技巧，能够清晰地表达观点和理解他人的需求。

（6）创新能力：能够根据项目需求提供创新思路和方法。

（7）社会责任感：高度关注生态环境保护，具有强烈的社会责任感。

（8）诚信与保密意识：遵守商业道德，保证信息安全。

服务商在生态环境导向的开发项目中发挥着重要作用，服务商的专业能力和素质直接影响项目的成败。项目方在选择服务商时，应严格考察其资质、经验和能力，确保其能够胜任相关职责，为项目的成功实施提供有力支持。

总之，成功的招商工作是生态环境导向开发项目顺利实施的关键，只有吸引到优秀的投资商、开发商、运营商和服务商，才能确保项目的顺利推进，为实现生态环境保护和可持续发展做出贡献。

二、关于“五引入”

1. 引入资金资本

引入资金资本对农村生态环境导向的开发项目具有重要意义。资本的引入可为项目提供资金支持，推动其顺利实施。

在引入资本时，需明确项目优势与潜力。农村生态项目一般具有独特的自然资源、文化特色或农业发展潜力等，这些是吸引资本的关键因素。

在引入资本时，制定有吸引力的招商政策很重要，包括税收优惠、财政补贴、贷款支持等，以降低投资者风险，提高其积极性。

同时，要加强宣传推广，通过多种渠道，如展会、推介会、网络平台等，向潜在投资者展示项目的优势与前景。

引入资本时需注意以下几点。

（1）确保项目的可持续性，使资本投入具有长期价值。

（2）建立合理的盈利模式，保证投资回报。

（3）加强与投资者的沟通及合作，共同推动项目发展。

（4）严格项目评估，选择优质资本，避免风险。

（5）注重生态保护，确保项目开发与生态环境相协调。

引入资金资本是农村生态环境导向开发项目的重要环节，只有充分发挥项目优势、制定合理政策、加强宣传推广才能吸引优质资本，实现项目的成功实施和可持续发展。

2. 引入智库平台

在实施我国农村生态环境导向的开发项目中，引入智库平台具有重要意义。

（1）智库平台能为项目提供专业知识和智力支持。其专家团队通过对农村生态环境进行深入研究，为项目规划提供科学依据。

（2）智库平台能协助制定符合农村实际的生态开发策略。智库平台了解农村生态系统的特点和需求，可提出针对性建议，避免走弯路。

（3）引入智库平台有利于整合各方资源。通过平台可汇集政府、企业、科研机构等多方力量，共同推动农村生态环境的开发。

（4）智库平台可提供创新思路和解决方案。农村生态环境问题复杂多样，需要通过创新思维来解决，智库平台可以提供新的视角和方法。

引入智库平台需要注意以下几点。

（1）选择具有丰富经验和专业知识的智库平台。

（2）确保智库平台基于农村实际情况提出切实可行的建议。

（3）建立有效的沟通机制，确保智库平台与项目方密切合作。

（4）对智库平台的建议进行评估和验证，确保其可行性和有效性。

（5）注重智库平台成果的转化和实施，使其真正为农村生态环境开发项目服务。

总之，引入智库平台可以为农村生态环境导向的开发项目提供有力支持，促进项目的顺利实施和可持续发展。

3. 引入品牌企业

在实施农村生态环境导向的开发项目中，引入品牌企业具有诸多益处。

（1）品牌企业通常具备先进的技术和管理经验，能够为项目提供专业的支持和保障。

（2）品牌企业具有较高的市场知名度和影响力，可以提升项目的知名度和品牌价值。

（3）品牌企业的资金实力较为雄厚，能够为项目的顺利推进提供资金支持。

（4）品牌企业可促进产业升级，推动农村传统产业向现代化、规模化发展。

（5）增加就业机会，为当地农民提供更多的就业岗位。

（6）带动经济发展，提升农村地区的经济实力。

引入品牌企业需要注意以下几点。

（1）严格筛选：选择与项目理念和发展方向相符的企业。

（2）保障农民利益：确保企业的进入不会损害农民的合法权益。

（3）加强监管：对企业的经营行为进行有效监督。

（4）注重生态保护：要求企业在开发过程中严格遵守生态环保要求。

（5）建立长期合作关系：实现企业与农村的共同发展、互利共赢。

总之，合理引入品牌企业能够为农村生态环境导向的开发项目带来积极的影响，推动农村经济的可持续发展。

4. 引入人才团队

在实施农村生态环境导向的开发项目中，引入人才团队是至关重要的一环。

（1）人才团队的引入可为项目带来创新思维和理念。人才团队具有专业的知识和技能，可对农村生态环境进行科学的规划和设计，提出切实可行的解决方案。

（2）人才团队可以运用先进的技术手段对农村生态环境进行监测和评估，及时发现问题并采取措施加以解决。人才团队可推动项目高效运作，提高资源利用效率，实现项目可持续发展。

（3）人才团队的加入可提升当地农民的素质。通过培训和指导，人才团队可以帮助农民掌握新的技能和知识，增强他们参与项目的能力和积极性。

（4）引入人才团队能促进城乡交流与合作。人才团队将城市的先进经验和理念带到农村，打破了城乡壁垒，推动了城乡融合发展。

在引入人才团队时，要注重人才的适配性和实际需求，为他们提供良好的工作环境和发展空间，充分发挥其才能。

此外，要建立有效的激励机制，吸引和留住人才。让人才在农村生态环境导向的开发项目中找到归属感和成就感。

总之，人才团队的引入是农村生态环境导向开发项目取得成功的关键因素之一，要吸引和会聚优秀人才，为农村的发展注入新的活力和动力。

5. 引入 IP 项目

在实施生态环境导向的开发项目中，IP 在提升产品附加值的同时，促进了生态农业和传统手工艺的发展，有利于生态环境的保护。IP 项目通常指具有独特知识产权或品牌价值的项目，引入 IP 项目具有以下价值。

（1）提升项目吸引力：独特的 IP 能吸引更多人的关注和参与。

（2）增加项目附加值：IP 带来的品牌效应能提升项目的整体价值。

（3）促进文化传播：一些 IP 项目能传播当地文化，增强文化认同感。

（4）创新发展模式：IP 项目可以为生态环境开发带来新的思路和方法。

（5）拓展市场空间：借助 IP 的影响力拓展项目的市场和受众群体。

（6）丰富项目内涵：IP 能为项目增添丰富性和趣味性。

IP 项目与生态环境保护可以在以下几个方面实现融合发展。

（1）IP 项目的开发通常以保护生态环境为前提，避免对生态系统造成破坏。在项目规划和设计阶段就要充分考虑生态因素，采取可持续的开发方式。

（2）IP 项目保护的魅力让人们更加直观地感受到生态环境保护的价值，从而提高人们的环保意识。例如，一些以自然保护区为背景的 IP 项目，让人们在欣赏美景的同时，了解保护这些生态区域的重要性。

（3）IP 项目能够带动相关产业的发展，为生态环境保护提供经济支持。通过发展生态旅游、生态农业等产业，创造就业机会，增加居民收入，从而让更多人参与到生态环境保护中来。

（4）此外，IP 项目可以与生态保护教育相结合，通过各种活动和体验，让人们在参与中学习和践行生态环境保护的理念。

总之，IP 项目与生态环境保护是相互促进、相辅相成的关系。合理引入和开发 IP 项目，不仅能够实现生态环境导向的项目开发目标，还能让更多人关注和参与到生态环境保护中来，为建设美丽家园做出贡献。

三、招商工作的主要内容

在实施农村生态环境导向的开发项目中，招商工作是至关重要的一环，以下是其主要流程。

（1）项目规划与准备。在招商工作开始之前，需要对农村生态环境导向的开发项目进行规划，包括明确项目的目标、范围、重点领域和预期成果等。

同时，要对项目所在地的资源禀赋、市场需求、发展潜力等进行深入调研和分析，为招商工作提供有力支撑。

（2）制定招商策略。根据项目的特点和需求制定有针对性的招商策略，包括确定招商的重点领域、目标企业类型、招商渠道和方式等。同时，要制定合理的优惠政策和激励措施，吸引优质企业参与项目开发。

（3）发布招商信息。通过多种渠道广泛发布招商信息，包括政府网站、行业媒体、招商推介会等。招商信息应详细介绍项目的情况、优势、招商政策等，以便吸引潜在投资者。

（4）收集意向企业信息。在发布招商信息后，及时收集意向企业的信息，对意向企业的资质、实力、经验等进行评估和筛选，确定重点对接的企业名单。

（5）对接与洽谈。与意向企业进行深入对接和洽谈，了解企业的需求和关注点，同时向企业介绍项目的详细情况和招商政策；通过沟通和交流，寻求双方合作的契合点和解决方案。

（6）考察与评估。邀请意向企业对项目所在地进行实地考察，让企业更加直观地了解项目的实际情况和发展潜力。同时，对意向企业进行综合评估，包括企业的实力、信誉、业绩等，确保合作企业的质量和可靠性。

（7）签订合作协议。在双方达成合作意向的基础上签订正式的合作协议。合作协议应明确双方的权利和义务、合作方式、项目推进计划等内容，为项目的顺利实施提供保障。

（8）项目实施与跟踪。招商工作完成进入项目实施阶段要加强对项目的跟踪和服务，及时解决项目实施过程中遇到的问题和困难，确保项目按计划推进。同时，要与合作企业保持良好的沟通和协作关系，共同推动项目的发展。

在招商过程中需要注意以下几点。

（1）注重项目包装：对项目进行精心包装，突出项目的特色和优势，提高项目的吸引力。

（2）建立专业团队：组建专业的招商团队，提高招商工作的效率和质量。

（3）加强与相关部门的协作：与环保、农业、规划等相关部门密切协作，形成工作合力。

（4）做好风险防控：对招商过程中可能出现的风险进行评估和预警，制定相应的防范措施。

总之，农村生态环境导向的开发项目招商工作是一项复杂而系统的工作，需要精心策划、认真组织、科学实施。通过合理的招商流程和策略，吸引优质企业参与项目开发，共同推动农村生态环境的改善和经济的发展。

第二节　生态 IP 的概念与分类

在我国农村生态文明建设中，生态 IP 项目是指基于农村生态环境和特色文化资源，通过创意设计和营销推广，打造具有独特品牌形象和价值的项目，生态 IP 项目的界定标准可以从以下几个方面开展。

（1）基于农村生态环境：生态 IP 项目应以农村的自然生态环境为基础，如山脉、森林、河流、湿地等，通过保护和修复生态环境，实现生态系统的稳定和可持续发展。

（2）融合特色文化资源：生态 IP 项目应融合当地的特色文化资源，如传统农耕文化、民俗文化、手工艺品等，通过挖掘和传承文化遗产，打造具有地方特色的文化品牌。

（3）创新的商业模式：生态 IP 项目应采用创新的商业模式，如生态旅游、生态农业、文化创意等，通过产业融合和协同发展，实现经济效益和社会效益的双赢。

（4）品牌形象和价值：生态 IP 项目应具有独特的品牌形象和价值，如品牌名称、标志、口号等，通过品牌传播和推广提高品牌知名度和美誉度，增强市场竞争力。

（5）可持续发展：生态 IP 项目应注重可持续发展，如资源节约、环境保护、社会责任等，通过科学规划和管理实现项目的长期稳定发展。

生态 IP 项目的概念在不同的地区和领域可能有所差异，但总体来说，都需要以保护生态环境和传承文化为前提，通过创新的商业模式和品牌营销实现经济、社会和环境的协调发展。

以下是一个生态 IP 项目的实例。

台湾桃米生态村是一个成功的生态 IP 项目。在“9・21”大地震后，桃米村从一个传统农业没落、人口外流、垃圾丛生的“桃米坑”转型成为集有机农业、生态保育、文化创意、乡村旅游于一体的乡土生态典范。

桃米生态村以“生态桃米村”为方向开展灾后重建，打造了独特的生态IP。他们挖掘资源潜力，基于各种各样的青蛙和色彩斑斓的蜻蜓这一生态资源，设计各种可爱的青蛙卡通形象，遍布乡村醒目位置。同时，鼓励村民动手，用纸、布、石头等乡村材料制作手工艺品，使桃米村很快从一个地震废墟变成一个生态文化体验区。为了进一步发展延伸产业，台湾地区2014年以桃米为原型，采用3D技术，完成了一部非常感人的电影《桃蛙源记》，讲述了一个青蛙家族寻找桃花源的故事。

桃米生态村的成功经验在于，充分利用了当地的生态资源和文化特色，打造了具有独特品牌形象和价值的生态IP项目，通过生态旅游和文化创意等产业的融合发展，实现了经济、社会和环境的协调发展。

一、可导入的生态IP项目类型

在我国农村生态文明建设中，可导入的生态IP项目种类很多，以下是一些常见例子。

1. 生态农业IP项目

生态农业IP项目采用绿色、有机、可持续的农业生产方式，如有机种植、生态养殖、循环农业等，将生态环保理念与农业生产相结合。例如，一些农村地区发展有机农场，推广绿色食品，打造生态农业品牌。

（1）稻梦空间：以稻田为景观底基，通过艺术化的稻田画展现各种图案和形象，不仅是农业生产的场所，更是融合了艺术与生态的特色景点，吸引众多游客前来观赏体验。

（2）茶韵庄园：围绕茶园打造的生态IP，不仅有优质的茶叶，还结合了茶文化展示、茶艺表演等，让人们在品味茶香的同时感受生态与文化的交融。

（3）花果之乡：这类项目以花果种植为特色，形成了如花海、果园等美丽的景观，同时开展花果采摘等体验活动，为人们提供了美好的乡村体验。

（4）有机蔬菜乐园：专注于有机蔬菜种植，通过组织亲子农场、蔬菜科普等活动，人们可以了解蔬菜的生长过程，体验绿色健康的生活方式。

（5）生态桑蚕小镇：以桑蚕养殖为基础，展示桑蚕文化的历史和传统技艺，同时开发丝绸制品等相关衍生产品，形成了独特的生态农业产业链。

（6）智慧生态农庄：利用现代科技手段进行农业生产管理，实现了智能化、高效化，打造了集休闲、娱乐、教育于一体的综合性生态农庄。

（7）田园牧歌生态园：融合了种植、养殖等多种农业生产，展现了田园牧歌般的美好景象，人们在这里可以感受到大自然的宁静与和谐。

这些生态农业 IP 项目基于独特的理念和特色，在农村生态文明建设中发挥了重要作用，推动了农业的可持续发展和乡村振兴。

2. 生态旅游 IP 项目

生态旅游 IP 项目利用农村的自然生态资源和人文景观，开展生态旅游活动，吸引游客前来体验乡村生活、观赏自然风光、参与农事活动等。例如，一些农村地区开发农家乐、民宿、生态公园等项目，促进了农村经济发展和生态保护。

（1）婺源乡村生态游：以美丽的油菜花田、古老的徽派建筑和宁静的乡村氛围而闻名。游客在这里可以感受田园风光，体验传统农耕文化。

（2）张家界国家森林公园：奇峰异石、峡谷深壑，张家界国家森林公园独特的自然景观吸引了众多游客前来领略大自然的鬼斧神工。

（3）西双版纳热带雨林生态旅游：西双版纳有茂密的热带雨林、丰富多样的生物，在这里人们可以亲近自然、探索神秘的雨林世界。

（4）阳朔山水生态游：如诗如画的山水景色，配合独特的民俗风情，让游客沉浸在自然与人文的交融之中。

（5）九寨沟自然保护区生态游：五彩斑斓的湖泊、瀑布和雪峰，构成了一幅绝美的画卷，让人流连忘返。

（6）稻城亚丁生态旅游区：壮丽的雪山、辽阔的草甸和清澈的湖泊，被誉为“最后的香格里拉”，吸引了无数追求自然之美的人。

（7）安吉美丽乡村生态游：翠绿的竹海、清新的空气展现了江南乡村的美丽与宁静。

（8）普者黑风景名胜区：以独特的喀斯特地貌和水乡风光为特色，游客乘船游览，可以感受别样的生态之美。

（9）荔波樟江风景名胜区：集山、水、林、洞、湖、瀑于一体，生态环境优美，是生态旅游的好去处。

（10）南靖土楼生态旅游区：土楼与山水相辉映，独特的建筑风格和生态景观吸引了众多游客前来探寻。

这些生态旅游 IP 项目以其独特的自然景观、文化特色和体验活动，为人们提供了亲近自然、感受生态之美的机会。

3. 生态文化 IP 项目

生态文化 IP 项目挖掘和传承农村的传统文化和生态智慧，开展生态文化活动，如传统手工艺制作、民俗文化展览、生态文化讲座等。以下是一些农村地区建设的生态文化村，展示了农村的传统文化和生态特色。

（1）哈尼梯田：云南红河哈尼族彝族自治州的独特生态文化景观，以其壮观的梯田景色和哈尼族的传统文化而闻名。哈尼梯田不仅是农业生产的场所，更是承载哈尼族历史与文化的瑰宝。

（2）乌镇：浙江乌镇有着悠久的水乡历史文化，其以古色古香的建筑、小桥流水的景致，以及传统的民俗活动构成了独特的生态文化 IP。

（3）西江千户苗寨：位于贵州的西江千户苗寨是苗族文化的重要展示地，苗族的建筑风格、服饰、歌舞等文化元素在这里得到了很好的传承和发扬。

（4）平遥古城：这座保存完好的古城展现了中国传统城市的规划和建筑风格，蕴含着丰富的历史文化内涵。

（5）丽江古城：融合了多民族文化的丽江古城，以其独特的建筑风貌和文化氛围吸引了众多游客。

（6）客家土楼：如福建永定土楼，这些独特的建筑不仅是客家人的聚居地，更是客家文化的象征。

（7）傣族园：在云南西双版纳的傣族园，游客可以深入了解傣族的传统文化、生活方式和宗教信仰。

（8）周村古商城：这里保留了大量的明清建筑和商业文化遗迹，展现了古代商业生态文化的魅力。

生态文化 IP 项目以其独特的文化特色和自然景观，吸引着人们去感受和体验，推动了农村生态文明建设与文化传承的有机结合。

4. 生态环保 IP 项目

生态环保 IP 项目通过开展农村生态环境保护项目，如污水处理、垃圾分类、沼气池建设等，改善了农村生态环境质量。以下是一些农村地区实施的生态环保工程，提高了农村居民的环保意识和生态文明素质。

（1）“绿色家园守护者”：一个以保护农村生态环境为主题的项目，通过组织志愿者开展环保活动、宣传环保知识等方式，提高农村居民的环保意识，守护农村的绿色家园。

（2）“乡村生态修复计划”：致力于农村地区生态系统的修复和改善，包括湿地保护、水土流失治理、矿山生态修复等，让乡村重新焕发生机。

（3）“可持续乡村能源”：推动农村地区使用可再生能源，如太阳能、风能等，减少对传统能源的依赖，降低碳排放，打造可持续发展的能源模式。

（4）“水源地守护者”：关注对农村水源地的保护，采取措施确保水源的清洁和安全，让农村居民喝上干净的水。

（5）“乡村垃圾分类先锋”：倡导垃圾分类，提高农村垃圾资源利用效率，减少环境污染，营造整洁优美的乡村环境。

（6）“绿色田园梦”：鼓励农村居民采用生态种植和养殖方式，减少化肥、农药的施用，生产绿色有机农产品，实现绿色田园的梦想。

（7）“生态乡村骑行”：通过组织骑行活动，倡导绿色出行，让人们亲身感受乡村生态环境的美好，增强环保意识。

（8）“自然守护者联盟”：联合各方力量，形成保护农村生态环境的联盟，共同为乡村生态环保事业贡献力量。

生态环保的 IP 项目在农村地区发挥着重要作用，为农村生态文明建设贡献着力量。

5. 生态教育 IP 项目

生态教育 IP 项目通过教育培训等方式，提高农村居民的生态文明意识和环保知识水平，培养农村居民的生态文明行为习惯。以下是一些农村地区开展的生态文明教育活动，组织农村居民参加环保培训和志愿者活动。

（1）“绿色小卫士”：一个专注培养农村青少年环保意识的项目，通过组织各种环保活动，如植树造林、垃圾分类宣传、水资源保护实践等，让孩子们在参与中学习生态知识，成为环保的积极推动者。

（2）“自然之声”：以自然观察和体验为核心，带领农村居民走进大自然，聆听鸟儿的歌声、感受微风的轻抚、观察动植物的奇妙。通过这样的亲身体验，加深人们对自然的敬畏和爱护之情。

（3）“生态智慧学堂”：在农村设立固定的学习场所，开展生态知识讲座、环保手工制作、生态故事分享等活动，让农村居民在这里获取丰富的生态知识，提升环保意识和素养。

（4）“田园守护者”：通过与当地学校合作开展生态教育课程，让学生们了解农田生态系统、传统农耕文化等。同时，组织学生参与农田保护行动，培养他们对土地的责任感。

（5）“绿色传承”：挖掘农村地区的传统生态智慧和文化，以故事、传说等形式进行传承，并通过举办文化活动使这些宝贵的生态智慧在新一代中得以延续和发扬。

（6）“生态探险家”：组织农村居民进行生态探险活动，探索周边的自然保护区、湿地等，了解生态系统的多样性和脆弱性，激发人们保护生态环境的决心。

生态教育 IP 项目在农村生态文明建设中发挥着重要作用，有助于形成全社会共同参与生态保护的良好氛围。

生态 IP 项目的导入可以促进农村生态文明建设的发展，提高农村居民的生活质量和幸福感，同时可为农村经济发展和社会进步提供新的机遇。

第三节　农村生态 IP 项目的打造与选择

一、打造与选择农村生态 IP 项目的原则

打造与选择农村生态 IP 项目需要遵循以下原则。

1. 精准定位，打造和引入龙头生态 IP

在我国农村生态文明建设中，精准定位并打造和引入龙头生态 IP 至关重要。为此，要做好以下工作。

（1）需要深入调研农村的自然生态资源和特色文化，挖掘其独特之处，包括美丽的山水风光、珍稀的动植物资源、传统的农耕文化等。通过精准定位，明确生态 IP 的核心价值和发展方向。

（2）要精心打造具有代表性和吸引力的生态 IP。可以通过规划设计独特的生态景观、开发特色生态旅游项目、举办生态文化活动等方式，让生态 IP 鲜活起来，吸引更多人关注和参与。

（3）积极引入外部的龙头生态 IP。龙头 IP 往往具有较高的知名度和影响

力，能够带动农村生态产业的发展，提升农村的整体形象和知名度。

打造和引入龙头生态 IP 不仅能促进农村经济的发展，增加农民收入，激发农民参与生态文明建设的积极性，而且有助于传播生态理念，提高人们的环保意识，让更多人关注和爱护农村生态环境。

总之，精准定位并打造和引入龙头生态 IP 是推动我国农村生态文明建设的有力手段，可为农村带来多方面的积极影响，让农村在生态保护和发展中绽放独特魅力。

2. 凸显地方生态特色，打造和引入爆款生态 IP

每个地区都有其独特的自然景观、历史文化和民俗风情。打造生态 IP 项目要充分挖掘和展现当地的特色，使项目具有鲜明的地域印记，让人们感受到农村的独特魅力，凸显地方生态特色。

每个地区都有其独特的生态禀赋和文化底蕴，这是打造爆款生态 IP 的基础。比如，一些拥有壮丽山水风光的地区，可以将其打造成自然景观类生态 IP；一些具有悠久的历史和传统习俗的地区，可以挖掘其文化元素，打造具有浓郁地方特色的文化生态 IP。

通过精心策划和包装，生态 IP 能够展现农村的魅力和独特价值。利用现代传播手段，如社交媒体、短视频等，将生态 IP 推向更广阔的市场，吸引更多人关注和喜爱。

引入爆款生态 IP 可以激发新的活力和机遇。一些成功的生态 IP 具有广泛的影响力和吸引力，可以带动农村旅游、农产品销售等相关产业的发展，提升农村的经济实力。

同时，凸显地方生态特色可以增强农村居民的认同感和自豪感，让其更加积极地参与到生态文明建设中。这不仅有利于保护和传承地方特色生态资源，还能促进农村的可持续发展。

总之，在农村生态文明建设中，打造和引入爆款生态 IP，凸显地方生态特色是一种有效的创新途径，能够让农村在生态文明建设道路上绽放出独特的光彩，实现经济、社会和生态的协调发展。

3. “粉丝经济”，打造生态类“网红” IP

在我国农村生态文明建设中，利用“粉丝经济”打造生态类“网红” IP 是一种创新性举措。

通过挖掘农村中具有独特魅力的人物、景观或故事，将其打造成“网红”IP，可以吸引大量“粉丝”的关注。“网红”IP通过直播、短视频等形式，展现了农村的美丽风光、生态农业的魅力以及丰富多彩的乡村生活，可以让更多人了解和喜爱农村。

“粉丝”对“网红”IP的喜爱和追捧可转化为对农村的关注和兴趣，从而带动农村旅游、农产品销售等相关产业的发展。同时，“粉丝经济”可以为农村带来更多的资源和机会，促进农村经济的发展。

打造生态类“网红”IP可以激发农村居民的参与热情，让其更加积极地投身于生态文明建设中。“网红”IP可以成为农村生态文明的传播者和引领者，带动更多人一起保护农村生态环境，推动农村生态文明建设的进程。

当然，在打造生态类“网红”IP的过程中，要注重内容的质量和真实性，不可过度包装和炒作。要让“网红”IP真正扎根于农村，展现农村的真实面貌和内在价值。

利用“粉丝经济”打造生态类“网红”IP是农村生态文明建设的一种新途径，有望为农村带来新的发展机遇和活力，让农村在生态文明建设的道路上绽放出更加璀璨的光芒。

4. 基于用户思维和互动思维，打造和引入体验型生态IP

在我国农村生态文明建设中，基于用户思维和互动思维来打造和引入体验型生态IP是非常重要的策略。

（1）用户思维要求我们站在用户的角度去考虑问题，了解其需求和喜好。要深入调研和分析，挖掘出农村生态中那些能够吸引用户、让其产生浓厚兴趣的元素，如清新的空气、美丽的田园风光、独特的农事体验等，再将这些元素精心整合打造，形成具有吸引力的体验型生态IP。

（2）互动思维强调与用户的互动和参与。要设计各种互动环节，让用户能够参与到农村生态建设中来，如农耕体验、农产品采摘、生态科普活动等。通过这些互动，用户不仅能够更加深入地了解农村生态，还能增强其参与感和认同感，提升对生态环境的保护意识。

打造和引入体验型生态IP可以为农村带来多方面的收益。一方面，它能够吸引城市居民来到农村，感受生态之美，促进农村旅游的发展，增加农民收入；另一方面，它使农村居民更加珍惜和爱护自己的家园，从而积极参与到生态文明建设中来。

借助现代科技手段，如社交媒体、线上互动平台等，可以进一步扩大体验型生态 IP 的影响力，让更多人了解和关注农村生态文明。

总之，基于用户思维和互动思维，打造和引入体验型生态 IP，是推动我国农村生态文明建设的有效途径，可以把农村生态之美更好地展现给世人，实现可持续发展的目标。

5. 基于品牌思维是生态 IP 的基本原则

在我国农村生态文明建设中，品牌思维是打造生态 IP 的基本原则。

（1）基于品牌思维意味着要将农村生态视为一个独特的品牌来经营和塑造。这需要对农村生态进行深入的挖掘和分析，找出其独特的价值和魅力。通过精心策划和设计，赋予其鲜明的个性形象和内涵，使其在众多生态资源中脱颖而出。

具有强大品牌力的生态 IP 能够获得更多人的关注和喜爱。基于对品牌的认可和信任，很多人乐于去农村体验生态之美，参与生态文明建设。这不仅有助于提升地区的知名度和影响力，还能带动相关产业的发展，为农村经济注入新的活力。

（2）基于品牌思维打造生态 IP，要注重品牌的维护和发展，保持农村生态的品质和特色，不断创新和改进体验项目，以满足人们日益变化的需求。同时，注重与利益相关者的合作和沟通，共同推动生态 IP 的成长和壮大。

在农村生态文明建设中，运用品牌思维打造生态 IP，能够让农村生态资源得到保护和利用，实现可持续发展的目标。通过品牌的传播和推广，可让更多人了解和关注农村生态文明，增强全社会的环保意识和责任感。

总之，要发挥品牌思维在农村生态文明建设中的重要作用，为打造有影响力的生态 IP 提供坚实的基础和保障。

要遵循以上这些原则，确保打造的农村生态 IP 项目具有较高的质量和价值，为农村生态文明建设和经济社会发展做出积极贡献。

二、打造农村生态 IP 项目的路径

1. 明确项目目标与定位

在打造农村生态 IP 项目之前，首先需要明确项目的目标与定位，包括确

定项目要传达的核心价值——是展现农村的自然风光、传统文化还是特色产业等。同时，要对目标受众进行深入分析，了解其需求和兴趣，以便更好地满足他们的期待。

2. 挖掘农村特色资源

（1）自然景观资源：深入挖掘农村独特的山水田园、森林湖泊等自然景观，将其作为项目的重要组成部分。

（2）文化遗产资源：包括传统建筑、民俗风情、历史故事等，这些是农村生态 IP 项目的宝贵素材。

（3）特色产业资源：如农产品、手工艺品、乡村旅游等，通过产业与文化的融合，打造具有独特魅力的生态 IP 项目。

3. 打造独特品牌形象

（1）品牌名称与标识设计：设计富有吸引力和代表性的品牌名称及标识，便于记忆和传播。

（2）品牌故事塑造：通过讲述与农村生态相关的动人故事，赋予品牌情感内涵。

（3）视觉形象统一：保持品牌形象的一致性，包括对宣传物料、产品包装等的设计。

4. 创新产品与服务开发

（1）特色农产品开发：结合农村特色资源，开发具有地域特色的农产品，如有机食品、特色饮品等。

（2）体验式旅游项目：通过设计丰富多彩的乡村旅游体验活动，让游客感受农村生活的魅力。

（3）文化创意产品：利用农村文化元素开发手工艺品、纪念品等文创产品。

三、加强营销与推广

（1）利用线上渠道：通过社交媒体、电商平台等渠道广泛宣传，提高项目的知名度。

（2）举办线下活动：组织各类农村主题活动、展览等，以引起更多人的关注。

（3）合作与联盟：与相关企业、机构建立合作关系，共同推广项目。

四、提升农村生态环境品质

1. 生态保护与环境美化

（1）生态保护与修复：加强对农村生态环境的保护，修复受损生态系统。

（2）环境美化与提升：改善农村的基础设施，提升村容村貌，营造美丽宜人的环境。

2. 培育人才队伍

（1）专业人才引入：吸引具有相关专业背景和经验的人才加入项目团队。

（2）本地人才培养：加强对农村居民的培训，提升其技能和素质，使其成为项目的参与者和推动者。

3. 建立合作伙伴关系

（1）与当地政府合作：争取政府的支持和政策优惠，共同推动项目发展。

（2）与企业合作：与相关企业开展合作，实现资源共享、优势互补。

（3）与社区组织合作：与农村社区组织合作，充分调动社区居民的积极性。

4. 持续创新与优化

（1）关注市场动态：密切关注市场和消费者需求的变化，及时调整项目策略。

（2）技术应用与创新：积极探索新的技术手段，如物联网、大数据等，提升项目的运营效率和体验效果。

（3）项目内容更新：不断丰富和完善项目内容，保持项目的新鲜感和吸引力。

5. 注重社会效益与经济效益的平衡

在打造农村生态 IP 项目过程中，要注重社会效益与经济效益的平衡。既要实现项目的商业价值，又要促进农村地区的发展和农民的增收，实现可持续发展的目标。

通过以上路径，打造具有独特魅力和影响力的农村生态 IP 项目，为农村地区的发展带来新的机遇和活力。同时，为人们提供一个了解和体验农村生活的窗口，促进城乡之间的交流与融合。

第四节　打造生态农业 IP 案例

一、打造工业旅游 IP 案例

我国在农村生态文明建设中，劲酒工业旅游 IP 打造是工业旅游 IP 打造的典型案例，具体情况如下。

1. 项目背景

劲酒是中国一个著名的酒类品牌，以其独特的酿造工艺和优质的产品而闻名。为了提升品牌形象，加强与消费者的互动，劲酒打造了一个工业旅游 IP，将其生产过程与农村生态文明相结合，为游客提供了全新的体验。

2. 项目目标

（1）展示劲酒的酿造工艺和品牌文化。

（2）促进农村生态文明建设。

（3）为游客提供有趣、难忘的旅游体验。

（4）增加品牌知名度和美誉度。

3. 项目内容

（1）酒文化博物馆：建设一座展示劲酒历史、酿造工艺、产品系列的博物馆，让游客了解劲酒的文化底蕴。

（2）生态酒庄：打造一个集酿造、观光、体验于一体的生态酒庄，游客可以参观酿造车间，品尝劲酒，了解酿酒过程中的生态环保措施。

（3）农村生态体验区：设立农村生态体验区，游客可亲身感受农村生态文明建设的成果，如参观有机农田、体验农耕文化等。

（4）主题活动：举办各种与酒文化和农村生态文明相关的主题活动，如品酒大赛、农耕体验活动等，增加游客的参与度和互动性。

（5）旅游产品开发：设计开发与劲酒、农村生态文明相关的旅游产品，如特色酒品、农产品等，便于游客选购。

4. 项目实施

（1）规划设计：邀请专业的规划设计团队，对项目进行整体规划和设计，提高项目的可行性和吸引力。

（2）建设施工：按照项目规划设计要求，进行建设施工，确保项目质量和安全。

（3）营销推广：通过多种渠道对项目进行营销推广，吸引更多游客前来参观体验。

（4）运营管理：建立专业的运营管理团队，对项目进行日常运营管理，提高游客的满意度，确保项目可持续发展。

5. 项目效果

（1）品牌知名度提升：通过对工业旅游IP的打造，劲酒的品牌知名度得以显著提升，获得了消费者的认可。

（2）农村生态文明得以传播：项目的实施促进了农村生态文明的传播与推广，更多人开始了解和关注农村生态环境保护。

（3）游客满意度提高：丰富的旅游体验项目和优质服务提高了游客的满意度，为项目的可持续发展奠定了基础。

（4）经济效益增长：工业旅游的发展带动了当地相关产业的发展，增加了当地居民的收入，促进了地方经济的增长。

6. 经验总结

（1）充分挖掘品牌文化内涵：劲酒工业旅游IP的打造，充分挖掘了劲酒的品牌文化内涵，将其与农村生态文明相结合，带给游客一个全新的体验。

（2）注重游客体验：项目设计注重游客的体验感，通过多种体验项目和互动活动，让游客在参观过程中充分感受劲酒的魅力和农村生态文明的重要性。

（3）加强合作与创新：在项目实施过程中，加强了与当地政府、企业、农民的合作，共同推动了农村生态文明建设的发展。同时，不断创新项目内容和形式，提高了项目的吸引力和竞争力。

（4）持续改进与完善：在项目运营过程中，不断收集游客的反馈意见，持续改进和完善项目内容和服务，提高了游客的满意度和忠诚度。

二、打造生态农业 IP 案例

随着我国农村经济的发展和城市化进程的加速推进，农村生态环境问题较为突出。为实现农村经济的可持续发展，加强农村生态文明建设显得尤为重要。中粮福临门大米作为知名的粮油品牌，积极响应国家号召，通过打造生态农业 IP，助力农村生态文明建设。

1. 中粮福临门大米农业 IP 打造的背景

中粮福临门大米是中粮集团旗下的知名品牌，拥有丰富的农业资源和品牌优势。在农村生态文明建设背景下，中粮福临门大米意识到，生态农业 IP 不仅可以提升品牌价值，还可以对农村经济发展和生态环境保护产生积极影响。因此，中粮福临门大米决定打造具有自身特色的生态农业 IP，以推动农村生态文明建设。

2. 中粮福临门大米打造生态农业 IP 的目标

中粮福临门大米打造生态农业 IP 的目标是通过整合农业资源、创新营销模式和提升品牌形象，实现农村经济发展、生态环境保护和农民增收的“三赢”。具体目标如下。

（1）提升品牌价值：通过打造生态农业 IP，提升中粮福临门大米的品牌知名度和美誉度，增强消费者对中粮福临门大米的认同感和忠诚度。

（2）推动农村经济发展：通过生态农业 IP 的打造，带动农村相关产业的发展，增加农民收入，促进农村经济繁荣。

（3）保护农村生态环境：通过推广绿色、生态、环保的种植模式和生产方式，减少农业面源污染，保护农村生态环境。

3. 中粮福临门大米打造生态农业 IP 的策略

（1）整合农业资源：中粮福临门大米充分整合自身的农业资源，包括优质的大米种植基地、先进的种植技术和加工工艺等，为生态农业 IP 的打造提供了坚实的基础。

（2）创新营销模式：中粮福临门大米采用多种营销模式，如品牌代言、社交媒体营销、电商营销等，提升生态农业 IP 的知名度和影响力。

（3）提升品牌形象：中粮福临门大米注重品牌形象的提升，通过参与公益活动、举办主题活动等方式，树立了良好的品牌形象，增强了消费者对中粮福临门大米品牌的信任度和好感度。

4. 中粮福临门大米打造生态农业 IP 的路径

（1）打造特色产品：中粮福临门大米以“绿色、生态、健康”为理念，打造了一系列特色产品，如有机大米、绿色大米、稻花香大米等。这些产品口感好、营养价值高，迎合了现代人对健康生活的追求。

（2）开展主题活动：中粮福临门大米举办了一系列主题活动，如“福临门大米文化节”“福临门大米品鉴会”等。这些活动不仅提升了品牌知名度和美誉度，还让消费者更加深入地了解了福临门大米的品牌文化和产品特点。

（3）加强品牌传播：中粮福临门大米通过多种渠道进行品牌传播，如电视广告、报纸杂志广告、社交媒体广告等。同时，中粮福临门大米积极参与公益活动，如“希望工程”“扶贫助农”等，提升品牌形象和社会责任感。

5. 中粮福临门大米打造生态农业 IP 的成效

（1）提升品牌价值：通过打造生态农业 IP，中粮福临门大米的品牌知名度和美誉度得到了极大提升，品牌价值也有了显著提高。

（2）推动农村经济发展：中粮福临门大米的生态农业 IP 打造带动了农村相关产业的发展，如水稻种植、大米加工、物流配送等。同时，中粮福临门大米还通过收购农民的稻谷，增加了农民的收入，促进了农村经济的繁荣。

（3）保护农村生态环境：中粮福临门大米推广绿色、生态、环保的种植模式和生产方式，减少了农业面源污染，保护了农村生态环境。

6. 结论

中粮福临门大米通过打造生态农业 IP，成功地提升了品牌价值，推动了农村经济发展，保护了农村生态环境，实现了农村经济发展、生态环境保护和农民增收的“三赢”。中粮福临门大米的生态农业 IP 打造的成功经验为我国农村生态文明建设提供了有益借鉴和参考。

第九章

农村生态文明建设的开发运营

第一节　农村生态文明建设运营理念的转变

随着时代的发展和社会的进步，农村生态文明建设的开发运营理念也在不断转变和进化，反映了人们对人与自然关系的认识不断深化，以及对可持续发展的追求。

过去，在一些农村地区，经济发展往往是首要目标，而对生态环境的重视程度相对不足。在项目开发运营过程中，存在过度开发自然资源、忽视生态保护的问题，导致生态环境恶化，给农村的可持续发展带来了挑战。

然而，随着生态文明理念逐渐深入人心，人们开始意识到生态环境的重要性。农村生态文明建设的开发运营理念随之发生了转变。不再仅追求经济增长，而是更加注重生态与经济的协调发展。在项目规划阶段就要充分考虑生态环境的承载能力，合理规划资源利用，避免过度开发。

同时，在项目实施过程中可采取一些措施加强对生态环境的保护和修复，如植树造林、水土保持、湿地保护等，以改善生态环境质量。同时，积极推广生态农业、循环经济等可持续发展模式，减少对环境的负面影响。

此外，农村生态文明建设的开发运营要更加注重与当地社区的互动和合作。鼓励当地居民积极参与到项目中来，共同推动生态文明建设。通过提高居民的环保意识和参与度，让其成为生态文明建设的主体，增强项目的可持续性。

随着科技的不断进步，新技术在农村生态文明建设中得到了广泛应用。例如，智能监测系统能够实时监测生态环境状况，为科学决策提供依据；新能源技术的应用减少了对传统能源的依赖，降低了碳排放。

在这一转变中，政策的引导和支持起到了关键作用。国家一系列鼓励生态文明建设的政策措施加大了对项目的投入和扶持力度，为项目的顺利开展提供了保障。

展望未来，农村生态文明建设的开发运营理念将继续向着绿色、低碳、可持续的方向发展，并不断创新和完善，适应新时代的要求，为建设美丽宜居的新农村、实现人与自然和谐共生的目标而发挥作用。

一、运营主体转变：政府主导转化为市场主导

在我国农村生态文明建设过程中，项目运营的核心主题经历了从政府主导到市场主导的重要转变。这一转变具有深远的意义和影响，反映了社会经济的发展趋势和需求。

过去，政府在农村生态文明建设中扮演着重要角色。政府通过制定政策、投入资金、组织实施等方式，推动生态文明建设的各项工作。这种政府主导的模式在一定时期内发挥了重要作用，为农村生态环境的改善提供了有力保障。然而，随着时间的推移，这种模式逐渐显现出一些局限性。

一方面，政府的资源总是有限的，难以满足农村生态文明建设日益增长的需求；另一方面，政府主导的模式在一定程度上缺乏市场机制的灵活性和效率，难以充分激发社会各方的积极性和创造力。

随着社会主义市场经济的发展和完善，市场在资源配置中的作用越来越明显。在农村生态文明建设项目的运营中，市场主导的模式逐渐兴起。这一转变的背后，有着多方面原因。

（1）市场机制能够更好地反映资源的稀缺性和价值，通过价格信号引导资源的合理配置。在农村生态文明建设中，市场可以吸引更多的社会资本投入，提高资源利用效率，实现生态效益和经济效益的双赢。

（2）市场主导的模式能够激发企业和社会力量的创新活力。企业为了在市场竞争中脱颖而出，会不断加大研发投入，推出更加先进的技术和管理模式，为农村生态文明建设提供新的思路和方法。同时，社会力量通过参与市场竞争，发挥各自优势，共同推动农村生态文明建设的发展。

（3）市场主导的模式更加注重消费者的需求和选择。在农村生态文明建设中，消费者对生态产品和服务的需求日益增长。市场主导的模式可以更好地满足消费者的需求，提高生态产品和服务的质量和供给水平。

在市场主导模式下，农村生态文明建设项目的运营呈现出一些新的特点

和趋势。

（1）企业成为农村生态文明建设项目的重要实施主体。企业通过参与农村生态环境治理、生态农业发展、生态旅游开发等，为农村生态文明建设注入新的活力。同时，企业不断探索创新商业模式，实现经济效益和生态效益的有机统一。

（2）金融资本在农村生态文明建设项目中的作用日益凸显。各类金融机构通过创新金融产品和服务，为农村生态文明建设项目提供资金支持。绿色信贷、绿色债券、绿色基金等金融工具的广泛应用，为农村生态文明建设项目的顺利实施提供了保障。

（3）社会公众的参与度不断提高。随着环保意识的增强，社会公众更加关注农村生态环境问题，并积极参与到农村生态文明建设中来。通过志愿活动、环保宣传、绿色消费等方式，社会公众为农村生态文明建设贡献着自己的力量。

当然，市场主导并不意味着政府完全退出。政府在市场主导模式下，仍需要发挥引导和监管作用。政府要制定完善的政策法规，营造良好的市场环境，加强对市场主体的监管，确保农村生态文明建设项目的健康有序发展。

总之，我国农村生态文明建设项目运营中的核心主题从政府主导转变为市场主导，是适应时代发展的必然选择。这一转变进一步激发了市场活力和社会创造力，将推动农村生态文明建设取得更大的成就。

二、运营客体转变：从以环保治理为重转变为以生态产业为重

在我国农村生态文明建设中，运营客体已从以环保治理为重向以生态产业为重转变。这一转变反映了发展理念的深刻变革，为农村的可持续发展带来了新的机遇和挑战。

过去，农村生态文明建设主要聚焦于环保治理，重点是解决农村地区的环境问题，如垃圾污染、水体污染、土壤污染等。通过一系列治理措施，如垃圾清理、污水处理、土壤修复等，农村的环境质量得到了一定程度的改善。单纯的环保治理虽然解决了一些环境问题，但难以从根本上改变农村的发展状况，实现农村经济的可持续增长。

随着时代的发展和认识的深化，人们逐渐意识到，仅靠环保治理无法实现农村的全面振兴。农村生态文明建设需要与经济发展相结合，将生态优势

转化为经济优势，实现生态与经济的良性互动。于是，生态产业逐渐成为农村生态文明建设的重要运营客体。

生态产业的发展为农村带来诸多收益，具体如下。

（1）创造了新的经济增长点。通过发展生态农业、生态旅游、生态康养等产业，农村地区能够充分利用自身的自然资源和生态优势吸引投资、增加就业、提高农民收入。同时，生态产业的发展能够带动相关产业的发展，如农产品加工、物流配送、文化创意等，进一步促进农村经济的繁荣。

（2）生态产业的发展有助于提升农村的生态环境质量。在生态产业发展过程中，人们更加注重资源的合理利用和生态保护，通过采用生态友好型生产方式和经营模式，减少对环境的破坏，实现资源的可持续利用。这不仅有利于保护农村的生态环境，还为生态产业的持续发展提供了保障。

（3）生态产业的发展能够促进农村社会的和谐发展。生态产业往往需要农民的广泛参与，这有助于提高农民的环保意识和生态素养，增强农民的归属感和责任感。同时，生态产业的发展能够带动农村基础设施的建设和完善，改善农村的生活条件，提升农村的整体形象。

当然，在推动生态产业发展的过程中，也面临一些挑战和困难。例如，生态产业的发展需要一定的技术和资金支持，如何吸引更多的人才和资本进入农村，是一个急需解决的问题。同时，生态产业的发展还需要加强政策引导和规划管理，避免盲目发展和无序竞争。

总之，我国农村生态文明建设项目运营客体的转变是顺应时代潮流的必然选择。从以环保治理为重转变为以生态产业为重，不仅为农村带来了新的发展机遇，还为我国农村生态文明建设注入了新的活力。

三、运营收益转变：由以政府补贴为主转变为综合收益

在我国农村生态文明建设过程中，收益模式发生了深刻转变。这一转变不仅反映了发展理念的革新，而且为农村可持续发展带来了新的契机。

过去，农村生态文明建设项目的收益模式主要是依赖政府的投入和补贴，政府通过财政资金支持农村环境治理、生态保护等项目，以改善农村生态环境。这种模式取得了较好成效，但也存在一些局限性，如对财政的依赖较大，可持续性面临挑战。

随着时代的发展和认识的深入，人们逐渐意识到，单纯依靠政府投入无

法实现农村生态文明建设的长期目标，收益模式开始向多元化方向转变。

一方面，农村生态文明建设与产业发展相结合，形成了生态产业收益模式。通过发展生态农业、生态旅游等产业，在实现农村生态保护的同时能够创造经济价值，增加农民收入。生态农业以绿色、有机种植养殖为特色，满足了消费者对健康、安全农产品的需求，同时提高了农产品的附加值。生态旅游则利用农村优美的自然环境和独特的文化资源，吸引游客前来观光、休闲，带动了餐饮、住宿等相关产业的发展，为农村带来了可观的经济效益。

另一方面，农村生态文明建设引入了市场机制，通过市场交易实现收益。例如，碳排放权交易、水资源交易等市场机制的建立，能够将生态资源转化为经济收益。农民可以通过减少碳排放、节约水资源等方式获得相应的收益，激励其更加积极地参与生态文明建设。

此外，农村生态文明建设还注重与社会资本的合作，形成了社会资本参与收益的模式。社会资本为农村生态文明建设提供资金支持，同时分享项目的收益。通过与社会资本的合作，农村能够更好地整合资源，提高建设效率，实现多方共赢。

收益模式的转变带来的积极影响主要有：首先，增强了农村生态文明建设的可持续性。通过产业发展和市场机制的引入，农村能够依靠自身的力量实现生态建设和经济发展的良性互动，减少对政府补贴的依赖。其次，提高了农民的参与积极性。当农民能够从生态文明建设中获得实际收益时，他们会更加主动地参与生态保护和产业发展，形成良好的发展氛围。最后，收益模式的转变促进了农村经济结构的调整和升级，推动农村向绿色、可持续的方向迈进。

然而，收益模式的转变也面临一些挑战。例如，生态产业的发展需要相应的技术和管理能力具备一定的水平，农村在这方面仍存在不足；市场机制的建立和完善需要时间和经验的积累；社会资本的参与需要建立合理的利益分配机制等。

总之，我国农村生态文明建设项目收益模式的转变是适应时代发展的必然结果。这一转变为农村生态文明建设带来了新的活力和机遇，同时需要我们在实践中不断探索和创新，迎接挑战，推动农村生态文明建设迈上新台阶，实现农村的可持续发展。

第二节　农村生态文明建设的运营内容

一、不同发展阶段的运营内容

我国农村生态文明建设是一个持续推进的过程，在不同阶段有着不同的运营内容，这些内容共同构筑了农村生态环境改善和可持续发展的蓝图。

1. 起步阶段：聚焦于基础环境治理

在起步阶段，农村生态文明建设项目主要聚焦于基础环境治理。在主要内容方面，首先是加强农村污染防治，包括治理农业面源污染、生活污水和垃圾等，改善农村生态环境；其次是加强对农村自然资源的保护，如耕地、森林、水资源等，确保生态系统的稳定；最后是推动农村生态修复，恢复受损的生态环境。

主要目标是实现农村生态环境的明显改善，提升农村生态质量。同时，要逐步转变农村居民的生产生活方式，增强他们的生态环保意识，让生态文明理念深入人心。

在方法上，一是通过制定和完善相关法律法规，加强对农村生态环境的监管和保护；二是加大投入，提供资金和技术支持，推动农村环境治理和生态建设项目的实施；三是加强宣传教育，开展多种形式的生态文明宣传活动，提高农民的环保意识和参与度；四是鼓励社会力量参与，形成政府、企业、社会组织和农民共同参与的良好局面。

总之，起步阶段的农村生态文明建设基础而关键，应通过集中清理和整治逐步消除农村环境“脏乱差”问题，为后续的建设奠定根基。同时，应加强环保宣传教育，提高农民的环保意识，让其认识到生态文明建设的重要性，积极参与到环保行动中来。

2. 发展阶段：注重生态资源的保护和利用

随着基础环境治理的推进，进入发展阶段农村生态文明建设开始注重生态资源的保护和利用，应加强对农村土地、森林、水资源等生态资源的保护，防止过度开发和破坏。同时，积极探索生态农业、林下经济等可持续发展模式，将生态资源优势转化为经济优势。开展生态修复工程，恢复受损的生态系统，提升农村生态环境的质量和稳定性。

在目标方面，一是要实现生态资源的可持续利用，确保资源能够满足当前和未来发展的需求；二是要提升农村生态系统的服务功能，让生态资源更好地为农村居民提供福祉；三是要推动农村生态经济的发展，将生态资源优势转化为经济优势，促进农村经济的可持续增长。

在方法上，一是要加强科学规划，合理布局农村生态资源的开发和利用，避免过度开发和破坏；二是要强化技术创新，推广应用先进的生态保护和资源利用技术，提高资源利用效率；三是要建立健全生态资源管理机制，加强对生态资源的监测和评估，确保对资源的合理利用和有效保护；四是要积极发展生态产业，如生态农业、生态旅游等，以产业发展带动生态资源的保护和利用；五是要加强教育引导，提高农村居民对生态资源保护和利用的认识，形成自觉保护生态资源的良好习惯。

在这一发展阶段，要充分认识到生态资源保护和利用的重要性，通过科学的目标设定和有效的方法实施，取得农村生态文明建设的新突破。这不仅关乎农村的发展，而且关系到国家的生态安全和可持续发展。

3. 深化阶段：生态与经济社会发展的融合

在深化阶段，农村生态文明建设更加注重与农村经济社会发展的融合。通过发展绿色产业，如生态旅游、有机农业等，推动农村产业结构的调整和升级，实现经济发展与生态保护的良性互动。加强农村生态文化建设，挖掘和传承农村传统文化中的生态智慧，营造浓厚的生态文化氛围。同时，建立健全生态补偿机制，让农民在生态保护中得到合理的回报，激发他们的积极性和创造力。

在目标方面，一是要明确生态与经济社会发展相互促进的总体目标。这不仅包括保护和改善农村生态环境，还包括提升农村经济发展水平，促进农民增收，提高农村居民生活质量。二是要注重对生态系统服务功能的提升，实现生态资源的可持续利用。三是要加强农村生态文化建设，提高农民的生态意识和环保参与度，形成全社会共同参与农村生态文明建设的良好氛围。

在方法方面，一是加强生态保护和修复。通过实施生态工程、加强生态监管等措施，保护农村生态系统的完整性和稳定性，提升生态系统的自我修复能力。二是推动生态产业发展。利用农村丰富的生态资源，发展生态农业、生态旅游等绿色产业，实现生态优势向经济优势的转化。三是加强科技创新。通过研发和应用生态环保技术，提高农村生态文明建设的科技含量，为生态与经济社会融合发展提供技术支撑。四是完善政策制度体系。制定和完善相关政策法规，加大对农村生态文明建设的支持力度，引导和规范各方行为。五是强化教育宣传。通过开展多种形式的宣传教育活动，提高农民的生态意识和环保能力，营造良好的社会氛围。

总之，在我国农村生态文明建设的深化阶段，要以生态与经济社会发展相融合为目标，综合运用多种方法，推动农村生态文明建设取得更大成效，为乡村振兴和美丽中国建设奠定坚实基础。

4. 成熟阶段：注重创新和提升

在成熟阶段，农村生态文明建设要更加注重创新和提升。这一阶段，必须加强科技研发和应用，引入先进的环保技术和管理模式，提高农村生态文明建设的效率和水平。推动农村生态治理体系和治理能力现代化建设，形成科学有效的管理机制和制度保障。开展国际交流与合作，学习借鉴国际先进经验和做法，提升我国农村生态文明建设的国际影响力。

在经营目标方面，应致力于以下几项工作。

一是打造可持续发展的农村生态环境，这不仅包括保持良好的空气质量、水质和土壤质量，还包括维护生物多样性，让农村成为生态宜居的美丽家园。

二是推动农村经济的绿色增长，通过创新生态产业模式，提高资源利用效率，促进农村经济的转型升级，实现经济效益与生态效益的双赢。

三是提升农村居民的生态福祉，让农民在享受生态环境改善带来的美好生活的同时，增强其对生态文明建设的认同感和参与度。

在方法方面，需要采取一系列创新举措。一是加强科技研发与应用。利用先进技术提升生态治理能力，开发绿色能源，推动农业生产的智能化和绿色化。二是促进产业融合与协同发展。将生态农业、生态旅游、生态文化等产业有机结合，形成多元化的发展格局。三是强化人才培养与引进。吸引和培养具有创新意识和专业技能的人才，为农村生态文明建设提供智力支持。四是建立健全合作机制。加强政府、企业、社会组织和农民之间的合作，形成共建共享的良好局面。五是推动制度创新。完善相关政策法规，鼓励创新实践，为农村生态文明建设提供制度保障。

在成熟阶段，要以创新为动力，不断提升农村生态文明建设的质量和水平，为农村的可持续发展和美丽中国建设做出更大贡献。

在不同阶段都需要加强农村基础设施建设，如道路、水电、通信等，为生态文明建设提供保障。强化农村生态监管，加大执法力度，确保各项生态保护措施得到有效落实。同时，注重发挥农民的主体作用，鼓励其积极参与农村生态文明建设的决策和实施过程，真正成为生态文明建设的主人。

总之，我国农村生态文明建设在不同阶段有着不同的运营内容，这些内容相互关联、相互促进，共同推动着农村生态文明建设不断向前发展。通过持续努力，我们将打造出更加美丽、宜居的农村生态环境，实现农村经济、社会和环境的协调可持续发展。

二、生态产业项目的运营内容

（1）在项目建成初期，运营的主要目标是确保项目的稳定运行和效果的初步显现。这一阶段的内容包括对项目设施的监测和维护，确保各项设备正常运转；同时，要密切关注生态环境指标的变化，及时调整和优化运营方案。此外，需要加强对周边居民的宣传教育，提高他们对生态项目的认知和参与度。

（2）进入发展阶段，运营的目标变为进一步提升项目的生态效益和社会影响力。这时候，要加大项目投入，引入先进的技术和管理经验，提高项目的运营效率。可以开展一些与生态相关的活动，如生态科普、环保志愿者活动等，吸引更多人关注和参与生态保护。同时，积极探索与相关产业的融合发展，如生态旅游、绿色农业等，以实现生态效益与经济效益的双赢。

（3）当项目进入成熟阶段，运营的重点在于持续优化和创新。要不断完善项目的运营机制，提高管理水平，确保项目能够长期稳定地发挥作用。加强与科研机构的合作，开展生态研究和技术创新，为项目的持续发展提供技术支持。同时，注重与其他生态项目的交流与合作，形成协同发展的良好局面。在这一阶段，还可以通过建立生态教育基地等方式，进一步发挥项目的示范作用，带动更多地区的生态建设。

（4）在项目运营的不同阶段，皆需要注重风险管理。及时识别和应对可能出现的风险因素，如自然灾害、人为破坏等，保障项目的安全和可持续性。同时，要关注社会需求的变化，根据实际情况调整运营策略，以更好地满足人们对美好生态环境的需求。

总之，单个生态项目的建设运营是一个动态过程，需要根据不同阶段的特点和需求制定相应的目标和内容，并持续不断地进行优化和调整。

第三节　生态产业的培育和运营

农村生态文明建设是我国生态文明建设的重要组成部分，而生态产业的培育和运营是其中的关键环节。

在农村生态文明建设中，生态产业的培育具有重要意义。通过发展生态农业、生态林业、生态旅游等产业，可以充分利用农村的自然资源优势，实现经济发展与生态保护的有机结合。同时，生态产业的发展能够为农村居民提供更多的就业机会，提高他们的收入水平，促进农村经济的繁荣。

在生态产业的运营方面需要注重可持续性。要采用科学合理的生产方式和经营管理模式，确保生态产业的长期稳定发展。加强科技创新，提高生态产业的技术含量和附加值是提升生态产业竞争力的重要途径。此外，需要加强与市场的对接，根据市场需求不断调整产业结构和产品类型，以提高生态产业的经济效益。

为了推动农村生态文明建设中生态产业的培育和运营，政府应加大政策支持力度，制定相关优惠政策，鼓励社会资本参与生态产业的发展。同时要加强对农村生态环境的保护和治理，为生态产业的发展创造良好的环境基础。

农村居民也应积极参与生态产业的发展，提高自身的环保意识和生态素养。通过全社会共同努力，可以培育出具有竞争力的生态产业，实现农村生态文明建设的目标，让农村的天更蓝、水更清、山更绿，让人民的生活更加幸福美好。

一、农村生态文明建设重在生态产业培育

（1）生态产业的培育是实现农村可持续发展的关键途径。通过发展生态农业、绿色养殖、可再生能源等产业，不仅能够充分利用农村的自然资源，提高资源利用效率，还能减少对环境的破坏和污染，实现生态与经济的良性互动。

（2）生态产业的发展能为农村带来诸多收益。一方面，它能促进农村经

济增长，增加农民收入，提高农民生活质量；另一方面，生态产业的兴起能带动相关技术的创新和应用，提升农村的科技水平和发展活力。

（3）生态产业的培育有助于保护农村生态环境。以生态农业为例，其强调资源的循环利用和对生态平衡的维护，减少了化学农药和化肥的施用，降低了对土壤和水体的污染，有利于保持农村生态系统的稳定和健康。

（4）加强生态产业培育能增强农民的生态意识和环保理念。当农民亲身参与生态产业的发展时，会更加深刻地认识到生态保护的重要性，从而自觉地保护生态环境。

要推动农村生态文明建设，必须高度重视对生态产业的培育，加大政策支持力度，鼓励科技创新，加强人才培养，引导社会资本投入，让生态产业在农村这片广阔的土地上蓬勃发展，为农村生态文明建设提供坚实的支撑。

二、农村生态文明建设要做好生态产业定位

农村生态文明建设是实现可持续发展的重要基石，而做好生态产业定位是其中的关键环节。在农村生态文明建设中，精准的生态产业定位至关重要，需要结合农村的自然禀赋、资源优势和文化特色，找到最适合当地发展的生态产业方向。比如，一些地区通过绿色种植、有机养殖等方式，既能提供优质的农产品，又能保护生态环境；而一些具有独特自然风光的农村通过重点发展生态旅游，让人们在欣赏美景的同时，增强了生态保护意识。

做好生态产业定位能避免产业同质化和无序竞争。每个地区都有其独特之处，只有找准自身的定位才能在生态产业发展中脱颖而出，形成各具特色的发展格局。同时，生态产业精准定位有利于资源的合理配置和高效利用，实现生态效益、经济效益和社会效益的多赢。

生态产业定位要具有前瞻性和创新性。随着科技的不断进步和社会的发展，农村生态产业需要与时俱进，不断探索新的发展模式和方向。要关注市场动态和需求变化，及时调整产业结构，以适应时代的发展要求。

农村生态文明建设要以生态产业定位为引领，通过科学规划和合理布局，推动生态产业的健康发展，不仅能为农村带来经济增长和就业机会，还能让农村的生态环境更加美好，让农民的生活更加幸福。

三、推动生态产业聚集生态圈建设

生态产业聚集生态圈的建设，旨在将相关生态产业有机整合，形成相互

关联、相互促进的产业集群。在农村地区，推动生态产业聚集生态圈建设可以充分发挥当地的资源优势，实现资源的高效利用和循环利用。比如，利用丰富的农业资源发展生态农业，同时与农产品加工、销售等产业相结合，形成完整的产业链，既能提高农产品的附加值，又可以减少资源浪费。

通过推动生态产业聚集生态圈建设，一方面能促进农村经济的发展，创造更多的就业机会，提高农民的收入水平，让农村更加繁荣；另一方面有利于加强企业之间的合作与交流，促进技术创新和产业升级，提升整个生态产业的竞争力。

同时，生态产业聚集生态圈的建设有助于保护农村生态环境。在产业集群内部可以更好地实施环保措施，加强资源管理和污染治理，实现生态与经济的协调发展。此外，生态圈的形成能够增强农村居民的环保意识，使其更加自觉地参与到生态文明建设中来。

为了推动生态产业聚集生态圈的建设，政府应加大政策支持力度，制定相关优惠政策，吸引企业和资金进入农村生态产业领域。同时，要加强基础设施建设，改善农村的交通、通信等条件，为产业发展提供良好的环境。此外，还要加强人才培养和引进，为生态产业的发展提供智力支持。

在我国农村生态文明建设进程中，构建生态产业聚集生态圈是一项具有深远意义的工作。通过这一举措可以实现农村生态与经济的良性互动，打造出更加美丽、富饶的农村家园，让农村成为生态文明建设的亮丽风景线。

四、集中突破与规模优势相结合

在我国农村生态文明建设中，集中突破和发挥规模优势是至关重要的策略。

（1）集中突破意味着在特定领域或问题上进行重点攻坚，以点带面推动整体发展。通过聚焦农村生态环境中的关键问题，如土壤污染治理、水资源保护等，投入更多的资源和精力，取得显著成效，为其他方面的改善树立榜样，促进整个生态文明建设的发展。

（2）发挥规模优势将分散的力量整合起来，形成强大的合力。在农村地区，可以通过规模化的生态产业发展、生态项目实施等方式，提高效率和效益。大规模的生态农业种植、养殖能够实现资源的集约化利用，减少浪费；同时，统一的环保措施和设施建设能更好地保护生态环境。规模优势还体现在可以吸引更多的投资和合作，推动技术创新和产业升级，为农村生态文明建设注入源源不断的动力。

（3）集中突破与规模优势是相辅相成的。在集中突破的过程中逐步积累经验和资源，为规模优势的发挥奠定基础；而规模优势的形成又能为进一步集中突破提供有力的支撑。通过这种良性循环，农村生态文明建设可不断取得新的进展。

（4）要实现集中突破和发挥规模优势，需要政府、企业和农民等各方的共同努力。政府要制定科学合理的政策，引导和支持农村生态文明建设；企业要积极参与，发挥技术和资金优势；农民则要增强环保意识，积极参与到生态建设中来。

在我国农村生态文明建设中，集中突破和规模优势的结合是一种有效的发展模式，在有限的资源条件下可以取得更大的成果，实现农村生态环境的改善和可持续发展，让农村更加美丽宜居，为广大农民创造更好的生活环境。

五、生态产业运营应实现从“引”到“留”到“聚”

1. 生态产业服务平台的运营构建

在我国农村生态文明建设中，生态产业服务平台的运营构建具有重要意义。生态产业服务平台可以整合各方资源，包括技术、资金、人才等，为生态产业的发展提供全方位的支持。通过平台，农村生态产业企业能够便捷地获取所需信息，进行交流合作，实现资源共享，提升整体竞争力。

生态产业服务平台的运营构建需要注重技术创新和应用。利用先进的信息技术打造线上线下融合的服务模式，提高服务效率和质量。同时，加强与科研机构的合作，推动生态产业技术的研发和转化，为农村生态产业发展提供持续动力。

在服务内容上，生态产业服务平台应涵盖产业规划、项目对接、市场推广、金融服务等多个方面，满足生态产业企业不同阶段的需求。生态产业服务平台可以提供培训和咨询服务，提升企业的管理水平和创新能力。

此外，生态产业服务平台的运营需要建立完善的监管机制，确保服务质量和公平竞争。要注重与政府部门的协同合作，争取政策支持，营造良好的发展环境。

通过构建生态产业服务平台能够更好地推动农村生态文明建设，促进生态产业的蓬勃发展，实现农村经济的可持续增长，让农村更加美丽富饶，农民生活更加幸福。

2. 抓好生态产业招商服务平台建设

在我国农村生态文明建设中，抓好生态产业招商服务平台的建设至关重要。通过构建生态产业招商服务平台，可以汇聚各类生态产业项目信息，吸引更多优质企业和资金进入农村，推动生态产业的规模化发展。

生态产业招商服务平台应提供全面服务，包括项目推介、政策解读、对接洽谈等环节，让招商过程顺畅高效。同时，要注重与企业的沟通互动，了解其需求和困难，提供针对性解决方案。

通过这一平台还能促进农村生态资源的合理开发利用，实现经济效益与生态效益的有机统一。同时，有助于引进先进的技术和管理经验，提升农村生态产业的整体水平。

此外，生态产业招商服务平台的建设需要加强与相关部门的协作配合，形成工作合力。积极营造良好的营商环境，让企业在农村安心发展。抓好生态产业招商服务平台建设，可为我国农村生态文明建设注入新的活力，推动农村经济的可持续发展，让农村的生态环境更加美好，让人民的生活更加幸福。

3. 抓好投融资平台建设

投融资平台的建立能够为农村生态文明建设项目提供稳定的资金支持。通过这一平台，可以吸引社会资本，拓宽融资渠道，解决农村生态文明建设资金不足的问题。

投融资平台可以整合资源，将各类投资机构、金融机构与农村生态项目对接起来，提高融资效率。同时，还能为投资者提供相关信息和服务，增加投资的便利性和安全性。

此外，投融资平台要发挥好引导作用，鼓励更多的企业和个人参与到农村生态文明建设中来，形成多元化的投资格局。同时，要加强风险防控，保障投资者的权益。

要抓好投融资平台建设，推动农村生态产业的发展，促进农村环境的改善和生态资源的保护。这对实现农村可持续发展、建设美丽宜居乡村具有重要意义。

4. 公共资源平台建设

在农村生态文明建设中，公共资源平台建设起着至关重要的作用。

公共资源平台的构建有助于整合农村的各类公共资源，如土地、水资源、森林资源等，实现资源的优化配置和高效利用。要通过信息化手段让资源信息更加透明化，便于管理和调配。

公共资源平台还能为农村生态文明建设提供技术支持和服务保障，可以会聚相关领域的专家和技术人才，为农村生态项目提供专业指导和建议。同时，公共资源平台能促进农村生态技术的交流与推广，提升农村生态文明建设的整体水平。

此外，公共资源平台有利于加强农村生态保护的宣传教育，提高农民的环保意识和参与度，让农民更加了解和珍惜身边的资源，积极主动地参与生态文明建设。

抓好公共资源平台建设可为我国农村生态文明建设提供坚实的基础，推动农村生态环境的持续改善，实现农村经济、社会与环境的协调发展。

5. 人才服务平台建设

人才是推动农村生态文明建设的关键力量，而人才服务平台是吸引、会聚和培养人才的重要载体。通过人才服务平台可以搭建起农村与人才之间的桥梁，让更多的优秀人才了解农村、投身到农村生态文明建设中。

人才服务平台应提供全面的人才服务，包括人才招聘、培训、交流等环节。为农村生态建设吸引各类专业人才，如环保专家、生态农业专家等，满足不同项目的需求。同时，要注重对现有人才的培养和提升，通过培训和学习提高其专业素养和创新能力。

人才服务平台还应促进人才之间的交流与合作，形成良好的人才生态环境，让不同领域的人才相互学习、相互启发，共同推动农村生态文明建设的发展。

此外，人才服务平台要加强与农村地区的联系，了解农村的实际需求和发展状况，为人才提供有针对性的服务和支持。积极营造良好的工作和生活环境，让人才能够安心在农村工作。

抓好人才服务平台建设可为我国农村生态文明建设提供强大的智力支持

和人才保障。只有吸引和培养更多的优秀人才，才能更好地实现农村生态文明建设的目标，让农村更加美丽、宜居，让人民的生活更加幸福。

6. 智慧服务平台建设

智慧服务平台利用先进的信息技术，如物联网、大数据、人工智能等，为农村生态建设提供全方位的支持和服务。它可以实时监测农村的生态环境状况，包括空气质量、水质、土壤质量等，让相关部门和农民能够及时了解环境变化，以采取相应的措施。

同时，智慧服务平台可整合农村的各种资源，如农业生产资料、农产品销售渠道等，实现资源的优化配置和高效利用。通过智能化管理，可提高农村生态产业的运营效率、降低成本、增加收益。

智慧服务平台还可以为农民提供便捷的服务，如在线农技咨询、市场信息查询等，帮助农民更好地进行农业生产和经营。此外，平台可加强农村生态文化的宣传和推广，提高农民的环保意识和生态文明素养。

智慧服务平台能促进农村与城市之间的交流与合作，让城市的先进技术和理念更好地服务于农村生态文明建设，还可以与相关部门的管理系统进行对接，实现信息共享和协同管理，提高农村生态文明建设的整体水平。

总之，智慧服务平台是推动我国农村生态文明建设的重要手段，可为农村的生态发展带来新的机遇和活力。我们要积极推进智慧服务平台的建设，让农村更加美丽、宜居，让农民的生活更加美好。

第四节　生态产业 IP 打造与运营

农村生态产业 IP 不仅是一个标识，更是一种独特的魅力体现。它代表着个性与稀缺性的完美融合，将传统与现代紧密结合在一起。

农村生态产业 IP 拥有与众不同的个性，它扎根于乡村的土地，汲取着大自然的养分，展现出乡村独有的风情与特色。每一个农村生态产业 IP 都是独一无二的，无法被轻易复制，这正是稀缺性的体现。它像一颗璀璨的明珠，在乡村大地上闪耀着独特的光芒。

同时，农村生态产业 IP 是传统与现代的结合体。它传承着乡村的悠久历史和文化底蕴，保留着传统的技艺和智慧。但它又与时俱进，不断创新，融入现代科技和理念，以适应时代的发展需求。这种传统与现代的结合让农村生态产业 IP 既具有历史厚重感，又充满着时代活力。

一、农村生态产业 IP 打造的五个逻辑

1. 农村生态产业 IP 的生长逻辑

在农业生态产业中，一个优秀的 IP 可以贯穿规划、投资、运营、营销、服务等各个环节，形成完整的生长逻辑。

在规划阶段，IP 是产业蓝图的核心。要基于 IP 的特色和定位，制定出科学合理的产业规划，明确发展方向和目标。

在投资方面，IP 可吸引更多的资金投入，为产业的发展提供坚实的财务支持。

在运营过程中，IP 赋予了产业独特的魅力和价值。要精心管理和运营，确保产业的高效运转，提升产品质量和生产效益。

营销环节是展现 IP 价值的关键。要利用各种渠道和手段将 IP 推广出去，吸引消费者的关注，提升品牌知名度和影响力。

服务是贯穿始终的重要环节。要以优质的服务满足消费者的需求，增强消费者对 IP 的认同感和忠诚度。

IP 在农业生态产业中发挥核心作用，可将各个环节紧密串联起来，形成良性循环。从规划的前瞻性到投资的保障性，从运营的高效性到营销的推广力，再到服务的贴心关怀，IP 如同一条纽带将整个产业生态系统紧密连接在一起，推动其不断发展壮大。

在这个过程中，只有不断创新和优化，适应市场变化和消费者需求，才能让农业生态产业在竞争激烈的市场中脱颖而出，实现可持续发展。

2. 农村生态产业 IP 的组织逻辑

在农村生态产业中，一个强有力的 IP 能够将地方政府、投资者、当地居民、规划运营服务机构和游客等利益相关者紧密联系在一起，形成一个有机整体。

地方政府在其中扮演着重要角色，其通过政策支持和资源投入，为 IP 的打造和产业的发展提供保障。同时，地方政府借助 IP 提升地区的知名度和形象，促进经济的发展。

投资者看到了 IP 的潜力，愿意将资金投入到农业生态产业中，推动其不断发展壮大。投资者与地方政府合作，共同为农业生态产业的繁荣贡献力量。

当地居民是产业的直接受益者，其以各种方式参与农村生态产业，如提供劳动力、参与经营等。IP 的存在让其对家乡有更强的归属感和认同感。

规划运营服务机构负责将 IP 落地实施，通过专业的规划、运营和服务，确保农业生态产业顺利推进。农业生态与其他利益相关者密切合作，共同打造优质的产业环境。

游客被 IP 吸引而来，为农业生态产业带来了活力。同时，游客的体验和反馈促使农业生态产业不断改进和完善。

一个好的 IP 就像一根纽带，将利益相关者紧密联系在一起，形成一个相互依存、相互促进的生态产业组织。大家为了农业生态产业的发展而共同努力，实现共赢的局面。这样的组织逻辑不仅能够推动农村生态产业的繁荣，而且为地方的可持续发展奠定了坚实的基础。

3. 农村生态产业 IP 的运营逻辑

在我国农村生态文明建设中，具有影响力的 IP 能够推动农村生态产业的运营和发展。

核心资源是整个体系的关键，如独特的自然景观、特色农产品等，IP 将其打造成为具有代表性和吸引力的核心元素。

重点资源则围绕核心资源展开，包括与之相关的文化活动、特色体验等，可进一步丰富游客的体验和感受。

基础资源包括良好的基础设施、整洁的环境等，它们是产业运营的基础保障，IP 可促使其不断完善和提升。

无形资源如当地的文化传统、民俗风情等，通过 IP 的塑造和传播，可使其更具魅力和吸引力。

有形资源涵盖了各种物质资源，如建筑、景观等，IP 可赋予它们新的价值和意义。

IP 就像一根魔法棒，将这些资源有机地串联起来，形成一个完整的体系。游客在这个体系中能够感受到各种各样的体验，从而被吸引。同时，IP 能带动相关产业的发展，如旅游、农业、服务业等，促进农村经济的繁荣。

农村生态产业运营者通过打造和运用IP，不断提升资源体系的品质和吸引力，实现可持续发展。不仅有助于保护农村生态环境，而且能为当地居民带来更多的发展机会和福祉。

4. 农村生态产业IP的补位逻辑

一个具有影响力的IP能够对一个城市群产生深远的影响，通过产业补位、品牌补位、投资补位、体验补位等多个角度，形成独特的农村生态产业补位逻辑。

在产业补位方面，IP能够发现并填补城市群中农村生态产业的空白，引入新的产业元素和发展模式，促进产业结构的优化和升级。

品牌补位是指通过打造具有独特魅力的IP品牌，提升城市群中农村生态产业的知名度和美誉度，吸引更多的关注和投资。

投资补位体现在IP可吸引更多的资本进入农村生态产业，为产业发展提供充足的资金支持，推动产业快速发展。

体验补位强调通过IP创造与众不同的体验，让游客充分感受农村的生态魅力，增强游客的黏性和满意度。

一个成功的IP如同催化剂，在农村生态文明建设中引发一系列连锁反应。不仅能够带动相关产业的发展，还能提升城市群的整体形象和竞争力，为农村地区带来更多的发展机遇和活力。

同时，IP能促进城乡之间的交流与合作，推动城乡一体化发展。在这个过程中，农村生态产业不断完善和创新，形成良性循环，为城市群的可持续发展提供了坚实基础。

5. 农村生态产业IP的消费逻辑

在我国农村生态文明建设中，独特的IP（知识产权）可以成为串联一系列体验系统的核心，形成独特的生态产业消费逻辑。

生理体验是基础，农村清新的空气、干净的水源、绿色的田野等能给消费者带来身心的愉悦和放松。消费者通过亲身体验农耕劳作，感受大自然的魅力，享受健康的生活方式。

情感体验则进一步加深了消费者与农村生态的联系。在这里，人们可以感受乡村的淳朴与温暖，体验浓厚的乡土情怀，与当地居民建立起真挚的情感纽带。

文化体验是农村生态文明建设的重要组成部分。丰富的民俗文化、传统技艺、乡村故事等，让消费者领略农村的历史底蕴和文化魅力的同时，也增强了其对传统文化的认知和尊重。

技术体验则为农村生态产业带来了创新与发展。现代科技在农业生产中的应用，如智慧农业、生态监测等，让消费者感受到科技与生态的完美结合，提升了整个体验的科技含量和趣味性。

作为核心的 IP 将这些不同的体验有机地串联起来，形成一个完整的生态产业消费系统。消费者在这个系统中能够全方位地感受农村生态文明的独特魅力，从而激发他们对生态保护和可持续发展的关注与支持。

要基于以上五个逻辑的支撑，打造特色鲜明的农村生态产业 IP。农村生态产业 IP 是乡村振兴的重要力量，为农村经济的发展注入了新的活力。它吸引着人们的目光，让更多的人了解和关注农村，为农村带来了机遇和发展空间。让我们一起努力打造更多具有个性与稀缺性、传统与现代相结合的农村生态产业 IP，为农村的发展贡献力量。

二、生态产业 IP 的打造路径

1. 找定位

在我国农村生态文明建设中，生态产业 IP 打造的重点是要找到生态产业项目的独特识别物。

可以从以下角度确定定位。

（1）从历史文脉中找 IP：深挖乡村特色，打造属于其独有的乡村文化 IP。

（2）从风土人情中找 IP：将风土人情作为生态产业项目的独特识别物。

（3）从名人事迹中找 IP：以名人事迹为切入点，打造具有地方特色的生态产业项目 IP。

（4）从资源特色中找 IP：借助地方资源特色，塑造独特的生态产业项目 IP。

（5）从地方美食中找 IP：基于地方美食，打造具有地域特色的生态产业项目 IP。

（6）无中生有创造 IP：基于神话故事，创造独特的生态产业 IP。

例如四川雅安：雅安正在大力倡导“安逸走四川　熊猫看雅安”文旅IP，借着这股东风，深挖乡村特色，打造属于其独有的乡村文化IP。

总之，找定位就是要找生态产业项目的独特之处，从而打造具有差异化的生态产业IP。

2. 找爆点

在我国农村生态文明建设中，为找到生态产业项目的爆点，可以从以下几个方面入手。

（1）挖掘当地的特色资源。比如，某乡村拥有独特的温泉资源，可以围绕温泉打造一系列特色体验项目，如温泉疗养、温泉美食等，吸引游客关注。

（2）结合当地的传统文化。一些乡村具有悠久的历史和丰富的文化底蕴，如传统手工艺、民俗活动等，可以将这些元素融入生态产业项目中，增加其文化内涵和吸引力。例如，某乡村以传统的剪纸艺术闻名，可以开展剪纸体验、剪纸展览等活动，让游客在感受传统文化魅力的同时，了解当地的生态产业。

（3）打造独特的体验项目。创新设计，提供与众不同的体验，如乡村冒险、亲子农耕等，让人们在参与中留下深刻印象。比如，有乡村打造了“夜间萤火虫观赏”项目，在夜晚营造浪漫神秘的氛围，吸引了大量游客。

（4）利用社交媒体进行宣传。借助网络的力量将生态产业项目的特色和亮点传播出去，引发话题和关注。比如，某乡村的“彩虹稻田”景观在社交媒体走红，吸引了众多游客前来打卡拍照。

总之，找到生态产业项目的爆点需要深入挖掘当地的特色和优势，结合创新思维和宣传手段，打造具有吸引力和影响力的项目，推动农村生态文明建设的发展。

3. 找“粉丝”

在我国农村生态文明建设中，寻找生态产业项目的“粉丝”，可以采取以下几种方法。

（1）与当地居民建立紧密联系。让他们成为生态产业项目的忠实拥护者和传播者，通过他们的口碑宣传吸引更多人关注。比如，某乡村在发展生态旅游项目时，积极与村民沟通合作，让村民参与到项目中来，村民们便主动向亲朋好友推荐，吸引了不少游客前来观光。

（2）开展互动活动。通过举办各种线上线下活动，吸引游客参与，让其在参与过程中逐渐转化为“粉丝”。比如，某乡村举办了“生态摄影大赛”，吸引了众多摄影爱好者前来拍摄，让更多人了解了这个乡村的生态之美。

（3）与相关机构合作。与学校、社团、企业等合作，开展科普、研学等活动，吸引其成为生态产业项目的“粉丝”。例如，某乡村与一所学校合作开展了“生态研学之旅”，学生们在体验中感受到了生态产业的魅力，成为该项目的忠实“粉丝”。

（4）提供优质服务。以周到而高水准的服务让游客感受到项目的价值，从而成为“回头客”和“粉丝”。比如，某乡村民宿不仅环境优美，服务也十分周到，让游客感受到了家的温暖，很多游客会选择再次光顾。

总之，需要用心经营，通过多种方式与目标群体建立联系，让其感受到生态产业项目的魅力，从而成为项目的忠实支持者。

4. 做体验

在我国农村生态文明建设中，打造生态产业项目 IP 可以从以下几个方面来做体验。

（1）打造独特的农村生态景观。例如，利用农村的自然风光、田园风光、传统村落等资源，打造具有特色的生态景观，吸引游客前来观赏和体验。

（2）开展农村生态旅游活动。例如，开展农家乐、乡村民宿、农耕体验、农产品采摘等活动，让游客亲身感受农村生态文化的魅力。

（3）举办农村生态文化节庆活动。例如，举办农村生态文化节、农产品展销会、民俗文化活动等，让游客了解和体验农村生态文化的丰富内涵。

（4）开发农村生态文化产品。例如，开发农村生态文化纪念品、手工艺品、农产品等，让游客可以保留农村生态文化的记忆。

（5）提供农村生态文化教育服务。例如，开展农村生态文化讲座、培训、科普等活动，让游客了解农村生态文化的知识和价值。

示例

上海市青浦区朱家角镇张马村打造了“寻梦源・梦水乡”的生态产业项目 IP。该项目以江南水乡为主题，设计了一系列具有当地特色的生态景观和旅游活动，吸引了大量游客前来体验。同时，该项目注重与当地居民的互动和合作，让居民参与项目的建设和运营，共同推动农村生态文明建设。

第十章

农村生态文明建设典型案例分析

第一节　农村生态制度建设的案例分析

【案例一】

溆浦县农村生态制度建设

一、主要内容

1. 建立健全生态制度体系

溆浦县高度重视农村生态制度建设，制定了一系列全面而系统的政策和法规。这些制度涵盖了生态环境保护、资源利用管理、污染防治、生态补偿等多个方面，为农村生态文明建设提供了坚实的法律保障和政策保障。同时，溆浦县建立了严格的责任追究机制，以确保各项制度的有效落实。

2. 加强环境综合治理

在农村环境综合治理方面，溆浦县采取了多项措施。一是大力推进农村生活污水治理，建设了一批污水处理设施，有效减少了污水对环境的污染。二是加强农业面源污染治理，推广生态农业技术，减少了化肥、农药的使用量，降低了农业面源污染风险。三是开展农村垃圾治理，建立了完善的垃圾收集、转运和处理体系，改善了农村环境卫生状况。

3. 推动绿色生态经济发展

溆浦县充分发挥自身生态资源优势，积极培育和发展绿色生态经济。一方面，大力发展生态农业，打造了一批特色农产品品牌，提高了农产品附加值。另一方面，积极发展生态旅游，利用其独特的自然景观和人文资源，开发了一系列旅游项目，吸引了大量游客前来观光旅游，带动了当地经济的发展。

二、关键流程

1. 规划与设计

溆浦县对农村生态文明建设进行了全面规划和设计。通过深入调研和分析，明确了农村生态文明建设的目标、任务和重点领域，制定了详细的实施方案和行动计划。在规划过程中充分考虑了当地的自然环境、经济社会发展状况和居民的需求，确保规划的科学性和可行性。

2. 制度制定与完善

在规划的基础上，溆浦县制定了一系列生态制度，包括生态环境保护制度、资源利用管理制度、污染防治制度等。同时，根据实际情况的变化和发展需求，不断对制度进行完善和修订，确保制度的适应性和有效性。

3. 实施与执行

制度关键在于实施和执行。溆浦县通过加强组织领导、明确责任分工、强化监督检查等措施，确保各项制度得到有效落实。在实施各项制度过程中，应注重发挥政府、企业、社会组织和居民的作用，形成全社会共同参与农村生态文明建设的良好氛围。

4. 监测与评估

为了及时掌握农村生态文明建设的进展和效果，溆浦县建立了完善的监测和评估机制。通过对生态环境质量、资源利用效率、经济发展水平等方面进行监测和评估，及时发现问题，采取措施进行整改，不断提高农村生态文明建设的质量和水平。

三、执行效果

1. 生态环境明显改善

通过实施一系列环境综合治理措施，溆浦县的生态环境得到了明显改善。空气质量显著提升，水体质量得到有效保护，土壤污染得到有效治理，生态系统的稳定性和多样性得以加强。

2. 经济发展质量提升

绿色生态经济的发展为溆浦县带来了新的经济增长点。生态农业和生态旅游业的发展不仅提高了农产品的附加值和旅游收入，还带动了相关产业的发展，促进了农村经济的转型升级。

3. 社会和谐稳定

良好的生态环境和经济的健康发展，为居民提供了更好的生活条件和发展机会，促进了社会的和谐稳定。居民的环保意识和生态意识不断增强，形成了爱护环境、保护生态的良好社会氛围。

四、分析与总结

1. 成功经验

（1）坚持科学规划。溆浦县在农村生态制度建设过程中始终坚持科学规划，充分考虑了当地的自然环境、经济社会发展状况和居民的需求，确保了规划的科学性和可行性。

（2）强化制度保障。溆浦县建立健全了一系列生态制度，为农村生态文明建设提供了坚实的法律和政策保障。同时，通过严格的责任追究机制，确保了各项制度的有效落实。

（3）注重综合治理。溆浦县采取了多种措施加强环境综合治理，包括生活污水治理、垃圾治理、农业面源污染治理等，有效改善了农村环境状况。

（4）推动经济转型。溆浦县充分发挥生态资源优势，积极培育和发展绿色生态经济，实现了生态与经济社会的和谐发展。

2. 面临的挑战

（1）资金投入不足。农村生态制度建设需要大量的资金投入，包括环境治理、基础设施建设、生态补偿等。但目前资金投入相对不足，制约了生态建设的进程。

（2）技术支撑不够。农村生态制度建设涉及很多技术问题，如污水处理、垃圾处理、生态修复等。但目前技术支撑不够，影响了生态建设的效果。

（3）居民参与度不高。部分居民对农村生态制度建设的重要性认识不足，参与度不高，影响了农村生态文明建设的社会基础。

3. 改进措施

（1）加大资金投入。通过多种渠道筹集资金，加大对农村生态制度建设的资金投入，确保各项工作顺利开展。

（2）加强技术研发和推广。加强与科研机构的合作，加大对生态技术的研发和推广力度，提高农村生态文明建设的技术水平。

（3）提高居民参与度。加强宣传教育，提高居民对农村生态制度建设的认识和参与度，形成全社会共同参与农村生态文明建设的良好氛围。

总之，溆浦县农村生态制度建设取得了显著成效，为我国农村生态文明建设提供了有益启示和借鉴。但同时面临一些挑战，需要不断改进和完善。在未来的发展中，应继续坚持科学规划、强化制度保障、注重综合治理、推动经济转型，不断提高农村生态文明建设的质量和水平，为乡村振兴和美丽中国建设做出更大的贡献。

通过对溆浦县农村生态制度建设的深入分析，可以看到农村生态制度建设对促进农村可持续发展、改善农村生态环境、提高农民生活质量具有重要意义。同时，为其他地区提供了宝贵的经验和借鉴。我们相信，在全社会的共同努力下，我国农村生态文明建设将取得更加丰硕的成果，农村生态环境将得到进一步改善，农民的生活将更加美好。

【案例二】

日本静冈县富士宫市木之花家园

一、背景

木之花家园位于日本富士山脚下，最初由 20 个志同道合的人于 1994 年创立。木之花家园成员追求与自然和谐共生，秉持可持续发展的理念，采用不施用化肥与农药的自然农法，过着共享、和睦的生活。

木之花家园成员共同努力发展农业，成功实现了社区的自给自足。他们的生活方式和理念吸引了众多人关注，成为生态社区的典范。

随着木之花家园的发展壮大，成员数量逐渐增加。木之花家园不仅在农业生产上取得了成就，还在社区建设、文化活动等方面进行了积极探索和实践。

如今，木之花家园已成为一个知名的生态村，吸引了来自世界各地的人们前来参观和学习。他们的经验和模式对推动可持续发展和农村生态文明建设具有一定的启示意义。

二、主要制度内容

（1）共享经济：木之花家园采用财产共有、平均分配的经济模式，居民共同工作，收入均分，生活费用共担。

（2）六次产业一条龙：采用一条龙生产模式，将第一产业（农业）、第二产业（工业）和第三产业（服务业）相结合，实现生产、加工、运输、贩卖农产品等多种功能。

（3）生态绿色理念：在生态建设方面，木之花家园坚持使用生态材料，尽量利用原有材料进行建设，同时注重食品安全、自然的恢复和重建以及生态家园综合性设计。

三、制度关键流程

（1）社区创立：1994 年，20 位志同道合者在富士山脚下创立了木之花农园，后改名为木之花家园。

（2）居民分工：居民发挥各自的才能和天赋，分别从事农事、料理、育儿、精神疾病患者的照顾、音乐创作、对外的信息发布、农产品配送、餐厅经营等工作。

（3）经济模式：实行自助式经济模式，财产共有，平均分配。居民努力工作取得收入并与他人分享，去除不平等，共享劳动收益。

（4）生态建设：在建设和改造中尽量使用生态材料，利用原有材料进行建设，同时注重有机食品的生产和自然的恢复。

四、执行效果

（1）经济上自给自足：通过六次产业一条龙发展模式，木之花家园实现了自给自足，居民不施用化肥与农药，采用自然农法，过着共享、和睦的生活。

（2）社区和谐发展：财产共有和平均分配的经济模式，以及相互服务的工作方式，促进了社区的和谐发展，居民在平等、快乐的氛围中生活。

（3）生态环境良好：基于生态绿色理念，木之花家园的生态环境得到了很好的保护和恢复。

五、分析与总结

1. 优点

（1）共享经济模式：促进了社区的团结和合作，消除了贫富差距，提高了居民的生活质量。

（2）六次产业一条龙：实现了资源的有效利用和经济的可持续发展。

（3）生态绿色理念：保护了环境，提高了居民的环保意识。

2. 挑战

（1）经济压力：财产共有和平均分配的经济模式给居民带来一定的经济压力，需要居民之间高度信任和合作。

（2）人才需求：社区的发展需要各种人才，如农事、料理、育儿等，需要吸引和留住足够多的人才。

（3）文化差异：不同文化背景的人在社区日常生活中会发生冲突，需要加强文化交流和理解。

总体来说，日本木之花家园的农村生态制度建设为我们提供了有益的借鉴。基于共享经济、六次产业一条龙和生态绿色理念，木之花家园实现了经济、社会和环境的协调发展。但是，在借鉴其成功经验时，需要根据本国国情和文化背景进行调整和创新，以实现农村生态制度建设的可持续发展。

第二节　农村生态安全的案例分析

【案例一】

荆门市沙洋县持续改善水环境质量

一、背景

随着经济发展和人民生活质量的快速提高，农村环境基础设施建设滞后问题日益显现，人居环境较差，村民缺乏生活污水处理知识，随意处置污水和垃圾的现象较为普遍，农村生活污水治理关系着千家万户，是群众反映强烈的难点问题。

二、主要举措

1. 坚持一张蓝图绘到底

编制《沙洋县县域农村生活污水治理规划（2020—2025 年）》，对全县农村污水排放情况进行大起底，完善污水处理设施建设和管理运营机制，力争到 2025 年全县 13 个镇、3 个功能区、233 个行政村生活污水治理全覆盖，治理率达 60%以上。分年度制订工作计划，结合长湖、西荆河、竹皮河等流域治理规划，全域推进农村生活污水收集管网、处理设施建设。

2. 坚持两项规范抓到底

（1）规范建设。实行“一套方案、一个标准、一支队伍、一抓到底”的农村生活污水处理设施建设模式，严格按照年度工作计划，根据村庄居住方式的不同，探索出三类建设模式，对于居住相对集中的村庄，建设集中式处理设施；对于人口密度小的村庄，推广邻里联建或单户独建生活污水处理池；对于邻近城区、集镇的村庄，完善污水管网，并入城镇污水处理厂集中处理。同时安排专业人员全过程指导服务，确保新建的设施技术先进、程序规范、质量可靠、效益明显。

（2）规范管理。制定《沙洋县农村生活污水处理管理办法》，落实镇、村专（兼）职人员维护管理职责。村级设立公益性岗位，聘请家庭困难群众对农村生活污水处理设施进行管理。镇级明确专人负责主管网巡查，重点检查跑、冒、堵、漏的情况。县级成立检查组，并谋划由第三方专业公司专业运维办法，定期开展农村生活污水治理专项检查，确保设施正常运行发挥实效。

3. 坚持三措并举治到底

压实共治责任，成立由县分管领导为组长的农村生活污水治理工作专班，每年年初印发下达《沙洋县农村环境整治暨生活污水治理计划》，强化县、镇、村“三级”治理责任，构建“政府主导、部门主抓、乡镇主体、村组主管、社会参与”的全域治理模式，并将此项工作作为年度重点考核项，纳入年底生态文明建设考核，合力推进农村环境综合整治暨污水处理建设工作。

三、执行效果

2016年至今，沙洋县累计投入资金1.5亿元，建设12座乡镇污水处理厂；累计投入资金8000余万元，建成集中式农村生活污水处理设施142处，其中一体化农村污水处理设施54处、生态塘12处、人工湿地76处；建设分散式处理设施1064处，遍及99个建制村，惠及农户近5万户，受益人口近20万人。全县行政村农村生活污水治理率从2016年的4.3%提高到2022年的42.48%，提升幅度达39%，在2021年、2022年乡村振兴“农村生活污水处理水平”指标考核排名中沙洋县均居全省前列，并涌现出众多生态宜居示范典型，在全县共13个镇成功创建11个省级生态文明建设示范镇、1个省级森林城镇、1个全国文明村、6个省级宜居村庄、14个省级绿色示范乡村和93个省级生态文明建设示范村。

四、分析与总结

（1）因地制宜，科学规划：根据不同村庄的居住方式，采用集中式、邻里联建或单户独建等建设模式，确保污水处理设施的适用性和有效性。

（2）规范建设与管理：制定统一的建设方案和标准，安排专业人员指导服务，同时明确各级管理职责，确保设施的建设质量和正常运行。

（3）压实责任，形成共治格局：成立工作专班，明确各级治理责任，并将其纳入考核体系，推动政府、部门、乡镇、村组和社会共同参与农村污水治理。

（4）取得显著成效：通过实施“123”农村污水治理模式，沙洋县的农村生活污水治理率大幅提高，生态环境得到明显改善，同时涌现出一批生态宜居示范典型。

通过以上案例可以看出，农村生态环境质量改善需要综合考虑当地实际情况，采取科学合理的措施，并形成有效的治理机制和责任体系。

【案例二】

琴江满族村的生态系统保护

一、背景

福建省福州市长乐区琴江满族村坐落于美丽的闽江口畔，是一个拥有深厚历史文化底蕴和独特自然风光的村庄。随着工业化和城镇化的快速推进，农村地区面临较大的生态压力。琴江满族村也不例外，森林砍伐、水土流失、垃圾污染等问题逐渐凸显，威胁着当地的生态安全和可持续发展。

意识到生态环境恶化的严重性后，当地政府和村民开始积极行动起来，致力于保护和恢复村庄的生态系统。

二、主要举措

1. 生态保护规划的制定

为了确保生态保护工作的有序进行，专业的规划团队深入琴江满族村进行调研和分析。他们综合考虑了村庄的自然地理条件、生态环境现状、人口分布以及经济发展需求等因素，制定了详细的生态保护规划。规划明确了生态保护的目标、任务和具体措施，将村庄划分为生态保护区、生态修复区和生态发展区等不同区域，实行分类管理。这为后续的保护工作提供了坚实的基础和明确的方向。

2. 森林资源的保护与恢复

加强森林资源保护是琴江满族村生态系统保护的重要一环。为此，村庄设立了严格的森林防火检查站，配备了专业的护林人员，严禁任何形式的乱砍滥伐行为。同时，积极开展植树造林活动，选择适合当地生长的树种进行栽种，提高森林覆盖率。此外，通过宣传教育等方式，提高村民对森林资源重要性的认识，增强他们保护森林的自觉性和主动性。

3. 水土保持工程的实施

为了减少水土流失，琴江满族村实施了一系列水土保持工程：修建了坚固的梯田，减缓了雨水对土壤的冲刷；在山坡上铺设了护坡，防止山体滑坡和土壤流失。同时，推广沼气池、使用太阳能等清洁能源，减少了传统能源对环境的破坏，进一步降低了水土流失的风险。

4. 垃圾处理系统的建立与完善

琴江满族村建立了完善的垃圾分类收集和处理系统，在村内设置了多个垃圾分类投放点，配备专门的垃圾收集车辆，定期将垃圾运往垃圾中转站进行分类处理。同时，加强了对村民的环保宣传教育，提高了其垃圾分类意识和能力。通过这些措施有效地减少了垃圾对环境的污染，保持了村庄的整洁和美丽。

5. 生态旅游的发展与推动

琴江满族村充分利用其历史文化和自然景观资源，大力发展生态旅游。村庄建设了游客中心、停车场等基础设施，为游客提供了便利的服务。同时，加强对旅游景区的管理和保护，确保旅游活动对生态环境的影响最小化。生态旅游的发展不仅为村庄带来了新的经济增长点，还提高了村庄的知名度和美誉度，促进了村庄的整体发展。

三、执行效果

1. 生态环境明显改善

通过实施一系列保护措施，琴江满族村的生态环境得到了显著改善。森林覆盖率明显提高，水土流失得到有效控制，空气质量和水质得到了极大提升。遭到破坏的自然生态系统逐渐恢复生机，各种珍稀动植物重新出现，为村庄增添了无限生机与活力。

2. 促进经济发展

生态旅游的发展为村庄带来了可观的经济效益。游客的涌入带动了餐饮、住宿、购物等相关产业的发展，为村民创造了更多的就业机会和收入来源。同时，沼气池、太阳能等清洁能源的推广使用不仅降低了村民的生活成本，还提高了其生活质量。

3. 提高社会效益

生态保护工作的开展提高了村民的环保意识和生态文明素养。村民更加关注生态环境问题，积极参与到生态保护的各项活动中来。村庄的和谐氛围更加浓厚，邻里关系更加融洽，社会秩序更加稳定。

四、分析与总结

1. 科学规划的重要性

琴江满族村的生态保护工作之所以能够取得显著成效，是因为科学合理的规划起到了关键作用。规划明确了保护的目标和任务，为各项保护措施的实施提供了指导和依据。只有在科学规划的基础上才能确保生态保护工作的有序进行，实现生态环境的可持续保护和发展。

2. 综合治理的有效性

采取多种保护措施进行综合治理，是琴江满族村生态保护工作的成功经验。森林保护、水土保持、垃圾处理等措施相互配合，形成了一个有机整体，共同发挥作用。只有通过综合治理才能全面解决生态系统面临的各种问题，实现生态环境的全面改善。

3. 公众参与的积极意义

村民的积极参与是琴江满族村生态保护工作取得成功的重要保障。通过宣传教育等方式提高村民对生态保护的认识和参与度，使其成为生态保护的“主力军”。只有充分调动公众的积极性，让每个人都成为生态保护的参与者和推动者，才能真正实现生态环境的保护和改善。

4. 生态经济发展的创新模式

将生态保护与经济发展相结合，探索出生态经济发展的创新模式，是琴江满族村的一大亮点。生态旅游的发展不仅实现了生态效益和经济效益的双赢，还为其他农村地区提供了启示和借鉴。只有创新发展模式才能在保护生态环境的同时，实现经济的可持续发展。

总之，琴江满族村的生态系统保护案例为我国农村地区的生态保护工作提供了启示和借鉴。在未来的发展中，应继续加强农村生态系统保护，推动农村生态环境的持续改善，为乡村振兴和美丽中国建设做出更大的贡献。同时，要不断总结经验，探索创新，推动农村生态保护工作向更高水平迈进。

第三节　农村生态空间的案例分析

【案例一】

龙观乡自然保护地融合发展

一、背景

龙观乡位于浙江省宁波市海曙区，地处四明山东麓，拥有得天独厚的自然生态资源。这片土地上的生态资源丰富、多样，山峦起伏、溪流纵横、森林茂密。然而，随着经济的快速发展和人类活动的增加，生态环境面临着诸多挑战。

在生态文明建设的大背景下，龙观乡意识到保护自然生态的重要性和紧迫性。同时，乡村振兴战略的实施为该乡提供了新的发展机遇。如何在保护生态环境的前提下实现经济的可持续增长和社会的全面发展，成为龙观乡面临的重要课题。为此，龙观乡积极探索自然保护地的融合发展模式，以实现生态与经济、社会的协调统一。

二、主要内容和关键举措

1. 资源保护与修复

（1）划定生物多样性优先区：龙观乡通过深入研究和科学评估，确定了生物多样性最为丰富的区域，并将其划定为优先保护区。这一举措有助于集中力量保护关键物种和生态系统，为生物多样性的维护提供了坚实基础。

（2）规划建设“北中南”三片区自然保护地发展空间布局结构：根据龙观乡的地理特点和生态资源分布，合理规划了“北中南”三个片区的自然保护地发展空间布局。北部以山区为主，注重对森林生态系统的保护和修复；中部依托河流和湿地，注重加强对水资源的保护和对生态廊道的建设；南部则结合农业景观，推动生态农业和田园风光的融合发展。

（3）对“五龙潭”风景区、“中坡山”森林公园等进行景观修复：针对这些自然保护地内受损的生态景观，龙观乡采取了一系列修复措施，包括植被恢复、水土流失治理、景观重塑等。经过努力，不仅恢复了自然景观的美丽和完整性，还为生物多样性的恢复创造了有利条件。

（4）对全乡10万亩山林进行封山育林和林相改造：为了进一步提升森林的生态功能和景观价值，龙观乡针对全乡范围内的10万亩山林实施了封山育林和林相改造工程。这不仅有助于增加森林蓄积量，提高森林质量，还为野生动物提供了更好的栖息环境。

（5）全面推行林长制：为了确保森林资源的有效保护和管理，龙观乡全面推行林长制，明确各级林长的职责和任务。林长负责监督和协调森林资源的保护工作，确保各项保护措施得到落实。

（6）建设生态廊道：为了促进物种的交流和扩散，龙观乡积极建设生态廊道。这些廊道连接了不同的自然保护地和生态系统，为生物多样性的维护提供了重要通道。

（7）对重要栖息地进行保护与修复：对一些重要的野生动物栖息地，龙观乡进行了专门保护和修复工作。通过改善栖息地的环境条件，提高了野生动物的生存和繁衍能力。

（8）加强野外保护站点、巡护路网、监测监控等保护管理设施建设：为了提高自然保护地的管理水平和保护效果，龙观乡加强了对野外保护站点、巡护路网、监测监控等保护管理设施的建设。保护管理设施的完善为及时发现和处理生态问题提供了有力保障。

2. 统筹协调与融合发展

（1）高效推进全域乡村融合发展：龙观乡以自然保护地为依托，积极推动全域乡村融合发展。通过整合乡村资源，打造了一批特色乡村旅游景点和生态农业示范基地，实现了乡村经济的多元化发展。

（2）培育旅游新业态：结合自然保护地的资源优势，龙观乡积极培育旅游新业态，如生态露营、户外运动、自然教育等。这些新业态的出现不仅丰富了旅游产品的供给，而且为游客提供了丰富多样的体验。

（3）探索全域旅游产品新供给：为了满足游客不断变化的需求，龙观乡积极探索全域旅游产品新供给。通过挖掘当地的历史文化、民俗风情等资源，打造了一系列特色旅游产品，进一步提升了旅游产业的竞争力。

（4）推动“旅游+生态”“旅游+文化”“旅游+农业”等产业融合：龙观乡充分发挥自然保护地的优势，推动“旅游+生态”“旅游+文化”“旅游+农业”等产业融合发展。通过产业融合，实现了资源的优化配置和效益的最大化，为乡村经济的发展注入了新的活力。

3. 完善保障机制

（1）积极推进和实施人与自然和谐共生战略：龙观乡将人与自然和谐共生的理念贯穿自然保护地融合发展的全过程，通过制定相关政策和措施，确保这一理念得到有效落实。

（2）进一步完善自然保护地融合发展保障机制：为了确保自然保护地融合发展的顺利推进，龙观乡进一步完善了保障机制，包括资金保障、人才保障、技术保障等。这些保障机制的建立与完善为自然保护地的融合发展提供了坚实后盾。

三、执行效果

1. 生态环境改善

通过实施一系列资源保护和修复措施，龙观乡的生态环境得到了显著改善。森林覆盖率提高，水土流失得到有效控制，水质得到明显改善，生物多样性得到有效保护和恢复。许多珍稀濒危物种在龙观乡重新出现，生态系统的稳定性和多样性得到了进一步增强。

2. 经济发展提速

自然保护地的融合发展带动了旅游业、生态农业等相关产业的发展，为龙观乡带来了可观的经济效益。旅游人数逐年增加，旅游收入不断提高，生态农业产品也受到了市场的欢迎。同时，产业的发展为当地居民提供了更多的就业机会和增收渠道，促进了农村经济的发展和农民生活水平的提高。

3. 社会效益提升

乡村建设的推进和生态文化资源的保护修复，提升了当地居民的生活质量和文化素养。社区的凝聚力和认同感得到了增强，居民更加热爱自己的家乡，积极参与到乡村建设和生态保护中来。此外，自然保护地的融合发展为周边地区树立了榜样，起到了良好的示范作用。

四、分析与总结

1. 因地制宜，发挥优势

龙观乡充分利用自身的自然生态资源和保护区优势，制定了符合当地实际情况的发展策略。通过科学规划和合理布局，实现了生态空间的优化和可持续发展。这种因地制宜的发展模式为其他地区提供了宝贵经验和借鉴。

2. 多措并举，全面发展

龙观乡通过资源保护、产业融合、基础设施建设等多方面举措，实现了生态环境保护和经济社会发展的良性互动。这种全面发展模式不仅保护了生态环境，也促进了经济的增长和社会的进步，实现了多赢的局面。

3. 创新模式，引领示范

龙观乡的自然保护地融合发展模式具有创新性和前瞻性，为其他地区提供了示范。该模式的成功实践证明了在生态文明建设中，通过创新和融合发展，可以实现生态、经济和社会的协调统一。

总之，龙观乡的自然保护地融合发展案例为我国农村生态文明建设提供了借鉴和启示。在未来的发展中，我们应该继续加强自然保护地的建设和管理，推动生态保护与经济社会发展的深度融合，实现人与自然的和谐共生。

【案例二】

江西省婺源县生态保护红线实践

一、背景

婺源县位于江西省东北部，地处皖、浙、赣三省交界处，是一个山清水秀、景色迷人的地方。这里拥有丰富的自然资源和独特的生态环境，被誉为“中国最美的乡村”。然而，随着经济的快速发展和城市化进程的加速，婺源县面临生态环境保护与经济如何协调发展之间的问题和挑战。

在过去的一段时间里，由于过度开发和不合理利用资源，婺源县的生态环境受到了一定程度的破坏。水土流失、森林砍伐、水污染等问题日益严重，生态系统的稳定性和多样性受到威胁。为了保护这片美丽的土地和珍贵的生态资源，婺源县政府决定实施生态保护红线制度，将生态保护作为首要任务，推动农村生态文明建设。

二、内容和关键举措

1. 划定生态保护红线

婺源县政府依据国家相关法律法规和政策要求，结合当地的生态环境特点和发展需求，科学合理地划定了生态保护红线。红线区域涵盖了重要的生态功能区、水源保护区、森林植被区、自然保护区等，明确了保护范围和限制开发区域。划定生态保护红线这一举措为婺源县的生态保护提供了坚实的法律保障和制度基础。

2. 严格生态保护制度

为了确保生态保护红线的有效实施，婺源县政府制定并严格执行了一系列生态保护制度。加强对生态保护红线内的监管和执法力度，严禁任何形式的破坏生态环境的行为。建立健全生态环境监测体系，实时掌握生态环境状况，及时发现和处理问题。同时，加强对企业和个人的环境教育，提高公众的环保意识和责任感，形成全社会共同参与生态保护的良好氛围。

3. 生态修复与治理

婺源县政府积极开展生态修复和治理工作，采取了一系列措施恢复和改善生态环境。加大对水土流失地区的治理力度，通过植树造林、种草护坡等方式，提高土壤的蓄水保土能力。加强对水污染的治理，完善污水处理设施，提高污水排放标准。同时，加强对湿地的保护和修复，恢复湿地的生态功能。通过这些生态修复和治理措施，婺源县的生态环境得到了明显改善。

4. 发展生态旅游

婺源县充分利用自身的生态优势，大力发展生态旅游产业。通过规划和引导，将生态旅游与农村经济发展相结合，打造了一系列具有特色的生态旅游景区和线路。在发展生态旅游的过程中，注重保护生态环境，加强景区的环境管理，确保旅游活动的可持续性。同时，通过旅游带动相关产业的发展，为当地居民提供了更多的就业机会和增收渠道。

5. 加强宣传教育

婺源县政府通过多种渠道和方式，加强对生态保护的宣传教育。利用电视、广播、报纸、网络等媒体，广泛宣传生态保护的重要性和意义。开展环保宣传活动，组织志愿者深入农村和社区，进行环保知识普及和宣传。同时，加强对中小学生的生态环境教育，培养学生的环保意识和责任感。通过这些宣传教育活动提高了公众对生态保护的认识和理解，增强了公众的环保意识和参与度。

三、执行效果

1. 生态环境得到有效保护

通过划定生态保护红线和采取一系列保护措施，婺源县的生态环境质量得到了显著改善。森林覆盖率进一步提高，水土流失得到有效控制，水源得到有效保护，生物多样性得到较好维护。生态系统的稳定性和多样性得以增强，为当地居民和游客提供了更加优美的生态环境。

2. 生态旅游业蓬勃发展

婺源县的生态旅游产业取得了长足发展，吸引了大量游客前来观光旅游。生态旅游业的发展不仅为当地带来了丰厚的经济收益，还促进了农村产业结构的调整和升级。生态旅游业的发展带动了相关产业的发展，如餐饮、住宿、购物等，为当地居民提供了更多的就业机会和增收渠道。

3. 农民收入增加

随着生态旅游业的发展和相关产业的带动，婺源县农民的收入得到了显著提高。农民通过参与旅游服务、农产品销售等方式增加了收入。同时，通过发展生态农业、有机农业等，不仅提高了农产品的附加值，也增加了收入。

4. 社会效益显著

婺源县的生态保护实践得到了社会的广泛认可和好评，提升了当地的知名度和美誉度。同时，为其他地区提供了可借鉴的发展模式，发挥了良好的示范作用。

四、分析与总结

1. 科学规划是关键

婺源县的生态保护实践表明，科学合理的规划是实现生态保护和经济发展协调统一的关键。在划定生态保护红线时，要充分考虑当地的生态环境特点、经济发展需求和社会承受能力，确保规划的科学性和合理性。同时，要加强对规划的实施和监管，确保规划的严肃性和权威性。

2. 严格执法是保障

严格执法是确保生态保护红线制度有效实施的重要保障。婺源县政府通过加强生态保护的监管和执法力度，有效遏制了破坏生态环境的行为。要建立健全生态环境执法体系，加强执法队伍建设，提高执法水平，确保生态保护红线制度的顺利实施。

3. 公众参与是基础

公众参与是实现生态保护的重要基础。婺源县通过加强宣传教育，提高了公众的环保意识和参与度，形成了全社会共同参与生态保护的良好氛围。要进一步加强公众参与机制建设，拓宽公众参与渠道，让公众更多地参与到生态保护中来。

4. 创新发展是动力

创新发展是实现生态保护和经济发展协调统一的动力。婺源县通过发展生态旅游、生态农业等创新产业，实现了生态效益和经济效益的有机结合。要不断探索创新发展模式，推动生态产业的发展，为生态保护和经济发展提供新的动力。

五、未来展望

在未来的发展中，婺源县将继续坚持生态保护优先的原则，进一步完善生态保护红线制度，加强生态保护和修复工作，推动生态旅游产业的发展，实现生态环境质量的持续改善和经济社会的全面协调发展。同时，婺源县将积极探索生态产品价值实现机制，将生态优势转化为经济优势，为农村生态文明建设提供新的思路和模式。

总之，婺源县的生态保护实践为农村生态文明建设提供了一个成功案例，对其他地区优化生态空间格局具有重要的借鉴意义。通过合理规划和有效保护，实现农村生态环境的可持续发展，推动农村经济社会的全面进步。我们相信，在全社会的共同努力下，我国农村生态文明建设将取得更加辉煌的成就。

第四节　农村生态经济的案例分析

【案例一】

武陟县西陶镇秸秆资源再利用

一、背景

随着全球气候变化和环境污染的日益严峻，农村生态文明建设成为实现可持续发展的重要抓手。在农村地区，秸秆资源的合理利用一直是备受关注的问题。武陟县西陶镇积极探索秸秆资源高效利用的途径，取得了显著的成效，为其他地区提供了宝贵的经验。

二、案例内容

1. 西陶镇概况

西陶镇位于武陟县西部，拥有广阔的耕地面积和丰富的农业资源。该镇主要种植小麦、玉米等农作物，每年产生大量的秸秆。在过去，由于缺乏有效的利用途径及环保意识淡漠，秸秆往往被随意焚烧，不仅浪费了资源，还对环境造成了严重污染，影响了当地居民的生活质量。

2. 秸秆资源现状

传统的秸秆处理方式主要是焚烧，由此带来了一系列问题。一是焚烧秸秆会产生大量的烟尘和有害气体，严重污染空气环境，对人体健康造成危害。二是焚烧秸秆破坏了土壤结构，降低了土壤肥力，影响了农作物的生长。三是焚烧秸秆容易引发火灾，给人民的生命财产安全带来隐患。

三、关键举措

1. 政策引导与支持

为了推动秸秆资源的高效利用，西陶镇政府制定了一系列鼓励政策。一是加大了对秸秆利用项目的财政补贴力度，鼓励企业和农民积极参与秸秆资源利用。二是出台了相关税收优惠政策，减轻了企业和农民的经济负担。三是加强了对秸秆利用的监管，确保各项政策措施得到有效落实。

2. 技术创新与推广

（1）秸秆还田技术。西陶镇积极推广秸秆还田技术，通过机械粉碎、深耕掩埋等方式，将秸秆直接还田，增加土壤有机质含量，改善土壤结构，提高土壤肥力。同时，还田后的秸秆可以起到保墒、保温的作用，有利于农作物的生长。

（2）秸秆饲料化技术。利用微生物发酵等技术，将秸秆转化为优质饲料，为畜牧业提供充足的饲料来源。这种技术不仅提高了秸秆的利用价值，还减少了对粮食的消耗，实现了资源的循环利用。

（3）秸秆能源化技术。通过生物质气化、固化等技术，将秸秆转化为清洁能源，如沼气、生物炭等。这些能源不仅可以替代传统能源，减少对环境的污染，还具有经济实惠、可再生等优点。

3. 产业发展与带动

（1）秸秆加工企业的培育。西陶镇政府通过招商引资等方式，吸引了一批秸秆加工企业入驻。这些企业利用先进的技术和设备，将秸秆加工成各种产品，如秸秆板材、秸秆纤维等，提高了秸秆的附加值。

（2）农业合作社的作用。鼓励农民成立农业合作社，通过合作社将分散的农户组织起来，共同开展秸秆资源利用。合作社不仅为农户提供了技术支持和销售渠道，还提高了农民的组织化程度和市场竞争力。

4. 合作模式与机制

（1）政府与企业的合作。西陶镇政府与秸秆加工企业建立了紧密的合作关系，政府为企业提供政策支持和服务保障，企业为政府提供就业岗位和税收收入。

（2）企业与农民的合作。秸秆加工企业与农民签订收购合同，按照市场价格收购农民的秸秆，既保障了农民的利益，又为企业提供了稳定的原料来源。

四、执行效果

1. 资源节约与利用成效显著

通过实施一系列措施，西陶镇的秸秆资源不仅得到了充分利用，秸秆还田率大幅提高，而且减少了化肥的施用量，降低了农业生产成本。秸秆饲料化和能源化技术的应用为畜牧业和能源产业提供了充足的原料，实现了资源的高效利用。

2. 环境效益明显

焚烧秸秆得到有效遏制，空气质量明显改善，土壤结构得到修复，土壤肥力得到提高，生态环境得到有效保护。

3. 经济效益提升

秸秆资源的利用带动了相关产业的发展，增加了就业岗位，提高了农民的收入。同时，企业获得了可观的经济效益，实现了可持续发展。

4. 社会效益突出

通过宣传和推广秸秆资源利用技术和方法，农民的环保意识和资源意识得到了提高，促进了农村社会的和谐稳定。

五、分析与总结

1. 成功经验

（1）政府的高度重视和大力支持。西陶镇政府将秸秆资源利用作为农村生态文明建设的重要内容，制定实施了一系列政策措施，为秸秆资源利用提供了有力保障。

（2）技术创新和推广。通过引进和推广先进的秸秆利用技术，提高了秸秆资源利用的效率和质量，为产业发展提供了技术支撑。

（3）产业发展和带动。培育和发展了一批秸秆加工企业和农业合作社，形成了完整的产业链条，提高了秸秆资源利用的经济效益和社会效益。

（4）合作模式和机制的建立。建立了政府、企业、农民三方合作的模式和机制，实现了资源的优化配置和利益共享。

2. 存在的问题

（1）技术水平有待进一步提高。虽然引进和推广了一批先进技术，但在技术的稳定性和适用性方面仍存在不足，需要进一步加强研发和创新。

（2）产业规模有待进一步扩大。目前相关产业的规模仍不够大、市场竞争力还不够强，需进一步培育和发展壮大。

（3）农民参与度有待进一步提高。部分农民对秸秆资源利用的认识和参与度还不够，需要进一步加强宣传和引导。

3. 改进措施

（1）加大技术研发投入。鼓励科研机构和企业加大对秸秆利用技术的研发力度，提高技术水平，解决技术难题。

（2）拓展产业发展空间。要基于政策引导和扶持，进一步扩大相关产业的规模，提高产业竞争力，形成产业集群效应。

（3）加强农民培训和宣传教育。要提高农民对秸秆资源利用的认识和参与度，增强其环保意识和责任感，让农民真正成为秸秆资源利用的主体。

总之，武陟县西陶镇在农村秸秆资源高效利用方面取得了显著成效，为我国农村生态文明建设提供了启示和借鉴。在未来的发展中，西陶镇将继续坚持创新驱动、绿色发展的理念，不断推进秸秆资源利用的深度和广度，为农村可持续发展和生态文明建设做出更大的贡献。

【案例二】

德江县平原镇东风村的种养循环模式

一、背景

平原镇东风村位于贵州省德江县，曾经是一个以传统农业为主的村庄。近年来，东风村积极探索农村产业循环发展模式，取得了显著成效。

二、内容和关键举措

1. 优化肉牛养殖模式

东风村打造了标准化养殖场，建立了养殖基地，探索出肉牛“寄养”模式，即农户购买牛犊送往村集体经济养牛场，由专业技术人才统一养殖。这种模式既拓宽了群众增收渠道，又解决了农村产业发展劳动力不足的问题，推动了养牛产业的规模化、标准化发展。

2. 创新种养循环渠道

东风村形成了“种植（繁育良种，秸秆饲料化利用）+养牛（粪便原料化利用）+粪污处理+有机肥加工”的绿色高效循环产业发展模式。养殖肉牛产生的粪污经过沉淀发酵，变成有机肥用于本村 260 亩饲草种植。饲草经过加工变成青饲料、青储及黄储，实现了种养循环。这种模式不仅降低了养殖饲料成本，解决了焚烧秸秆带来的安全隐患问题，还增加了群众收益。

3. 探索农耕作业新机制

东风村推广机械化耕作，培育市级农机专业合作社，探索“托管耕种、订单服务和加工统销”模式。农户既可以将土地托管给村集体，也可以根据需要向村集体订购农机、劳力、农资等服务。村集体为农户提供统一烘干、成品加工和销售等服务，构建了“三产联动”的生态循环农业经营模式。这种模式不仅有效解决了土地闲置和劳动力不足的问题，还提高了粮食产量和农民收入。

三、执行效果

1. 产业发展壮大

基于肉牛养殖和种养循环模式，东风村的村级集体经济得到了快速发展。2023 年，全村养殖肉牛 900 余头。

2. 农民收入增加

种养循环模式和农耕作业新机制的实施增加了农民的收入来源。农民不仅可以通过养殖和种植获得收益，还可以通过参与合作社的经营和服务获得额外收入。

3. 生态环境改善

种养循环模式的实现减少了养殖废弃物的排放，改善了生态环境。同时，机械化耕作的推广提高了农业生产效率，减少了农业面源污染。

4. 乡村振兴推进

东风村的成功经验为其他村庄提供了借鉴和示范，促进了农村产业的可持续发展和乡村振兴战略的推进。

四、分析与总结

1. 因地制宜，发挥优势

东风村结合自身实际，充分利用资源禀赋，采用肉牛养殖和种养循环模式，实现了产业的优化升级。

2. 创新模式，提高效益

通过探索“寄养”模式、种养循环渠道和农耕作业新机制，东风村不仅提高了农业生产效率和资源利用效益，还增加了农民收入。

3. 生态优先，可持续发展

东风村在发展产业的过程中注重生态环境保护，实现了经济发展与生态保护的良性互动。

4. 加强组织，引领发展

村党支部发挥了重要作用，带领村民积极探索产业发展新路径，加强与合作社的合作，实现了村集体经济和农民收入的共同增长。

总之，平原镇东风村通过农村产业循环发展，实现了生态效益、经济效益和社会效益的有机统一，为乡村振兴提供了有力支撑。其他农村地区可以借鉴东风村的经验，结合自身实际，探索适合本地区的产业循环发展模式，推动乡村振兴战略的实施。

第五节　农村生态生活的案例分析

【案例一】

信阳市改善农村公共卫生间

一、背景

改善农村人居生活环境是建设美丽乡村的重要任务之一。农村公共卫生间作为农村基础设施的重要组成部分，其建设和管理对于提升农村居民的生活质量、促进农村生态文明建设具有重要意义。然而，由于农村地区经济发展相对滞后、基础设施建设不完善等，农村公共卫生间的建设和管理存在诸多问题，如卫生条件差、设施简陋、管理不善等，不仅影响了农村居民的生活质量，而且制约了农村经济社会的发展。

二、内容

为了解决农村公共卫生间的建设和管理问题，信阳市采取了一系列措施，取得了显著成效。

1. 提供政策支持

信阳市政府出台了一系列政策文件，明确了农村公共卫生间的建设标准、管理要求和扶持政策。同时，市政府加大了对农村公共卫生间建设的资金投入，为农村公共卫生间的建设和管理提供了有力的政策支持和资金保障。

2. 推进农村“厕所革命”

信阳市将农村“厕所革命”作为改善农村人居生活环境的重要抓手，大力推进农村户用厕所改造和农村公共卫生间建设。通过推广使用三格式化粪池、水冲式厕所等卫生厕所，改善了农村居民的如厕环境，提高了农村居民的生活质量。

3. 加强技术指导和培训

信阳市农业农村局组织专业技术人员深入农村，对农村公共卫生间的建设和管理进行技术指导和培训。同时，市农业农村局编写了农村公共卫生间建设和管理的技术规范和操作指南，为农村公共卫生间的建设和管理提供了技术支持和操作依据。

4. 建立长效管理机制

信阳市建立了农村公共卫生间的长效管理机制，明确了农村公共卫生间的管理责任主体和管理要求。同时，市政府加大了对农村公共卫生间管理的监督检查力度，确保农村公共卫生间的管理工作落到实处。

三、关键举措

1. 科学规划

信阳市在解决农村公共卫生间建设和管理问题时，注重科学规划，根据农村人口分布、自然环境等因素，合理布局农村公共卫生间。同时，信阳市注重农村公共卫生间的设计，采用了通风、采光、排水等先进技术，提高了农村公共卫生间的使用舒适度。

2. 加强宣传教育

信阳市通过多种渠道加强对农村居民的宣传教育，提高农村居民的环境卫生意识和文明素养。同时，信阳市组织开展了农村环境卫生整治活动，引导农村居民养成良好的卫生习惯，共同维护农村环境卫生。

3. 建立监督机制

信阳市建立了农村公共卫生间建设和管理的监督机制，加强对农村公共卫生间建设和管理的监督检查。同时，信阳市鼓励农村居民对农村公共卫生间的建设和管理进行监督，形成了政府、社会和群众共同监督的良好氛围。

四、执行效果

1. 改善了农村人居生活环境

通过强化农村公共卫生间的建设和管理，信阳市农村地区的卫生条件得到了显著改善，农村居民的生活质量得到了提高。同时，加强农村公共卫生间的建设和管理促进了农村生态文明建设，为农村经济社会的发展创造了良好的环境。

2. 提高了农村居民的文明素质

通过加强宣传教育，信阳市农村居民的环境卫生意识和文明素养得到了显著提高。农村居民逐渐养成了良好的卫生习惯，爱护环境卫生的意识逐渐增强。

3. 促进了农村经济社会的发展

通过强化农村公共卫生间的建设和管理，信阳市农村地区的基础设施得到了完善，农村居民的生活条件得到了改善。同时，加强农村公共卫生间的建设和管理为农村旅游业的发展创造了良好的条件，促进了农村经济社会的发展。

五、分析与总结

1. 取得的经验

（1）政策支持是关键：信阳市政府出台了一系列政策文件，明确了农村公共卫生间的建设标准、管理要求和扶持政策，为农村公共卫生间的建设和管理提供了有力的政策支持和资金保障。

（2）群众参与是基础：信阳市在改善农村公共卫生间的同时注重发动群众，通过宣传教育，提高农村居民的环境卫生意识和文明素养，引导农村居民养成良好的卫生习惯，共同维护农村环境卫生。

（3）科学规划是前提：信阳市在强化农村公共卫生间建设和管理时，注重科学规划，根据农村人口分布、自然环境等因素，合理布局农村公共卫生间，提高了农村公共卫生间的使用效率和服务质量。

（4）监督检查是保障：信阳市建立了农村公共卫生间建设和管理的监督机制，加强对农村公共卫生间建设和管理的监督检查，确保农村公共卫生间的建设和管理工作落到实处。

2. 存在的问题

（1）建设资金不足：虽然信阳市政府加大了对农村公共卫生间建设的资

金投入，但是农村地区经济发展相对滞后，建设资金仍然不足，导致农村公共卫生间的建设进度相对缓慢。

（2）管理水平不高：由于农村地区缺乏专业的管理人员和经验，农村公共卫生间的管理水平不高，存在管理不善、卫生条件差等问题。

（3）群众文明素养有待提高：虽然信阳市通过加强宣传教育提高了农村居民的环境卫生意识和文明素养，但是受传统观念的影响，部分农村居民文明素养有待提升，仍存在乱扔垃圾等问题。

3. 改进建议

（1）加大资金投入：应加大对农村公共卫生间建设的资金投入，同时鼓励社会资本参与农村公共卫生间的建设和管理，拓宽融资渠道，缓解建设资金不足的问题。

（2）加强管理培训：应加强对农村公共卫生间管理人员的培训，提高管理人员的业务水平和管理能力。同时，要加强对农村居民的宣传教育，提高农村居民的文明素养和环保意识，引导农村居民养成良好的卫生习惯。

（3）建立长效机制：应建立农村公共卫生间建设和管理的长效机制，明确管理责任主体和管理要求，加强对农村公共卫生间建设和管理的监督检查，确保农村公共卫生间的建设和管理工作落到实处。

【案例二】

雅迪电动车绿色出行

一、背景

随着全球气候变化和环境污染问题的日益严重，绿色出行已成为社会的热门话题。作为中国电动车行业的领导品牌，雅迪一直致力于践行绿色出行理念，通过技术创新和产品升级，为用户提供了更加环保、高效、便捷的绿色出行选择。

二、内容和关键举措

1. 技术创新

（1）研发绿色应用新技术：雅迪在研发端行业首创 TTFAR 石墨烯电池、

新国标最大容量锂电池，实现了石墨烯铅酸电池、碳纤维锂电池、钠离子电池并驾齐驱的新能源产业布局。

（2）深入研发四电系统：雅迪在电机、电控、电充等方面进行深入研发，自研自产 TTFAR 电机、TTFAR 氮化镓充电器、TTFAR 智驾电控核芯等拥有核心技术的产品，打造出行业最畅销的标杆系列产品——雅迪冠能系列。

2. 产品升级

（1）推出冠能旗舰新品：雅迪冠能奢享 Q9 一经问世，便凭借其高品质、超长续航的产品性能成为全球用户绿色出行新潮品。

（2）升级雅迪冠能 6 代：最新发布的雅迪冠能 6 代，搭载全新升级雅迪 TTFAR 6.0 长续航系统、雅迪方舟智能安控系统、雅迪智行系统，以领先的科技智造吸引了更多人加入低碳出行队列。

3. 生产制造优化

（1）转变发展思路和生产方式：雅迪以前瞻布局率先转变发展思路和生产方式，秉持智能化、自动化、精细化、节能环保的世界级标准，推进产品的归一化、平台化管理。

（2）部署光伏太阳能发电：通过部署光伏太阳能发电等，降低能耗和污染，构建具有行业特色的超级智能工厂，走生态优先、绿色发展之路。

4. 公益行动

（1）捐赠电动车：雅迪携手中央广播电视总台向凉山州喜德县捐赠 200 台雅迪冠能 2.0 系列电动车，为乡村振兴添砖加瓦。

（2）发起安全守护行动：雅迪发起了“一盔一带”安全守护行动，并在全国范围内开展近 1000 场公益倡导活动，覆盖全国 700 多个县市，累计捐赠 80 万只头盔，树立公益新典范。

（3）捐赠防疫物资：针对云南瑞丽的疫情，雅迪在第一时间捐赠了防疫物资。

三、执行效果

1. 市场认可

雅迪冠能系列产品成为行业最畅销的标杆系列产品，雅迪冠能奢享 Q9 成为全球用户绿色出行新潮品，雅迪冠能 6 代以领先的科技智造吸引了更多人加入低碳出行队列。

2. 行业领先

雅迪连续多年研发投入行业第一，以用户需求为基础持续深耕科技研发和智能制造，获得行业首张“碳足迹”证书、“产品碳标签评价”证书，被 MSCI 评为 AAA 评级，成为为数不多被评为该评级的中国公司。

3. 社会责任

雅迪通过捐赠电动车、发起安全守护行动、捐赠防疫物资等公益行动，为社会做出了贡献，树立了良好的企业形象。

四、分析与总结

1. 技术创新是核心

雅迪通过不断的技术创新提升了产品的性能和竞争力，同时为绿色出行提供了更加可靠的技术支持。

2. 产品升级是关键

雅迪通过推出更加环保、高效、便捷的产品，满足了用户的需求，推动了整个行业的发展。

3. 生产制造优化是保障

雅迪通过转变发展思路和生产方式，降低了能耗和污染，提升了生产效率和产品品质。

4. 公益行动是责任

雅迪通过捐赠电动车、发起安全守护行动、捐赠防疫物资等公益活动，践行了企业的社会责任，提升了企业的品牌形象。

总之，雅迪作为中国电动车行业的领导品牌，通过不断的技术创新、产品升级、生产制造优化和公益行动，为用户提供了更加环保、高效、便捷的绿色出行选择，为推动中国绿色出行事业的发展做出了重要贡献。

第六节　农村生态文化的案例分析

一、背景

农村生态文明建设是当前中国社会发展的重要任务之一，是实现可持续发展的关键环节。在农村生态文明建设中，生态文化项目的实施对普及观念意识、促进农村可持续发展具有重要意义。

二、案例分析

1. 海南文明生态村建设

（1）项目背景

2000年，海南省率先在全国推动以“优化生态环境、发展生态经济、培育生态文化”为主要内容的文明生态村创建活动。

（2）主要做法

整合资源：将乡村道路、改水改厕、民房改造、沼气池建设、扶贫等各项涉农资金捆绑用于文明生态村建设。

完善设施：加强乡村文化基础设施建设，以乡镇综合文化站、“农家书屋”等文化设施为阵地，开展丰富多彩的文化活动。

加强教育：注重对农民的教育引导，提升农村精神文明建设水平。

（3）项目成果

截至2010年底，海南省文明生态村总数达到了1.1万个，占全省自然村总数的49.7%。独具海南特色的文明生态村已成为海南乃至全国具有高度影响力的生态文化品牌。

2. 河北邯郸“欢乐乡村”工程

（1）项目背景

2010年以来，邯郸市探索出了“行政主导、市场运作、文企联姻、群众参与”的农村文化活动新路子，推出了“欢乐乡村”十百千万农村基层文化推进工程。

（2）主要做法

开展活动：为农民量身打造喜闻乐见的10项活动，如“田野之歌”农民合唱赛、“布谷之声”农民歌手擂台赛等，由村到乡再到县、市，层层选拔千支乡村文化队伍。

培养人才：建立文化人才库，为入农村文化人才库的农民发放“特色文化户”牌匾，并为其提供专家指导、技能培训、活动平台等多项支持。

完善设施：建成214个乡镇文化站、1730家农村书屋、1434个村民中心，使用率达98%。

（3）项目成果

“欢乐乡村”工程成为没有围墙的乡村大剧场、永不落幕的快乐大本营，促进了乡风文明建设。

3. 浙江绍兴“和谐榜”建设

（1）项目背景

为了促进乡风文明建设，浙江绍兴开展了“和谐榜”建设活动。

（2）主要做法

设立榜单：设立“和谐榜”，包括“寿星榜”“好媳妇榜”“爱心榜”等，展示农村的好人好事。

宣传推广：通过多种渠道宣传“和谐榜”，如通过报纸、电视台、宣传栏等，提高“和谐榜”的知名度和影响力。

激励机制：对上榜的个人和家庭给予一定的奖励和表彰，激励更多的人参与到乡风文明建设中来。

（3）项目成果

“和谐榜”建设活动促进了乡风文明建设，提高了农民的文明素养和道德水平。

三、案例总结

通过对以上案例的分析，可以获得以下经验和启示。

1. 整合资源

将各项涉农资金捆绑用于生态文化项目建设，加强乡村文化基础设施建设，为生态文化项目的实施提供了保障。

2. 开展活动

开展丰富多彩的文化活动，如“田野之歌”农民合唱赛、“布谷之声”农民歌手擂台赛等，为农民提供了展示才艺的平台，提高了农民的参与度。

3. 培养人才

建立文化人才库，为入农村文化人才库的农民发放“特色文化户”牌匾，并为其提供专家指导、技能培训、活动平台等多项支持，培养了一批农村文化人才。

4. 完善设施

建成乡镇文化站、农村书屋、村民中心等文化设施，提高了文化设施的使用率，为农民提供了良好的文化活动场所。

5. 设立榜单

设立“和谐榜”，包括“寿星榜”“好媳妇榜”“爱心榜”等，展示农村的好人好事，提高了农民的文明素养和道德水平。

6. 宣传推广

通过多种渠道宣传生态文化项目，如通过报纸、电视台、宣传栏等，提高生态文化项目的知名度和影响力。

四、建议

1. 加强政策支持

政府应加大对农村生态文明建设的政策支持力度，制定相关的优惠政策，鼓励社会力量参与到农村生态文明建设中来。

2. 注重人才培养

加强对农村文化人才的培养，建立农村文化人才培养机制，为农村生态文明建设提供人才支持。

3. 创新活动形式

开展丰富多彩的文化活动，创新活动形式，提高农民的参与度和积极性。

4. 加强宣传推广

通过多种渠道宣传农村生态文明建设，提高农民的生态文明意识和环保意识。

5. 建立长效机制

建立农村生态文明建设的长效机制，加强农村生态文明建设的监督和管理，确保农村生态文明建设的可持续发展。

五、结论

农村生态文明建设是一项长期而艰巨的任务，需要政府、社会和农民共同努力。在农村生态文明建设中，生态文化项目的实施对普及观念意识、促进农村可持续发展具有重要意义。通过对海南、河北邯郸、浙江绍兴等地的生态文化项目案例的分析，我们可以获得一些有益的启示，如整合资源、开展活动、培养人才、完善设施、设立榜单、宣传推广等。据此，为进一步推进农村生态文明建设，应加强政策支持、注重人才培养、创新活动形式、加强宣传推广、建立长效机制等。

第十一章

我国农村生态文明建设的绩效评价

第一节　农村生态文明建设的绩效评估

一、农村生态文明建设的绩效评估目的和意义

农村生态文明建设是我国生态文明建设的重要组成部分，对推动经济社会可持续发展、促进人与自然和谐共生具有重要意义。农村生态文明建设绩效评估作为一种管理手段，具有多方面的目的和意义。

农村生态文明建设绩效评估的首要目的是提高建设项目实施效果。通过对建设项目的绩效进行科学评估，可以及时发现建设项目实施过程中存在的问题和不足，以便采取针对性措施进行改进，从而提高建设项目的质量和效益，确保农村生态文明建设目标的实现。

（1）绩效评估有助于加强资源合理配置。通过评估可以了解建设项目资源的使用情况，包括资金、人力、物力等方面的投入和产出效率。这有助于优化资源配置，将有限的资源合理地分配到效益更好的项目中，提高资源利用效率，避免资源浪费。

（2）绩效评估能够提升管理水平。绩效评估促使建设项目实施单位建立健全科学的管理体系和制度，加强项目过程管理，提高项目管理的规范化、科学化水平。同时，评估结果可为管理者提供决策依据，帮助其更好地制定政策和规划，推动农村生态文明建设的持续发展。

（3）农村生态文明建设绩效评估对促进农村可持续发展具有重要意义。通过评估，可以衡量建设项目对农村生态环境的改善程度，推动农村生态系统的保护和修复，实现农村生态环境的良性循环。这有助于保障农村居民的

生活质量和健康，为农村可持续发展奠定坚实基础。

（4）绩效评估有助于增强公众对农村生态文明建设的参与和支持。通过公开透明的评估过程和结果，让公众了解建设项目的成效和存在的问题，提高公众对农村生态文明建设的认知和关注度，激发公众参与的积极性，形成全社会共同参与农村生态文明建设的良好氛围。

（5）绩效评估是推动政策落实和制度完善的重要手段。通过对建设项目绩效的评估，可以检验相关政策和制度的执行情况，发现政策和制度中存在的不足和缺陷，为政策调整和制度完善提供依据，确保农村生态文明建设的政策和制度体系更加健全和有效。

（6）从宏观的角度来看，农村生态文明建设项目绩效评估对落实生态文明建设战略具有重要意义。它有助于将农村生态文明建设纳入国家整体发展战略中，推动农村生态文明建设与经济建设、政治建设、文化建设、社会建设的协调发展，实现全面建设社会主义现代化国家的目标。

在实践中，我们要高度重视农村生态文明建设项目绩效评估工作，不断完善评估方法和指标体系，提高评估的科学性和准确性，充分发挥绩效评估的作用，为我国农村生态文明建设提供有力保障。

总之，农村生态文明建设项目绩效评估是推动农村生态文明建设的重要工具，具有多方面的目的和意义。我们要深刻认识其重要性，切实做好绩效评估工作，为建设美丽中国、实现中华民族伟大复兴的中国梦贡献力量。

二、农村生态文明建设的绩效评估流程

1. 评价准备阶段

评价准备阶段主要包括确定工作组成员以及组织学习培训两个方面，具体如下。

（1）确定工作人员。根据委托要求及该建设项目的具体情况，成立评价工作小组。一般而言，评价工作小组设主评人 1 名，负责评价工作，包括与评价管理部门、项目执行单位等的工作协调，并对评价工作进行监督、管理和控制。评价工作小组内部有明确的职责分工，小组成员围绕建设项目绩效

评价指标体系，积极开展绩效评价工作。

（2）组织学习培训。组织项目小组成员开展绩效评价工作的学习与培训，由项目负责人对本次绩效评价工作做出统一安排与部署，明确评价工作开展须遵守的原则与规定，同时对本项目指标体系的设置进行分享与交流，明确后续评价工作的程序与要求。

2. 评价实施阶段

评价实施阶段主要包括开展实地调研及资料收集、制定绩效评价指标体系、制定项目实施方案、综合评价四个方面，具体如下。

（1）开展实地调研及资料收集。评价实施阶段要进行实地调研及资料收集工作，按照绩效评价工作要求，制定资料清单并发送至项目单位。评价组要到现场收集、汇总、整理项目资料，检查、核实项目资料的相关数据，确定实地检查的重点和疑点、检查方法及具体的时间安排等。评价组要对项目实施情况进行检查：在听取项目建设单位对项目实施情况汇报的基础上，核实相关资料的真实性、合理性，对项目资料中反映的或分析发现的问题进行重点检查、实地核实。实地检查的形式有座谈、现场核实、走访、调查问卷、查阅资料等方式。

评价组要对以下内容进行评价。

一是检查项目计划的合理性、可操作性；项目组织机构、配套制度建设情况：是否有专门的领导机构、完善的管理制度，包括资金管理、技术服务、考核奖罚、档案管理等。

二是检查项目计划完成情况：完成的指标数据是否真实无误。

三是检查项目的建设质量：项目建设内容是否达到建设标准。

四是检查项目管理情况：领导机构和任务是否明确、责任是否清楚、是否定期举行分管领导主持的工作会议或工作交流会议；项目建设台账是否建立、内容是否规范齐全、数据是否正确；是否对项目建设情况和质量情况进行检查指导；是否按时报送信息。

五是检查项目财政资金是否按专项资金管理办法足额投入。

六是检查项目资金是否按有关财务会计制度执行，是否专账核算、专款专用；会计核算是否真实、规范，会计报表是否能真实反映收支结余等情况；

专项资金使用是否有完整的审批程序，是否及时支付。

七是检查项目财政资金的实际支出情况：项目资金使用是否按专项资金管理办法规定使用，有无截留、挪用项目资金；有无另行安排项目管理经费，项目管理经费有无挤占专项资金。

结合检查情况，绩效评价小组还要对项目进行满意度问卷调查。

（2）制定绩效评价指标体系。绩效评价指标体系设计是绩效评价的核心和难点，包括指标框架、指标权重和评价标准等。根据使用范围，绩效评价指标可以分为共性指标和个性指标；根据性质，分为定量指标和定性指标。指标体系的设计要考虑与项目实际情况的契合性，以及在具体评价时的可操作性和可实现性，以充分体现和反映项目的绩效状况和绩效目标的实现程度。

绩效评价指标设计要遵循的原则主要有以下五条。

一是相关性原则。指标应与绩效目标有直接的联系，能够恰当反映绩效目标的实现程度。

二是重要性原则。应优先使用最具评价对象代表性、最能反映评价要求的核心指标。

三是可比性原则。对同类评价对象应设定共性的绩效评价指标，以便评价结果可以相互比较。

四是系统性原则。应将定量指标与定性指标相结合，系统反映财政支出所产生的社会效益、经济效益、环境效益和可持续影响等。

五是经济性原则。指标应通俗易懂、简便易行，数据的获得应考虑现实条件和可操作性，符合成本效益原则。

指标体系的设计参照国家发展改革委印发的《绿色发展指标体系》《生态文明建设考核目标体系》，同时绩效评价小组将按照项目实际情况，制定符合项目实际的绩效评价指标体系。

（3）制定项目实施方案。要按照收集到的资料，根据项目具体情况制定项目实施方案。

（4）综合评价。评价组在全面分析整理评价项目的相关数据资料的基础上，总结项目实施进展情况，对照评价指标和标准，进行综合评价并打分，得出评价结论，撰写评价报告。

3. 报告撰写阶段

评价实施阶段主要包括绩效评价报告初稿的撰写与提交、绩效评价报告终稿的撰写与提交两个方面，具体如下。

（1）绩效评价报告初稿的撰写与提交。通过现场以及非现场评价方式，绩效评价工作组逐步完善评价工作的基本情况、指标体系以及被评价单位存在的问题等内容，经项目负责人复核，确定相关内容是否充分、可靠和完整，再以书面形式征求被评价单位及财政局意见。在出具正式的绩效评价报告之前，工作组计划与被评价单位进行多方面且多次沟通，听取被评价单位对项目实施的意见与建议，再结合现场调研结果，汇总相关资料，进行公平、公正的评价。从事实出发，基于分析项目存在问题产生的原因和结果，提出具有建设性的合理建议。评价建议要具体、可行，能够实实在在地解决项目中存在的问题；要立足于项目预算管理，提升项目预算资金合理性，提高项目预算资金运用效果。基于绩效指标完成情况反映项目投入、产出与效果方面的成绩与存在的问题，对评价指标目标值与实际值的差异情况、产生原因与预期后果等进行具体分析。针对已实现的绩效目标总结相关经验与做法，针对存在的问题，总结分析影响项目绩效目标及预算资金使用的主要因素，形成以数据为导向、以事实为依据的评价结论。工作组将绩效评价报告初稿提交相关专家及财政局，就评价报告的内容进行充分沟通，获取改进建议，以使报告更加清晰、详细、全面。比如，绩效评价指标体系是否详尽、是否切合项目本身；项目存在的问题是否有切实依据、是否抓住本质；提出的建议是否抓住问题本质、是否具体可行。

（2）绩效评价报告终稿的撰写与提交。绩效评价工作小组根据各方意见对报告的初稿进行修改与完善，将复核形成的绩效评价报告送财政局及被评价单位征求意见。绩效评价报告经委托单位同意后，送达被评价单位。全部绩效评价工作结束后及时将绩效评价资料进行鉴别整理，依照档案管理的有关规定归卷存档。

第二节　农村生态文明建设的绩效评估指标

在我国农村生态文明建设中，绩效评估指标的设定至关重要。以下是需要注意的事项。

一是要体现全面性。评估指标应涵盖农村生态文明建设的各个方面，包括生态环境质量、资源利用效率、生态系统保护、污染防治、绿色发展等。不能只关注单一指标，而要从整体上综合考量，确保评估的全面性和客观性。

二是要注重科学性。指标的选取和设定要基于科学研究和实际情况，具有明确的定义和可测量性。要避免指标过于模糊或难以量化，以保证评估结果的准确性和可信度。

三是要具有针对性。不同地区的农村生态文明建设情况存在差异，评估指标应根据地区特点和实际需求进行针对性设置。要充分考虑当地的生态环境状况、经济发展水平、社会文化背景等因素，使指标更加切合实际。

四是要考虑动态性。农村生态文明建设是一个动态发展的过程，评估指标应与时俱进，及时反映新情况、新问题。要根据时代发展和政策要求，适时调整和完善评估指标体系。

五是要重视关联性。各个评估指标之间应具有合理的逻辑关系，相互关联、相互影响。不能孤立地看待单个指标，而要从系统的角度分析指标之间的内在联系，确保评估的整体性和协调性。

六是要强调可操作性。评估指标要便于数据收集和分析，易于操作和实施。避免设置过于复杂或难以获取数据的指标，以免影响评估的顺利进行。

七是要兼顾公平性。指标的设定要公平、合理，避免对某些地区或群体产生不公平的影响。要确保不同地区和群体在评估中具有平等的机会和条件。

八是要关注长远性。农村生态文明建设是一项长期任务，评估指标要着眼于未来发展，注重长期效益和可持续性。不能只追求短期效果，要为农村生态文明的长远发展奠定基础。

表 11-1、表 11-2 以农业资源及生态保护项目绩效评价指标体系为例，说明农村生态文明建设绩效评估指标的制定。

表 11-1　农业资源及生态保护项目绩效评价指标体系

一级指标	二级指标	三级指标	分值	指标解释	评分标准
决策（20分）	项目立项（7分）	立项依据充分性	4	项目立项是否符合法律法规、相关政策、发展规划以及部门职责，用以反映和考核项目立项依据情况	评价要点： ①项目立项符合国家法律法规、国民经济发展规划和相关政策，1分； ②项目立项符合行业发展规划和政策要求，1分； ③项目立项与部门职责范围相符，属于部门履职所需，1分； ④项目属于公共财政支持范围，1分
		立项程序规范性	3	项目申请、设立过程是否符合相关要求，用以反映和考核项目立项的规范情况	评价要点： ①项目按照规定的程序申请设立，1分； ②审批文件、材料符合相关要求，1分； ③事前已经过必要的可行性研究、专家论证、风险评估、绩效评估、集体决策，1分
	绩效目标（7分）	绩效目标合理性	4	项目所设定的绩效目标是否依据充分，是否符合客观实际，用以反映和考核项目绩效目标与项目实施的相符情况	评价要点： ①项目设置了绩效目标，1分； ②项目绩效目标与实际工作内容具有相关性，1分； ③项目预期产出效益和效果符合正常的业绩水平，1分； ④绩效目标申报项目资金数额与预算确定的项目投资额或资金量相匹配，1分
		绩效指标明确性	3	依据绩效目标设定的绩效指标是否清晰、细化、可衡量，用以反映和考核项目绩效目标的明细化情况	评价要点： ①将项目绩效目标细化分解为具体的绩效指标，1分； ②绩效目标可通过清晰、可衡量的指标值予以体现，1分； ③绩效指标与项目目标任务数或计划数相对应，1分

续表

一级指标	二级指标	三级指标	分值	指标解释	评分标准
决策（20分）	资金投入（6分）	预算编制科学性	4	项目预算编制是否经过科学论证、有明确标准，资金额度与年度目标是否相适应，用以反映和考核项目预算编制的科学性、合理性情况	评价要点： ①预算编制经过科学论证，1分； ②预算内容与项目内容相匹配，1分； ③预算额度测算依据充分，按照标准编制，1分； ④预算确定的项目投资额或资金量与工作任务相匹配，1分
		资金分配合理性	2	项目预算资金分配是否有测算依据，与项目单位或地方实际是否相适应，用以反映和考核项目预算资金分配的科学性、合理性情况	评价要点： ①预算资金分配依据充分，1分； ②预算资金分配额度合理，与项目单位或地方实际相适应，1分
过程（18分）	资金管理（6分）	资金到位率	2	实际到位资金与预算资金的比率，用以反映和考核资金落实情况对项目实施的总体保障程度	评价要点： 得分=P×2，P为资金到位率。 资金到位率=（实际到位资金/预算资金）×100%。 实际到位资金：一定时期（本年度或项目期）内落实到具体项目的资金。预算资金：一定时期（本年度或项目期）内预算安排到具体项目的资金
		预算执行率	2	项目预算资金是否按照计划执行，用以反映和考核项目预算执行情况	评价要点： 得分=P×2，P为预算执行率。 预算执行率=（实际支出资金/实际到位资金）×100%。 实际支出资金：一定时期（本年度或项目期）内项目实际拨付的资金。实际到位资金：一定时期（本年度或项目期）内落实到具体项目的资金

续表

一级指标	二级指标	三级指标	分值	指标解释	评分标准
过程（18 分）	资金管理（6 分）	资金使用合规性	2	项目资金使用是否符合相关的财务管理制度规定，用以反映和考核项目资金的规范运行情况	评价要点： ①符合国家财经法规和财务管理制度以及有关专项资金管理办法的规定，0.5 分； ②资金的拨付有完整的审批程序和手续，0.5 分； ③资金使用符合项目预算批复或合同规定的用途，0.5 分； ④资金使用不存在截留、挤占、挪用、虚列支出等情况，0.5 分
	组织实施（12 分）	实施方案可行性	2	项目实施单位是否制定实施方案，用以反映和考核项目实施单位对项目的整体控制情况	评价要点： ①项目实施单位制定了改良实施方案，1 分； ②改良实施方案内容合理、合规、完整，1 分
		管理制度健全性	4	项目实施单位的管理制度是否健全，用以反映和考核管理制度对项目顺利实施的保障情况	评价要点： ①项目实施单位制定或具有相应的财务管理制度及专项资金管理办法，1 分； ②项目实施单位制定或具有相应项目法人、招投标、工程监理、档案管理等业务管理制度及相应的实施细则，1 分； ③财务管理制度合法、合规、完整，1 分； ④业务管理制度合法、合规、完整，1 分
		制度执行有效性	4	项目实施是否符合相关管理规定，用以反映和考核相关管理制度的有效执行情况	评价要点： ①遵守相关法律法规和相关管理规定，1 分； ②项目调整及支出调整手续完备，1 分； ③项目申报、核查、补贴、档案等资料齐全并及时归档，1 分； ④项目实施的人员条件、场地设备、信息支撑等落实到位，1 分

续表

一级指标	二级指标	三级指标	分值	指标解释	评分标准
过程（18 分）	组织实施（12 分）	项目质量可控性	2	项目实施单位是否为达到项目质量要求而采取了可控措施，用以反映和考核项目实施单位对项目质量的控制情况	评价要点： ①项目实施单位制定或具有相应的项目质量要求或标准，1 分； ②项目实施单位采取了相应的项目质量检查、验收等必需的控制措施或手段，1 分
产出（32 分）	产出数量（8 分）	年实施情况	5	用以反映和考核 2020 年改良计划实施内容是否有效完成	评价要点： ①田间工程（1）——0. 5 分； ②田间工程（2）——0. 5 分； ③田间工程（3）——0. 5 分； ④田间工程（4）——0. 5 分； ⑤田间工程（5）——0. 5 分； ⑥农艺措施（1）——0. 5 分； ⑦农艺措施（2）——0. 5 分； ⑧农艺措施（3）——0. 5 分； ⑨农艺措施（4）——0. 5 分； ⑩化学改良措施（5）——0. 5 分
		实施情况	3	用以反映和考核改良计划实施内容是否有效完成	评价要点： ①施用农家肥面积达标，1 分； ②实施面积达标，1 分； ③核心区试验研究实施面积达标，1 分
	产出质量（8 分）	2020 年工程达标情况	5	用以反映和考核 2020 年改良工程是否通过验收	评价要点： ①项目实施的田间工程通过验收，1 分； ②项目实施的暗管排盐工程通过验收，1 分；

续表

一级指标	二级指标	三级指标	分值	指标解释	评分标准
产出（32分）	产出质量（8分）	2020年工程达标情况	5	用以反映和考核2020年改良工程是否通过验收	③项目实施的上膜下秸工程通过验收，1分； ④项目实施的农家肥工程通过验收，1分； ⑤项目实施的旋耕灭茬、秋翻、深松工程通过验收，1分
		2021年工程达标情况	3	用以反映和考核2021年改良工程是否通过验收	评价要点： ①项目实施的农家肥工程通过验收，1.5分； ②项目实施的旋耕灭茬、秋翻、深松工程通过验收，1.5分
	产出时效（8分）	2020年完成及时性	4	2020年改良建设时期是否在规定范围内，用以反映和考核项目产出时效目标的实现程度	评价要点： ①实际完成时间：项目实际完成改良所耗用的时间； ②计划完成时间：项目实施单位按照计划或相关规定完成改良内容所需的时间； ③项目实施完成时间在2022年12月之前，得4分；每有一项延迟，扣0.5分，扣完4分为止
		2021年完成及时性	4	2021年改良建设时期是否在规定范围内，用以反映和考核项目产出时效目标的实现程度	评价要点： ①实际完成时间：项目实际完成改良所耗用的时间； ②计划完成时间：项目实施单位按照计划或相关规定完成改良内容所需的时间； ③项目实施完成时间在2022年12月之前，得4分；每有一项延迟，扣1分，扣完4分为止
	产出成本（8分）	2020年成本节约率	4	完成项目计划工作目标的实际节约成本与计划成本的比率，用以反映和考核2020年项目的成本节约程度	评价要点： ①成本节约率 P＝［（计划成本－实际成本）/计划成本］×100%； ②实际成本：项目实施单位如期、保质、保量完成既定工作目标实际所耗费的支出；

续表

一级指标	二级指标	三级指标	分值	指标解释	评分标准
产出（32分）	产出成本（8分）	2020年成本节约率	4	完成项目计划工作目标的实际节约成本与计划成本的比率，用以反映和考核2020年项目的成本节约程度	计划成本：项目实施单位为完成工作目标计划安排的支出，一般以项目预算为参考； 7.5%≤P≤10%，得4分；5%≤P<7.5%，得3分；2.5%≤P<5%，得2分；1%≤P<2.5%，得1分；P<1%或P>10%，不得分
		2021年成本节约率	4	完成项目计划工作目标的实际节约成本与计划成本的比率，用以反映和考核2021年项目的成本节约程度	评价要点： 成本节约率P=［（计划成本-实际成本）/计划成本］×100%； 实际成本：项目实施单位如期、保质、保量完成既定工作目标实际所耗费的支出； 计划成本：项目实施单位为完成工作目标计划安排的支出，一般以项目预算为参考； 7.5%≤P≤10%，得4分；5%≤P<7.5%，得3分；2.5%≤P<5%，得2分；1%≤P<2.5%，得1分；P<1%或P>10%，不得分
效益（30分）	经济效益（6分）	带动村民就业	3	用以反映改良项目实施后，是否能够明显带动村民就业	评价要点： P为带动村民就业人数 ①项目改良实施后，P≥100人，效益显著，3分； ②项目改良实施后，30人≤P<100人，效益一般，2分； ③项目改良实施后，P<30人，效益不明显，1分
		增加粮食产量	3	用以反映改良项目实施后，是否能够明显增加粮食产量	评价要点： P为粮食产量增加斤数 ①项目改良实施后，P≥100斤，效益明显，3分； ②项目改良实施后，50斤≤P<100斤，效益一般，2分； ③项目改良实施后，P<50斤，效益不明显，1分

续表

一级指标	二级指标	三级指标	分值	指标解释	评分标准
效益（30分）	社会效益（6分）	提高农业综合生产能力	3	用以反映改良项目实施后，是否能够明显提高农业综合生产能力	评价要点： ①项目改良实施后，提高了土地流转率，效益明显，3分； ②项目改良实施后，在一定程度上增强抗污染、抗风险能力，效益一般，2分； ③项目改良实施后，水土资源未得到合理高效节约利用，效益不明显，1分
		优化地区资源配置	3	用以反映项目实施后，是否能够明显优化地区资源配置	评价要点： ①项目改良实施后，调整了地区产业结构，效益明显，3分； ②项目改良实施后，辐射范围仅在局部市区，效益一般，2分； ③项目改良实施后，未推动区域经济向二、三产业延伸和发展，效益不明显，1分
	生态效益（6分）	提升土壤有机质	3	用以反映项目实施后，是否能够明显提升土壤有机质	评价要点： ①项目改良实施后，项目区土壤pH降低1%~1.5%、全盐含量降低11%~15%；土壤有机质平均提升≥4%，效益明显，3分； ②项目改良实施后，项目区土壤pH降低0.5%~1%、全盐含量降低6%~10%；土壤有机质平均提升1%~3%，效益一般，2分； ③项目改良实施后，项目区土壤pH降低0.1%~0.4%、全盐含量降低1%~5%；土壤有机质平均提升<1%，效益不明显，1分
		减少农田灌溉用水	3	用以反映改良项目实施后，是否能够明显减少农田灌溉用水	评价要点： P为项目实施后的节水比率 ①项目改良实施后，P≥10%，效益明显，3分； ②项目改良实施后，5%≤P<10%，效益一般，2分； ③项目改良实施后，P<5%，效益不明显，1分

续表

一级指标	二级指标	三级指标	分值	指标解释	评分标准
效益（30分）	可持续影响（6分）	形成改良示范区	3	用以反映改良项目实施后，是否能够形成改良示范区，在其他范围内推广	评价要点： ①项目改良实施后，建成高标准农田典型改良示范样板田2万亩，效益明显，3分； ②项目改良实施后，建成高标准农田典型改良示范样板田1万亩，效益一般，2分； ③项目改良实施后，未建成高标准农田典型改良示范样板田，效益不明显，1分
		推动农业可持续发展	3	用以反映改良项目实施后，是否能够推动农业可持续发展	评价要点： ①项目改良实施后，促进了资源的有效利用，效益明显，3分； ②项目改良实施后，会造成周边环境污染，效益一般，2分； ③项目改良实施后，不符合农业可持续发展目标，效益不明显，1分
	满意度（6分）	服务对象满意度	6	服务对象或项目受益人等相关群体对项目产出和效果的满意情况，用以反映和考核相关群体对项目实施的认可程度	评价要点： 根据已收回有效问卷对项目总体评价结果进行了解。 ①农牧局工作人员满意度得分＝P1×2（P1指农牧局工作人员满意率）； ②改良施工单位技术人员满意度得分＝P2×2（P2指施工单位技术人员满意率）； ③改良涉及区域农户满意度得分＝P3×2（P3指涉及区域农户满意率）； 满意率＝满意人数/总人数×100%。 满意度得分＝P1+P2+P3＝主管单位工作人员满意度得分+改良施工单位技术人员满意度得分+改良涉及区域农户满意度得分
合计：100分					

资料来源：包头市财政局等，《农业资源及生态保护2020—2021年盐碱地改良项目绩效评价报告》。

表 11-2　农业资源及生态保护项目绩效评价评分表

一级指标	二级指标	三级指标	分值	得分	扣分原因
决策（20 分）	项目立项	立项依据充分性	4		
		立项程序规范性	3		
	绩效目标	绩效目标合理性	4		
		绩效指标明确性	3		
	资金投入	预算编制科学性	4		
		资金分配合理性	2		
过程（18 分）	资金管理	资金到位率	2		
		预算执行率	2		
		资金使用合规性	2		
	组织实施	实施方案可行性	2		
		管理制度健全性	4		
		制度执行有效性	4		
		项目质量可控性	2		
产出（32 分）	产出数量	2020 年实施情况	5		
		2021 年实施情况	3		
	产出质量	2020 年工程达标情况	5		
		2021 年工程达标情况	3		
	产出时效	2020 年完成及时性	4		
		2021 年完成及时性	4		
	产出成本	2020 年成本节约率	4		
		2021 年成本节约率	4		
效益（30 分）	经济效益	带动村民就业	3		
		增加粮食产量	3		
	社会效益	提高农业综合生产能力	3		
		优化地区资源配置	3		
	生态效益	提升土壤有机质	3		
		减少农田灌溉用水	3		
	可持续影响	形成改良示范区	3		
		推动农业可持续发展	3		
	满意度	服务对象满意度	6		
合计			100		

资料来源：包头市财政局等，《农业资源及生态保护 2020—2021 年盐碱地改良项目绩效评价报告》。

农业资源及生态保护改良项目绩效评价调查问卷①

您好！为做好农业资源及生态保护改良项目绩效评价，了解社会公众对该项目的满意度，我们设计了问卷调查。请您选择合适的答案填写。您所填的问卷将是匿名的，对您的问卷内容我们将严格予以保密，您所提供的意见仅用于统计分析，谢谢您的参与！

Q1. 您对项目实施后所产生的带动村民就业经济效益的评价是

□满意　　□比较满意　　□一般满意　　□不满意

Q2. 您对项目实施后所产生的增加粮食产量经济效益的评价是

□满意　　□比较满意　　□一般满意　　□不满意

Q3. 您对项目实施后所产生的提高农业综合生产能力社会效益的评价是

□满意　　□比较满意　　□一般满意　　□不满意

Q4. 您对项目实施后所产生的优化地区资源配置社会效益的评价是

□满意　　□比较满意　　□一般满意　　□不满意

Q5. 您对项目实施后所产生的提升土壤有机质生态环境效益的评价是

□满意　　□比较满意　　□一般满意　　□不满意

Q6. 您对项目实施后所产生的减少农田灌溉用水生态效益的评价是

□满意　　□比较满意　　□一般满意　　□不满意

Q7. 您对项目实施后所形成的改良示范区可持续影响效益的评价是

□满意　　□比较满意　　□一般满意　　□不满意

Q8. 您对项目实施后所产生的推动农业可持续发展效益的评价是

□满意　　□比较满意　　□一般满意　　□不满意

Q9. 您对农业资源及生态保护项目实施后的总体评价是

□满意　　□比较满意　　□一般满意　　□不满意

Q10. 如果您对农业资源及生态保护项目还有其他见解、意见或建议，请您在此处进行说明：

① 资料来源：包头市财政局等，《农业资源及生态保护 2020—2021 年盐碱地改良项目绩效评价报告》。

参考文献

［1］吕文林．中国农村生态文明建设研究［M］．武汉：华中科技大学出版社，2021.

［2］邓纯东．生态文明建设思想研究［M］．北京：人民日报出版社，2018.

［3］杨发庭．新时代生态文明建设与绿色发展［M］．北京：中国社会科学出版社，2021.

［4］杜群．生态文明法治建设与制度创新［M］．北京：中国社会科学出版社，2021.

［5］生态环境部．国家生态文明建设示范区：2017—2020［M］．北京：中国环境出版集团，2020.

［6］杨启乐．当代中国生态文明建设中政府生态环境治理研究［M］．北京：中国政法大学出版社，2015.

［7］洪文滨．乡村振兴看浙江［M］．北京：社会科学文献出版社，2020.

［8］陈锡文．走中国特色社会主义乡村振兴道路［M］．北京：中国社会科学出版社，2019.

［9］顾益康．“千万工程”与美丽乡村［M］．杭州：浙江大学出版社，2021.

［10］倪志荣，叶功富，洪志猛．生态文明建设在厦门新农村建设中的实践［M］．厦门：厦门大学出版社，2012.

［11］本书编写组．生态文明典型案例100例［M］．北京：中共中央党校出版社，2022.

［12］姚忠，辛在军，吴永明，等．日本里山环境管理模式及对我国新农

村建设的启示［J］. 生态与农村环境学报，2017（9）：3-8.

［13］农村有机废弃物资源化利用典型技术模式与案例［EB/OL］. 十日期https：//www. gov. cn.

［14］包头市财政局，等．农业资源及生态保护 2020—2021 年盐碱地改良项目绩效评价报告文献类型，BTCZ—2023ZDPJ-09.

［15］李益求．绿色发展理念下我国农村生态文明建设的途径研究［J］. 农业经济，2020（1）：40-42.

［16］王文宁．绿色发展理念视域下农村生态文明建设研究［J］. 乡村科技，2020（3）：113-115.

［17］陈佰霞，尹德志．绿色发展理念视角下的农村生态文明困境与对策研究［J］. 农村经济与科技，2018，29（20）：14-16.

［18］于法稳．绿色发展理念视域下的农村生态文明建设对策研究［J］. 中国特色社会主义研究，2018（1）：78-84.

索　引